SPANISH

for

HEALTH CARE

PATRICIA RUSH

Ventura College

PATRICIA HOUSTON

Pima Community College

LAURA LISA VALDIVIA, M.D.

Medical Consultant
University Medical Center
Tucson, Arizona

Prentice Hall

UPPER SADDLE RIVER, NEW JERSEY 07458

Library of Congress Cataloging-in-Publication Data

Rush, Patricia
   Spanish for health care / Patricia Rush, Patricia Houston; Laura Lisa Valdivia, medical consultant.
     p. cm.-- (Spanish at work)
   Includes index.
   ISBN 0-13-040946-4 (alk.paper)
   1. Medicine--Dictionaries. 2. Spanish language--Conversation and phrase books (for
medical personnel) 3. Spanish language--Dictionaries--English. I. Houston, Patricia,
1948- II. Valdivia, Laura Lisa. III. Title. IV. Series.

R121 .R957 2002
610'.--dc21   2002016993

PUBLISHER: *Phil Miller*
ASSISTANT DIRECTOR OF PRODUCTION: *Mary Rottino*
EDITORIAL/PRODUCTION SUPERVISION: *Nancy Stevenson*
SENIOR ACQUISITIONS EDITOR: *Bob Hemmer*
DEVELOPMENT EDITOR: *Mariam Pérez-Roch Rohlfing*
EDITORIAL ASSISTANT: *Meghan Barnes*
VP/DIRECTOR OF MARKETING: *Rolando Hernández*
MARKETING MANAGER: *Stacy Best*
PREPRESS AND MANUFACTURING MANAGER: *Nick Sklitsis*
PREPRESS AND MANUFACTURING BUYER: *Tricia Kenny*
INTERIOR DESIGN: *Javier Amador-Peña*
INTERIOR IMAGE SPECIALIST: *Beth Boyd*
MANAGER, RIGHTS & PERMISSIONS: *Kay Dellosa*
DIRECTOR, IMAGE RESOURCE CENTER: *Melinda Reo*
FORMATTING AND ART MANAGER: *Guy Ruggiero*
ILLUSTRATOR: *Steven Mannion*

Credits appear on p. 361, which constitutes a continuation of the copyright page.

This book was set in 11/14 Bembo typeface by TSI Graphics and was printed and bound by Courier–Westford. The cover was printed by Phoenix Color. Corp.

© 2003 by Pearson Education, Inc.
Upper Saddle River, NJ 07458

Printed in the United States of America
10 9 8 7 6 5 4 3 2

ISBN 0-13-040946-4

Pearson Education LTD., *London*
Pearson Education Australia PTY, Limited, *Sydney*
Pearson Education Singapore, Pte. Ltd.
Pearson Education North Asia Ltd., *Hong Kong*
Pearson Education Canada, Ltd., *Toronto*
Pearson Educación de Mexico, S.A. de C.V.
Pearson Education—Japan, *Tokyo*
Pearson Education Malaysia, Pte. Ltd.
Pearson Education, *Upper Saddle River*, New Jersey

To Bernie and Harriet: This one's for you!

Patricia Houston

To all who embrace the study of Spanish as a part of the goal of accepting differences as a source of great wealth, leaving behind the concept that anyone's language or culture is foreign.

Patricia Rush

Módulo 1

Módulo 1

Preface

Purpose

Occupational or vocational Spanish—for general student access as a regularly scheduled class or contract training within organizations—is one of the fastest-growing areas of language instruction throughout the country. ***Spanish at Work*** is an innovative, focused, and streamlined series designed to allow instructors to create and deliver pragmatic, "real-world" language and culture training programs so that students can master "need-to-know" language. Each book in the series is self-contained: Vocabulary, grammar examples, practice activities, and cultural topics all relate to the occupational theme of the volume.

    Spanish for Health Care is the first of this series. Students, whether professionals already working in the field or career/goal-oriented students in an occupational training program, are presented key vocabulary in a comprehensible-input format, focusing on easily mastered core expressions. Art, realia, photographs, and brief dialogues, supported by brief grammar explanations, reinforce needed terms. In class, students will practice communicative survival using key vocabulary essential to each context to enable them to utilize their Spanish in the real world at work.

Highlights of the Program

Spanish for Health Care has ten chapters plus a brief preliminary lesson and two review chapters. Each lesson has two modules, each with two vocabulary segments and two grammar segments using the context-appropriate vocabulary. The lessons end with the vocabulary list and synthesis activities combining listening, speaking, reading, and writing. All exercises move from mechanical to production-oriented, following the logical progression of language acquisition. The final section, ***Algo más,*** features a culturally informative reading and sends the student out to the real world to look for material tied to the theme of the chapter.

Organization of the Text

- **Vocabulary presentation:** Each of the two modules presents key vocabulary by means of art, realia, photographs, and brief dialogues. The inclusion of two separate spreads in each module allows for manageable amounts of easily mastered, core expressions pertinent to each occupational area.

- **Grammar approach:** Grammar practice is embedded automatically in context, not called out as mastery exercises. In class, students will focus on communicative survival using basic vocabulary essential to the topic to enable them to utilize their Spanish in the real world of their job environment. Brief grammar explanations, two per module, are presented in "chunks." Examples are thematically related to the topic of the unit.

- **Vocabulary summary:** Each module's vocabulary is listed by function—nouns, verbs, adjectives, and other expressions. The glossary at the end of the book lists the lesson in which the item was introduced, intended as a convenient reference, especially for preview/review.

- **Síntesis:** Skills and topics are interwoven at the end of each chapter into a series of skill-building and skill-chaining activities that bring together the chapter vocabulary, structures, and cultural content. In recognition of the increased interest in Applied Spanish courses across the country, each of the ten regular lessons concludes with a task-based module in which students use Spanish in a realistic, applied way. Modules focus on a variety of fields; students may seek information about future careers or may learn more about their current careers. Art, articles, and other documents emphasize the usefulness and vitality of Spanish in today's world.

  A escuchar develops students' ability to understand spoken Spanish in a variety of authentic contexts.

  A conversar includes open-ended speaking activities based on naturally occurring discourse situations. Students learn to express and discuss their own needs and interests.

  A leer teaches students how to become independent readers by introducing basic strategies for understanding the general meaning of a text as well as for extracting specific information from it.

  A escribir provides activities in which students learn to compose messages and memos, paragraphs, and publicity announcements.

- **Algo más:** This section focuses on contemporary cultural issues related to the chapter theme. The *Ventana cultural* reading exposes the student to key information. A broad variety of contemporary topics is featured, appropriate to the lesson's context. *A buscar,* immediately following, then guides students to gather information to enhance their own connection to this topic.

Components

- Text

- Workbook

- Audio CD with available tapescript, including listening segments, dialogues, and vocabulary lists

- Instructor's Resource Manual, including tests

- Interactive, text-specific Web site, including tests and links

For the student

Welcome! **Spanish at Work** has been designed for you to use in your daily work situation, improving your ability to interact with your clients. You'll find a user-friendly text, combining appropriate vocabulary and concise grammar explanations with realia from today's world to lead you into the real world of **Spanish for Health Care.** We want you to be able to react to your daily job environment, meeting your needs with hands-on language and giving you enough to survive in the health-care field without loading you down with translation exercises. Our real-life context is intended to transfer directly to your daily "need-to-know" activities. We encourage you to jump right in and join us.

Acknowledgments

First, *gracias* to all who have helped us to bring ***Spanish for Health Care*** into existence. While it is clear that core language courses continue to be the foundation of our profession, the demand for pragmatic, rapid-acquisition courses is exploding. We want to acknowledge our colleagues and our students who have shown us beyond a doubt the unquestionable need for this series. Their insight, support, and collaboration have been a powerful force in the creation of these texts.

We are grateful to the members of the Spanish teaching community for their invaluable comments and suggestions on everything from the sequence of material to the final versions of the lessons: Marco A. Arenas, *University of Connecticut, Storrs, Emeritus;* Amparo G. Codding, *Bergen Community College;* Elaine Marie Coney, *Southwest Mississippi Community College;* Carmen García-Fernández, *Johns Hopkins University;* James A. Grabowska, *Minnesota State University;* Miguel A. Lechuga, *Germanna Community College;* Renee S. Scott, *University of North Florida;* Michele Shaul, *Queens College;* Gail F. Shay, *Gateway Community College;* Louis Silvers, *Monroe Community College;* M. Estrella Sotomayor, *University of Wisconsin-Milwaukee.*

Our Prentice Hall partners enabled the vision to become reality and we are grateful. We offer special thanks to Phil Miller, Publisher; Bob Hemmer, Senior Acquisitions Editor; Nancy Stevenson, Production Editor; Meghan Barnes, Editorial Assistant; and Stacy Best, Marketing Manager.

Our developmental editor, Mariam Rohlfing, deserves more thanks than we can ever say. Her vision, language skill, organization, and attention to detail keep us focused on our task—she should be listed as a co-author!

We appreciate the medical input provided by Dr. Laura Lisa Valdivia, who read our entire manuscript to be sure we provided accurate information.

A great big thank-you goes to our very special Edward Gallagher for providing so much skill and support as our administrative assistant.

We owe *besos y abrazos* to our families and friends for enduring our long hours, especially to Bud and Bob. An occasional dialogue is based on reality, so if you recognize yourself in any situation, we hope you like your portrait!

$\mathcal{P}$ARA COMENZAR

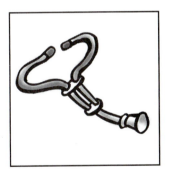

¡Por aquí, por favor!

Los saludos y las despedidas

El abecedario

Los números 0–31

El calendario:
- los días de la semana
- los meses del año
- la fecha

Los pronombres personales

Expresiones de cortesía

¡Bienvenidos!

Buenos días, if you are reading this in the morning.

Buenas tardes, if you are reading this in the afternoon.

Buenas noches, if you are reading this after dark.

As a professional working in the health care industry, you have recognized the growing need for basic Spanish on the job. This book will help you build a language bridge to your Spanish-speaking clients. Be aware that, because this text is geared to the use of Spanish in the workplace, the focus will be more formal.

In this preliminary chapter, we will show you such basic—and critical—Spanish points as:

- Greetings, courtesies, and amenities
- Pronunciation and listening strategies
- Using *cog*nates (words that you can re*cog*nize from one language to the other)
- The important cultural courtesies implied in polite or formal address and informal address
- Enough about days, months, and numbers so that you can *immediately* begin to make appointments, provide telephone numbers, and offer other basic client services

In addition, we will offer you some strategies to take the stress out of learning a new language and to make your study time efficient, productive—and even fun! The key to your success will be your willingness to practice and speak out loud without worrying about feeling silly and making mistakes. Mistakes are a very normal and natural part of learning a language. The more mistakes you allow yourself to make, the faster you will learn.

Ready? ¿Listos? ¡Vamos!

Los saludos y las despedidas

RECEPCIONISTA:	Buenas tardes. Me llamo Maricarmen. ¿Cómo se llama usted?
PACIENTE:	Me llamo Francisco Fernández.
RECEPCIONISTA:	Mucho gusto, señor Fernández.
PACIENTE:	Igualmente.
ENFERMERO:	Buenos días, señorita. Soy Alejandro, el enfermero del Dr. Valdivia, a sus órdenes.
PACIENTE:	Mucho gusto. Soy Claudia Móntez, una paciente nueva.
ENFERMERO:	Es un placer.
ENFERMERA:	Hola, Susanita. ¿Cómo estás tú hoy?
SUSANITA:	Regular. ¿Y usted?

ENFERMERA: Muy bien, gracias. Adiós.

SUSANITA: Hasta luego.

- Use **Buenos días** usually before noon to say *Good morning,* before lunchtime in some regions; **Buenas tardes** until dark to say *Good afternoon,* and **Buenas noches** after dark to say *Good evening* or *Good night.*
- Both **usted** and **tú** mean *you.* In business settings, especially, it is important to show respect by using **usted** unless addressing very close friends or children. Children show respect to adults by using the **usted** form.
- **Yo soy** followed by a name means *I am.* **Me llamo** followed by a name means *My name is …* (literally: *I call myself…*) Both are proper in making introductions.
- **Mucho gusto** *(it's a pleasure)* and **igualmente** *(likewise)* are verbal courtesies, usually accompanied by the gesture of a handshake.

Para practicar

La fiesta de cóctel. There are so many business receptions and cocktail parties where you don't know anyone! Lift your imaginary martini glass or Perrier in the air and walk around the room, meeting as many of your colleagues (classmates) as possible. Follow the above dialogues for guidance, and don't forget the three steps:

1. the salutation, depending on the time of day
2. the exchange of names
3. the courtesy replies and handshake

When you sit down again, write down as many of the names as you can remember.

El abecedario/el alfabeto

Spanish forms words around vowel sounds, while English forms them around consonants. Mastering these five sounds will enable you to pronounce nearly any word.

Las vocales		
A	(ah)	Open your mouth and say "**Ah.**"
E	(eh)	Did you find a doctor through the N**e**t?
I	(ee)	I was stung by a b**ee.**
O	(oh)	**Oh,** no, not another operation!
U	(oo)	B**oo,** scared ya!

El abecedario

Letra	Nombre	Ejemplo
A	a	anatomía
B	be	brazo
C	ce	cerebro
D	de	dieta
E	e	estómago
F	efe	fractura
G	ge	gangrena
H	hache *(always silent)*	hernia
I	i	intestinos
J	jota *(English h)*	jaqueca
K	ka	kilo
L	ele	lesión
M	eme	músculo
N	ene	narcótico
Ñ	eñe *(sounds like ny)*	migraña
O	o	óptico
P	pe	paciente
Q	cu	quiero
R	ere, erre	perdón, radio
S	ese	servicios
T	te	tétano
U	u	úlcera
V	ve (ve chica) *(sounds like b)*	vena
W	doble ve	windsurf
X	equis	rayos X
Y	y griega	yerba
Z	zeta *(sounds like s)*	zona

¡OJO!

Cognados: As you read down the list of Spanish words on the right of the alphabet list, see how many you can recognize. Cognates are great tools to help you understand spoken and written Spanish!

Para practicar

A. Favor de contestar.   Provide the appropriate information.

1. Which letter is always silent?
2. Pronounce the difference between **n** and **ñ**.
3. Which five letters form the basis for Spanish pronunciation?
4. Pronounce the five Spanish vowels.
5. What do you call words that you can recognize in two languages?

B. Entre amigos.   Spell your name in Spanish, letter by letter, as a classmate writes it down. Check to see if it is correct. When it is, you write as your classmate spells his/her name. Note that it is extremely rare for Spanish speakers to "spell" words or names, as nearly everything is pronounced exactly as it is written.

MODELO: Jaime

Jota-a-i-eme-e

C. Personas famosas. Continue taking turns spelling out the names of famous people to each other—in Spanish! See how many you can get right.

Los números

Is there anything in our lives that doesn't require numbers? Well, yes, but not that much! By learning a few basic numbers now, you will have the foundation for many client services in Spanish. With just a few numbers, you can give and take telephone numbers or messages and work with money. Add a few days and months and you can make appointments. Two or three more words and you are telling time!

Here we go with numbers 1 to 15! As you read through these, remember to use the five Spanish vowel sounds as a pronunciation guide.

0	cero	6	seis	11	once
1	uno	7	siete	12	doce
2	dos	8	ocho	13	trece
3	tres	9	nueve	14	catorce
4	cuatro	10	diez	15	quince
5	cinco				

Para practicar

A. ¡A contar! As an anesthesiologist, you often ask patients to count down into sleep. You like to be creative. Ask your young patients to count down in the following patterns.

1. Count from 1 to 10 in Spanish.
2. Count from 1 to 10 by 2s (2, 4, 6, etc.).
3. Count backwards from 10 to 1.
4. Count from 1 to 15.
5. Count backwards from 15 to 1.
6. Count by 3s from 1 to 15 (3, 6, 9, etc.).

B. Con un paciente. Sometimes under local anesthesia, it is important to be sure your patient stays awake. Keep your patient alert by making up five simple addition problems and asking them. Then switch roles with your partner.

Be careful not to add numbers above 15 yet!

MODELO: E1: *5 y (and) 5 (cinco y cinco)*
E2: *10 (diez)*

Más números

After 15, numbers in Spanish are formed by addition. For example, 16 is the sum of **diez y seis,** and often it is written just that way. Also common are the one-word alternatives for numbers from 16 to 29. There are no one-word alternatives after 30.

16	diez y seis	o	dieciséis
17	diez y siete	o	diecisiete
18	diez y ocho	o	dieciocho
19	diez y nueve	o	diecinueve
20	veinte		
21	veinte y uno	o	veintiuno
22	veinte y dos	o	veintidós
23	veinte y tres	o	veintitrés
24	veinte y cuatro	o	veinticuatro
25	veinte y cinco	o	veinticinco
26	veinte y seis	o	veintiséis
27	veinte y siete	o	veintisiete
28	veinte y ocho	o	veintiocho
29	veinte y nueve	o	veintinueve
30	treinta		
31	treinta y uno		

¡OJO!

When counting things or objects in Spanish, the word **hay** (sounds like "eye," not "hey") can be used to indicate "there is" or "there are." Both questions "is there?" and "are there?" are simply stated with **¿Hay?** For example:

Hay siete días en una semana.

There are seven days in a week.

¿Hay una clínica aquí?

Is there a clinic here?

Para practicar

A. ¡A contar! Count these patterns to show your patients what to do while waiting for the anesthesia.

1. Count from 11 to 30.
2. Count backwards from 30 to 20.
3. Count from 1 to 30 by 5s.

4. Count from 1 to 30 by 2s.

5. Count the number of people in the room with you right now.

B. ¿Cuántos?   You are working with a patient who has had a big bump on the head. Check to see if s/he is alert and can respond with the correct answers—in Spanish.

MODELO: E1: *How many hours are in a day?*
E2: *Hay veinticuatro.*

1.   How many days are in a week?

2.   How many days are in a month?

3.   How many minutes are in a half hour?

4.   How many days are there in September?

5.   How many days are there in February (usually)?

6.   How many pennies are there in a nickel? A dime? A quarter?

7.   How many female students are in your Spanish class?

8.   How many male students are in your Spanish class?

El calendario: *Los días de la semana*

Hay siete días en la semana:

el lunes	*Monday*	**el viernes**	*Friday*
el martes	*Tuesday*	**el sábado**	*Saturday*
el miércoles	*Wednesday*	**el domingo**	*Sunday*
el jueves	*Thursday*		

- Hispanic calendars often use Monday as the first day of the week.
- To say *on* a day, use **el** or **los.**

  No hay clase **el** lunes.   *There is no class on Monday.*
  No hay clase **los** lunes.   *There is no class on Mondays.*

- Days of the week are not capitalized in Spanish unless they begin a sentence or stand alone as distinct words.
- To ask what day it is, use **¿Qué día es hoy?**
- To answer, use **Hoy es (martes).**

lunes	martes	miércoles	jueves	viernes	sábado	domingo
	1	2 trabajo	3	4	5	6
7	8	9	10	11	12	13
14	15	16	17	18	19	20
21	22	23	24	25	26	27
28	29	30	31			

Para practicar

A. Los días.   You work in a busy medical complex Wednesdays through Sundays. Use this calendar to say if you work—**Trabajo**—or don't work—**No trabajo**—on the following days.

MODELO: el dos
El dos es miércoles. Trabajo.

I.   el quince
2.   el veintiuno
3.   el cinco
4.   el treinta
5.   el diecisiete

6.   el seis
7.   el once
8.   el catorce
9.   el dos
10.   el trece

B. Números.   Here's a list of the days you have to work. Use the calendar and say and write the numbers of the dates in Spanish:

I.   Los miércoles son el <u>dos</u>, el _____, el _____ el _____ y el_____.

2.   Los sábados son el _____, el _____, el _____ y el _____.

3.   Los viernes son el _____, el _____, el _____ y el _____.

4.   Los jueves son el _____, el _____, el _____ el _____ y el _____.

5.   Los domingos son el _____, el _____, el _____ y el _____.

C. En parejas. You are both charged with making sure the office is covered next week, Monday through Saturday. Decide which of you will work which days and then make a list of the dates you are on and are off. Use a current calendar to help.

MODELO: E1: *No trabajo el lunes.*
E2: *Yo sí trabajo el lunes.*

Los meses del año

Most of the months are cognates. As with days of the week, only use capital letters with the months if they begin a sentence or if they stand alone.

Hay doce meses en el año:

enero	*January*	**julio**	*July*
febrero	*February*	**agosto**	*August*
marzo	*March*	**septiembre**	*September*
abril	*April*	**octubre**	*October*
mayo	*May*	**noviembre**	*November*
junio	*June*	**diciembre**	*December*

Para practicar

A. Los días festivos. As a nurse in an elementary school, you like to keep your office decorated for major events and holidays. Write what month—or months—you would use the following decorating themes.

1. Santa Claus
2. graduations and weddings
3. the Great Pumpkin
4. fireworks and flags
5. New Year's
6. valentines and cupids
7. mothers
8. fathers
9. presidents
10. your birthday?

B. Fiesta de cumpleaños. ¡Feliz cumpleaños! Circulate among your classmates and find out who else was born in the same month as you. Get them to sign next to the month. Then, report back to the class how many students you found.

MODELO: *¿Febrero? Firma, por favor. Hay cinco estudiantes con cumpleaños en febrero.*

enero	
febrero	
marzo	
abril	
mayo	
junio	
julio	
agosto	
septiembre	
octubre	
noviembre	
diciembre	

La fecha

To ask what the date is, use: **¿Cuál es la fecha de hoy?** or **¿Qué fecha es hoy?**

Use the following format to answer: **Hoy es el** (número) **de** (mes).

Hoy es el 24 de julio.   *Today is the 24th of July.*

While the ordinal number **primero** is used for the first of the month in many places, some regions will use **uno.** All other dates are given in cardinal numbers.

El primero de enero   *January 1st*
El dos de enero   *January 2nd*

Para practicar

A. Días feriados. The medical office you work in has asked you to block the following holidays on the calendar because it will be closed. Write a memo to your co-workers telling them exactly what days they will have off. Use a current calendar to see what day it falls on.

MODELO: 1/1

Sábado, el primero de enero

1.	15/1	**5.**	2/9
2.	12/2	**6.**	31/10
3.	27/3	**7.**	28/11
4.	4/7	**8.**	25/12

B. Más cumpleaños. Find again the people in your class who were born in the same month as you were. Then find out the more precise date to see if any of them match yours exactly. If no one was born in the same month as you, use a family member's birthday.

MODELO: E1: *¿Cuál es la fecha de su cumpleaños?*
E2: *El 14 de febrero.*

Los pronombres personales

Use a subject pronoun to tell who is doing an action. Subject pronouns can also express the familiarity or formality of relationships. Professional relationships in Spanish-speaking cultures require the courtesy of the formal term of address (**usted** and **ustedes**) to say *you,* while relationships among friends and family use the informal terms of address (**tú** and, in Spain, **vosotros/as** for the plural form). In the professional context of health care, our focus will be formal.

The subject pronouns are:

Singular (one person)		Plural (more than one person)	
yo	*I*	**nosotros/as**	*we*
tú	*you (informal)*	**(vosotros/as)**	*you (informal plural)*
usted (Ud./Vd.)	*you (formal)*	**ustedes (Uds./Vds.)**	*you (plural)*
él	*he*	**ellos**	*they*
ella	*she*	**ellas**	*they (fem.)*

- Use nosotr**as** *(we)* if referring to an all-female group. In Spanish, if the group is all male or mixed male and female, the masculine form is used, in this case, nosotr**os.**
- Use **tú** *(informal),* **usted** *(formal),* or **ustedes** *(plural)* to mean *you* when talking *to* people.
- Use **él** *(he),* **ella** *(she),* **ellos** *(they, all masculine, or mixed),* or **ellas** *(they, feminine)* when talking *about* people.

Para practicar:

A. ¿Recuerda usted?   Answer the following questions about subject pronouns.

1. What information does the subject pronoun supply?
2. In a professional relationship, would you be more likely to express the subject *you* with **tú** or **usted?**
3. What subject pronoun would you use to address more than one person as *you* in most regions, whether the relationship is formal or informal?

B. ¿Quiénes?   Which subject pronoun from the list above would you use in the following situations?

MODELO: You are talking about two patients (two possibilities).
ellos or *ellas*

1. You are talking *about* yourself.
2. You are talking *to* an older patient.
3. You are talking *about* a patient's daughter.
4. You are talking *about* two doctors (two possibilities).
5. You are talking *to* two doctors.
6. You are talking *about* yourself and a friend.
7. You are talking *about* the medical condition of the President of the United States.
8. You are talking *to* the President of the United States about a medical condition.
9. You are talking *to* a seven-year-old patient.

10. You are talking *to* your boss, the hospital director.
11. You are talking *about* two male patients.
12. You are talking *about* two female patients.
13. You are talking *about* a male and a female patient.
14. You are talking *about* yourself and all of your colleagues.

C. ¡Ahora en español! Change the following subjects to subject pronouns.

MODELO: *Usted y su amigo son inteligentes.*
Ustedes son inteligentes.

1. *Elena y María* son pacientes.
2. *Susana y yo* somos médicos.
3. *El director y su secretaria* son dinámicos.
4. *El cirujano (surgeon)* es perfeccionista.
5. *El paciente joven (young)* es rebelde.
6. *Usted y sus amigos* son inteligentes.

Expresiones de cortesía

Use these expressions of courtesy to help establish good relations with Spanish-speaking clients or patients.

A sus órdenes.	*At your service; may I help you?*
Por favor.	*Please.*
Gracias.	*Thank you.*
De nada.	*You're welcome.*
No hay de qué.	*You're welcome.*
Con permiso.	*Excuse me.*
Perdón.	*Pardon me.*

- **Con permiso** is primarily used *before* an action—leaving a room, making your way through a crowd, getting up from a table, or interrupting a conversation.
- **Perdón** is usually used *after* the action is complete—if you have accidentally bumped or jostled someone.

Para practicar

A. ¿Qué dice usted? As a receptionist in a busy medical office, you interact with people all day long. Give the expression of courtesy that you would use in each of the following situations.

MODELO: a new patient comes to your desk
A sus órdenes.

1. A patient brings you a home-grown rose.
2. You ask a patient to fill out papers.
3. You bump into another colleague behind the crowded desk.
4. You must interrupt the doctor's consultation with a patient for an urgent phone call.
5. A patient thanks you for your time and help.
6. You have to leave a meeting early to attend to a patient who is waiting.

Vocabulario

Saludos y contestaciones

bien	well	**¿Cómo está Ud.?**	How are you? (formal)
bienvenidos	welcome		
buenas noches	good evening, good night	**¿Cómo estás?**	How are you? (familiar)
buenas tardes	good afternoon	**hola**	hello, hi
buenos días	good morning	**mal**	not well
		regular	so-so

Presentaciones

¿Cómo se llama Ud.?	What is your name? (formal)	**igualmente**	likewise
¿Cómo te llamas?	What is your name? (familiar)	**Me llamo…**	My name is …
es un placer	it's a pleasure	**mucho gusto**	pleased/nice to meet you

Despedidas

adiós	good-bye	**hasta luego**	see you later

Expresiones de cortesía

a sus órdenes	at your service; may I help you?	**gracias**	thank you
con permiso	excuse me	**no hay de qué**	you're welcome
de nada	you're welcome	**perdón**	pardon me
		por favor	please

Los pronombres personales

él	he	**usted**	you (formal)
ella	she	**ustedes**	you (plural)
ellos/as	they	**vosotros/as**	you (familiar, plural)
nosotros/as	we	**yo**	I
tú	you (familiar)		

Los días de la semana

¿Qué día es hoy?	*What day is today?*	**martes**	*Tuesday*
		miércoles	*Wednesday*
domingo	*Sunday*	**sábado**	*Saturday*
jueves	*Thursday*	**viernes**	*Friday*
lunes	*Monday*		

Los meses del año

el calendario	*calendar*	**febrero**	*February*
¿Cuál es la fecha de hoy?;	*What's today's date?*	**marzo**	*March*
¿Qué fecha es hoy?		**julio**	*July*
		junio	*June*
		mayo	*May*
abril	*April*	**noviembre**	*November*
agosto	*August*	**octubre**	*October*
diciembre	*December*	**septiembre**	*September*
enero	*January*		

Otras expresiones

muy	*very*	**soy**	*I am*

¡OJO! Don't forget to study **los números 0–31!**

LECCIÓN 1

Una visita al médico

Módulo 1
- Información personal
- Telling time: *La hora*
- Historia del paciente
- Introducing and describing yourself and others: *Ser + adjetivos*

Módulo 2
- En el consultorio
- Descriptions: *Los artículos*
- ¿Qué le pasa?
- Asking for information: *Las preguntas*

Síntesis
- A escuchar
- A leer
- A conversar
- A escribir

Algo más
- Ventana cultural: Encuesta Nacional de Examen de Salud y Nutrición
- A buscar

Módulo 1

Información personal

INFORMACIÓN PERSONAL

Apellido(s): _Guzmán-Arce_

Nombre: _María José_

Sexo: M (F) Edad: _35_

Dirección: _542 Avenida de los Árboles_

Santa Paula CA 93012

Teléfono de casa: _805 952-3612_

Teléfono del trabajo: _805 642-6400_

Estado civil: ___ Soltero/a ___Casado/a

_X_ Divorciado/a ___Viudo/a

Fecha de nacimiento: _11/27/66_

Número del Seguro Social: _564-63-9987_

Compañía de seguros: _Blue Cross_

Número de póliza: _16117H_

Ocupación: _periodista_

María José Guzmán-Arce

Firma

A. ¿Cómo se dice?   Look back at the form and tell what question the following information answers.

MODELO: *Guzmán-Arce*   _apellidos_

1. (805) 642-6400
2. divorciada
3. periodista
4. el 27 de noviembre del 66
5. Blue Cross
6. 564-63-9987
7. 542 Avenida de los Árboles
8. 35

B. Entrevista.   One of you is the receptionist in the doctor's office; the other is a new patient. Complete the following interview, then switch roles and do the interview again. Write down the information and then check for accuracy. If the questions are too personal, make the answers up!

1. ¿Apellido(s)?
2. ¿Nombre?
3. ¿Dirección?
4. ¿El teléfono de casa?
5. ¿Ud. es soltero/a? ¿Casado/a? ¿Divorciado/a? ¿Viudo/a?
6. ¿Su fecha de nacimiento?

En el consultorio

La recepcionista en el consultorio de la Dra. Ornelas habla con una paciente nueva.

RECEPCIONISTA:	Buenos días.
MARÍA JOSÉ:	Buenos días. Tengo cita con la Dra. Ornelas.
RECEPCIONISTA:	Muy bien, señorita. ¿Cuál es su apellido?
MARÍA JOSÉ:	Mis apellidos son Guzmán-Arce y mi nombre es María José.
RECEPCIONISTA:	¿A qué hora es su cita?
MARÍA JOSÉ:	¿Son las diez ahora? En quince minutos—a las diez y cuarto.
RECEPCIONISTA:	Bueno. Aquí está su nombre. Favor de llenar este formulario de información personal.
MARÍA JOSÉ:	Está bien. ¿Necesita Ud. mi tarjeta del seguro?
RECEPCIONISTA:	Sí, por favor.

C. ¿Comprende usted?   Give the following information based on the dialogue.

1. Los apellidos de la paciente:
2. El nombre de la paciente:
3. La hora de la cita:
4. El nombre de la doctora:
5. El formulario tiene información…
6. La recepcionista necesita su tarjeta de…

D. Mi información personal.   Fill out the following form as if you were the patient.

INFORMACIÓN PERSONAL

Apellido(s): _____

Nombre: _____

Sexo: M   F   Edad: _____

Dirección: _____

_____

Teléfono de casa: _____

Teléfono del trabajo: _____

Estado civil: ___ Soltero/a ___Casado/a

       ___ Divorciado/a ___Viudo/a

Fecha de nacimiento: _____

Número del Seguro Social: _____

Compañía de seguros: _____

Número de póliza: _____

Ocupación: _____

_____

Firma

E. Los niños necesitan un seguro médico. Mark the statements below based on the insurance brochure with **Sí** or **No.** If the answer is **No,** provide the correct information.

Los Niños Necesitan Un Seguro Médico

Todos los niños necesitan cuidado *(care)* médico. Es muy importante tener seguro médico. Esto permite a los padres dar a sus hijos atención médica en el momento en que la necesitan.

Existen programas que le pueden ayudar (help). Llame gratis a Medi-Cal: 1 (888) 747-1222

Medi-Cal: Seguro médico para niños

- Sus hijos pueden recibir seguro médico sin costo de Medi-Cal, si cumplen estos requisitos:
  - si son ciudadanos *(citizens)* de los Estados Unidos o extranjeros *(foreigners)* y cualifican para recibir Medi-Cal;
  - si sus edades van de bebé hasta los 18 años;
  - si la familia es pobre *(poor)*; y
  - si Ud. es residente de California

- Sus hijos pueden recibir Medi-Cal si Ud. está casado/a, trabaja, tiene un automóvil o casa, o no tiene hogar *(homeless)*.

- Medi-Cal proporciona seguro médico para mantener saludables *(healthy)* a los niños. Este seguro puede incluir cuidado de la vista, cuidado dental, vacunas y consultas médicas preventivas.

MODELO: El número para llamar es el 1 (888) 747-1333.
No, el número es el 1 (888) 747-1222.

1. _____ Los niños no necesitan cuidado médico.

2. _____ Medi-Cal ofrece seguro médico sin costo.

3. _____ Es necesario ser ciudadano de Estados Unidos.

4. _____ No es necesario ser residente de California.

5. _____ No es posible tener el seguro si usted trabaja.

6. _____ El seguro puede incluir cuidado de la vista, cuidado dental, vacunas y consultas médicas preventivas.

Estructuras   *Telling time: La hora*

- To ask *What time is it?* use **¿Qué hora es?**
- Answer with: **Es la...** when saying one o'clock, or **Son las...**+ the hour for all other hours.

Es la una.	*It's one o'clock.*
Son las dos.	*It's two o'clock.*

- To tell how many minutes past the hour it is, add **y** + the number of minutes.

Son las tres **y diez.**	*It's 3:10.*
Es la una **y cinco.**	*It's 1:05.*

- To tell how many minutes before the hour it is, use the next hour **menos** the number of minutes.

Son las **tres menos cinco.**	*It's 2:55.*
Es la **una menos veinte.**	*It's 12:40.*

- For the half hour, use **y media** or **y treinta.**

Son las tres **y media.** *or* Son las tres **y treinta.**	*It's 3:30.*

- For quarter hours, **cuarto** and **quince** are interchangeable:

Son las tres menos **cuarto.** *or* Son las tres menos **quince.**	*It's a quarter to three (2:45).*
Son las dos y **cuarto.** *or* Son las dos y **quince.**	*It's a quarter past two (2:15).*

- Other useful time-telling phrases are: **en punto** for *on the dot* or *sharp;* **de la mañana** for A.M., **de la tarde** for P.M. until dark, and **de la noche** for P.M. after dark. Use **el mediodía** for noon and **la medianoche** for midnight.

La reunión es a las diez **en punto.**	*The meeting is at ten o'clock sharp.*
Son las cuatro **de la tarde.**	*It is four P.M.*
Es **el mediodía.**	*It is noon.*

- To tell the time at which an event will take place, use **a las** or **a la** + the hour.

La cita con el médico es **a las once.**	*The doctor's appointment is at eleven.*
Llego al consultorio **a la una.**	*I arrive at the doctor's office at one.*

Para practicar

A. ¿Qué hora es?   Tell what time it is now, according to the following digital clocks. If there is more than one way, give both.

MODELO: 6:30 A.M.

> *Son las seis y media de la mañana. Son las seis y treinta de la mañana.*

I. 7:00 A.M.   **5.** 6:15 A.M.
2. 2:20 P.M.   **6.** 10:30 A.M.
3. 8:55 P.M.   **7.** 1:20 P.M.
4. 12:00 A.M.   **8.** 12:35 P.M.

B. Citas.   La señorita Guzmán-Arce has called for an appointment. Read to her the available appointment times listed below.

MODELO: 4:30 P.M.

> *Hay cita a las cuatro y media de la tarde.*

I. 10:15 A.M.   **5.** 9:00 A.M. sharp
2. 2:40 P.M.   **6.** 9:15 A.M.
3. 1:10 P.M.   **7.** 12:30 P.M.
4. 5:45 P.M.   **8.** 5:10 P.M.

C. ¿A qué hora?   La doctora Ornelas leads a busy life. Look at her agenda for today and tell at what time she will be in the following places.

MODELO: Comer en el Café Luna Azul
> *Al mediodía.* or *A las doce.*

6:00	
7:00	Ejercicio en el club
8:10	Cafetería del hospital—Mario Domínguez
8:45	Hospital—visitar a los pacientes
12:00	Café Luna Azul con las amigas
1:15	Cita con el dentista
2:25	Consultorio—nuevos pacientes
4:55	Consulta telefónica con el Dr. Méndez
7:35	Teatro San Ramón con Miguel
10:00	Reservación en el Restaurante Janos
11:30	Las noticias del día—televisión

1. En el hospital con sus pacientes
2. En casa con la televisión
3. En el consultorio del dentista
4. En el Café Luna Azul
5. En el Teatro San Ramón
6. En el gimnasio del club
7. En la cafetería del hospital
8. En su consultorio con sus nuevos pacientes
9. En una consulta con el Dr. Méndez
10. En el Restaurante Janos

Módulo 1

Historia del paciente

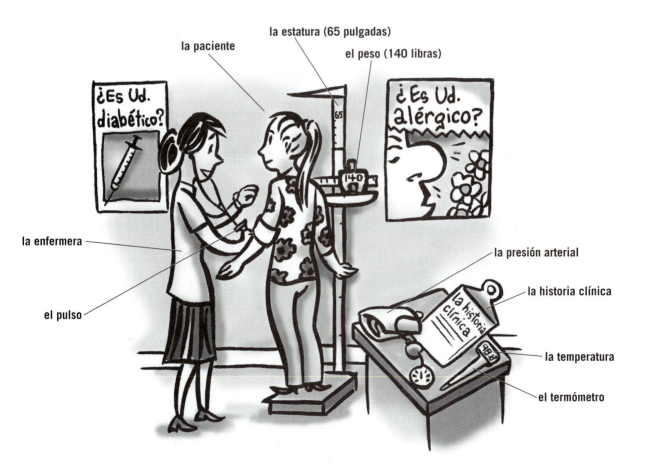

A. ¿Cómo se dice?   Complete the following with information from the drawing.

1. Para tomar la temperatura, necesito el...
2. Para anotar los problemas médicos del paciente uso la...
3. Si un paciente sufre de obesidad, la dieta es importante para reducir el...
4. Un paciente no debe tomar azúcar (*sugar*) si es...
5. Hay 16 onzas en una...
6. El número de veces que late (*beats*) el corazón (*heart*) en un minuto es el...

B. ¿Recuerda Ud?   See if you can name the following without looking back at the drawing.

1. Un paciente _____ tiene problemas a veces con los animales domésticos y con el polen.
2. La persona que anota la historia clínica es _____.
3. Tres signos vitales son: _____, _____ y _____.
4. **Pies** y **pulgadas** son palabras para hablar de la _____.
5. _____ de 150/110 indica problemas posibles del corazón.

Un examen preliminar

María José visits Dra. Ornelas's office for a routine examination.

ENFERMERA: ¿Señorita Guzmán-Arce? Buenos días. Yo soy Sandra, la enfermera de la Dra. Ornelas. Favor de pasar al consultorio.

MARÍA JOSÉ: Mucho gusto, Sandra. Soy María José.

ENFERMERA: Necesito hacer un examen preliminar de los signos vitales. Primero, el peso y la estatura y luego la presión arterial y el pulso.

MARÍA JOSÉ: ¡No me gusta esta parte!

ENFERMERA: Ud. pesa 140 libras y mide 65 pulgadas... buenas proporciones, pero debe reducir un poco el peso. Ahora la presión y el pulso.

MARÍA JOSÉ: ¿Está muy elevada la presión?

ENFERMERA: Está un poco elevada. 135/108. El pulso está en 70. La temperatura es normal. ¿Es Ud. alérgica a algo o diabética? ¿En este momento tiene síntomas o problemas?

MARÍA JOSÉ: No, no soy diabética ni alérgica a nada. Sólo es un examen rutinario.

ENFERMERA: Bueno. Espere un momento. La doctora llega en seguida.

C. ¿Comprende usted?   Decide if each of these statements is **Cierto (C)** or **Falso (F)** based on the dialogue. If the statement is incorrect, provide the correct information.

1. La enfermera se llama María José.
2. El pulso de María José es sesenta.
3. Su peso es de ciento cuarenta libras.

¡OJO!

Más números

40	cuarenta
50	cincuenta
60	sesenta
70	setenta
80	ochenta
90	noventa
100	cien
101	ciento uno

4. Mide cinco pies con cinco pulgadas.

5. La presión arterial de la paciente está muy elevada.

6. María José es diabética.

D. Emparejar.   Match the items in each column logically.

1.	la estatura	**a.**	pies y pulgadas
2.	la temperatura	**b.**	libras
3.	el pulso	**c.**	masculino/femenino
4.	el sexo	**d.**	el corazón
5.	la fecha de nacimiento	**e.**	el polen
6.	la diabetes	**f.**	el termómetro
7.	la alergia	**g.**	12/4/80
8.	el peso	**h.**	la insulina

E. La historia clínica.   Provide the following information about yourself.

Nombre del paciente: _____

Estatura: _____

Peso: _____

Presión arterial: _____

Pulso normal: _____

Pulso después de hacer ejercicio por 20 minutos:

_____

Temperatura: _____

Historial de enfermedades: ___ Diabetes ___ Alergias

___ Cáncer ___ Corazón

¿Fuma Ud.? ___ Sí ___ No

¿Toma Ud. alcohol? ___ Sí ___ No

F. Entrevista.   One of you is the nurse and the other the patient. The nurse must greet the patient, ask his/her weight, height, blood pressure, normal pulse, and whether s/he is allergic or diabetic. Switch roles, gathering the same information. It's OK to make up information!

Estructuras   *Introducing and describing yourself and others: Ser + adjetivos*

The verb **ser** is one of the Spanish equivalents to the verb *to be* in English. Use **ser** to tell who people are, what they do, what they are like, or where they are from.

The forms of **ser** are:

ser to be			
yo **soy**	I am	nosotros/as **somos**	we are
tú **eres**	you are (familiar)		
usted **es**	you are (formal)	ustedes **son**	you are (plural)
él **es**	he is	ellos **son**	they are(m)
ella **es**	she is	ellas **son**	they are(f)
—¿Quién **es** usted?		Who are you?	
—**Soy** Susana.		I am Susana.	
—¿**Son** ustedes enfermeras?		Are you nurses?	
—Yo **soy** enfermera y ella **es** recepcionista.		I am a nurse and she is a receptionist.	

- To describe what a person or thing is like, use **ser** with an adjective.

—¿Cómo **es** la doctora?	*What is the doctor like?*
—**Es** simpática.	*She is nice.*
—¿Cómo **es** usted?	*What are you like?*
—**Soy** tímido.	*I am timid (shy).*
—El diagnóstico **es** difícil.	*The diagnosis is difficult.*

- Many adjectives end in **–o** when describing characteristics of men/boys and **–a** when describing characteristics of women/girls.

Masculine		Feminine
tímid**o**	*shy*	tímid**a**
extrovertid**o**	*outgoing*	extrovertid**a**
simpátic**o**	*nice*	simpátic**a**
antipátic**o**	*unpleasant*	antipátic**a**
alt**o**	*tall*	alt**a**
baj**o**	*short*	baj**a**
diabétic**o**	*diabetic*	diabétic**a**

- Most adjectives ending in a letter other than **-o** or **-a** use only one form for masculine or feminine. All nouns in Spanish have gender classification; that is, they are all designated as masculine or feminine and their accompanying adjectives must agree in number and gender.

El enfermer**o** es inteligent**e.**	*The (male) nurse is intelligent.*
La enfermer**a** es inteligent**e.**	*The (female) nurse is intelligent.*
La situación es grav**e.**	*The situation is serious.*
El caso es difíci**l.**	*The case is difficult.*

- To pluralize nouns and adjectives ending in **-o, -a,** or **-e,** simply add an **-s.**

L**a** paciente es interesant**e.**   La**s** paciente**s** **son** interesante**s.**

- To pluralize nouns and adjectives ending in consonants, add **-es.**

Es doctor**. **	*He is a doctor.*
Son doctor**es.**	*They are doctors.*
La doctora es jove**n.**	*The doctor is young.*
Las doctoras son jóve**nes.**	*The doctors are young.*

- Use **ser** with adjectives to talk about nationality and country of origin. In Spanish, nationalities are not capitalized, but countries are.

Yo **soy mexicana.**	*I am Mexican.*
Yo **soy de** México.	*I am from Mexico.*
El doctor **es puertorriqueño.**	*The doctor is Puerto Rican.*
El doctor **es de** Puerto Rico.	*The doctor is from Puerto Rico.*

- Use **ser** with **de** to tell what something is made of or to whom it belongs.

Las pastillas **son de** azúcar.	*The pills are made of sugar.*
La historia clínica **es de** la señora Rosa.	*The medical file is Mrs. Rosa's.*

Para practicar

A. ¿Quiénes?   To whom might the following sentences refer? Insert names of people you know or people who are famous.

MODELO: Es enfermera.
              Florence Nightingale es enfermera.

1.	Son médicos famosos.	**4.**	Somos amigos.
2.	Es muy inteligente.	**5.**	Son de Cuba.
3.	Es muy tímido.	**6.**	Es de México.

B. ¿Cómo son? You are sitting in the waiting room of a doctor's office and thinking about the other people there and about things you are experiencing. Use the correct form of the verb **ser** to describe them.

MODELO: (La señora Ramírez) viuda
La señora Ramírez es viuda.

1. (Los niños) altos y guapos
2. (La recepcionista) simpática
3. (Las pacientes jóvenes) mexicanas
4. (Nosotros) tímidos
5. (La música) suave

6. (El enfermero) atractivo
7. (Ustedes) optimistas
8. (El estudiante) muy serio
9. (El sofá) de cuero *(leather)*
10. (La joven) soltera

C. Otra fiesta de cóctel. You are at a cocktail party and would like to get to know the person next to you. Find out everything you can about this interesting stranger: who s/he is, where s/he is from, what profession s/he is and what s/he is like. Then, switch roles. When you are finished, describe your new friend to the class.

¿Cómo se llama?	¿De dónde es?	¿Cuál es su profesión?	¿Cómo es?

Módulo 2

En el consultorio

la inyección

- los ojos
- la cabeza
- los oídos
- la boca
- la garganta
- los músculos
- los brazos
- las manos
- las nalgas
- las piernas
- los pies

A. ¿Cómo se dice? Tell what parts of the body are useful for doing the following activities. More than one is allowed!

MODELO: estar en el sofá *las nalgas*

1. tocar el piano
2. jugar al fútbol *(soccer)*
3. estudiar español
4. recibir una inyección
5. comer pizza
6. ver la televisión

B. Medicinas. Where on the body would you use the following medicines or products?

MODELO: Swimmer's Ear   *los oídos*

1. Visine   **4.** Jergens

2. Aqua Fresh   **5.** Coppertone

3. Sucrets   **6.** Ace *(bandage)*

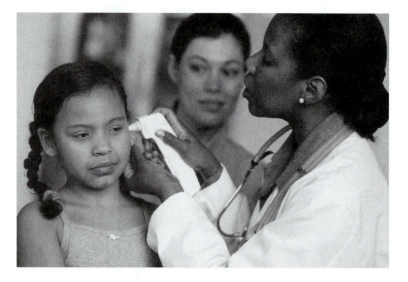

Con el doctor López en el consultorio

Gabriel Canchola, 10, has an appointment for his Little League baseball physical. His mother, Lourdes, is with him.

DOCTOR: Buenas tardes, señora Canchola. Hola, Gabriel, ¿qué tal? ¿Listo para el examen?

GABRIEL: Sí, doctor. No hay inyección hoy, ¿verdad?

DOCTOR: ¡Ay, pobrecito! No, no hay inyección hoy. Esta visita es un examen general para los deportes. Necesito ver el estado de los ojos, los oídos, la boca y la garganta, los músculos, las manos, las piernas y los pies. ¿Está bien, Gabriel? Señora Canchola, ¿hay evidencia de problemas?

SEÑORA: A veces Gabriel tiene dolor en las piernas.

DOCTOR: (toca las piernas del niño) A ver, Gabriel. ¿Tienes dolor aquí? ¿Aquí?

GABRIEL: No. Estoy muy bien. ¿Verdad que estoy bien para participar?

DOCTOR: Sí, mi hijo. Señora Canchola, ¡aquí tenemos a un candidato para los Mets! Pero si hay problemas con las piernas, favor de hacer una cita inmediatamente.

C. ¿Comprende usted? Fill in the missing information based on the dialogue.

1. El deporte favorito de Gabriel es _____.
2. El doctor examina _____, _____, _____, _____,
   _____, _____, _____ y _____.
3. A veces Gabriel tiene dolor en _____.
4. En este momento las piernas están _____.
5. Necesita hacer una cita inmediatamente si _____.
6. La mamá de Gabriel es la señora _____ _____.

D. La cronología. One of our writers has no sense of time. Please help out by putting the following sentences in the correct order of a normal doctor's visit sequence.

_____ Esperar al médico para el examen
_____ Llenar el formulario con la información personal
_____ Hacer una cita
_____ Saludar a la recepcionista
_____ Pagar la cuenta
_____ Pasar al consultorio con la enfermera

E. Exámenes de salud. Decide if the following activities are appropriate for a physical checkup. Mark each with **Lógico** or **Ilógico,** then compare your responses with those of a classmate.

1. examinar los oídos
2. tomar el pulso
3. lavar el pelo con champú
4. mirar la televisión
5. medir (measure) los pies
6. decir "AHHH"
7. comer un sándwich
8. llenar una carie dental
9. contar los dedos (fingers)

F. Mi primer examen médico. You are the nurse at an elementary school and the first graders will need a physical examination to participate in sports activities. Prepare a brief explanation of what will be included. Share your speech with a classmate.

MODELO: *Es necesario saber su peso y su estatura. Necesito tomar el pulso y la presión arterial. ¿Su deporte es…?*

Estructuras   *Descriptions: Los artículos: género y número*

You have already seen that all nouns in Spanish have *gender,* meaning they are classified as either masculine or feminine. Words associated with nouns—adjectives and articles—take on the same characteristics as the noun and will match the noun in number and gender.

■ There are four ways to express *the* in Spanish. The one you use depends on the characteristics of the noun that follows it—whether it is masculine or feminine, singular or plural.

The definite article: *the*		
	Singular	**Plural**
Masculine	**el** teléfono	**los** teléfonos
Feminine	**la** casa	**las** casas

■ Noun gender has little to do with being male or female, unless the noun refers to a sexed being:

el doctor   **los doctores**
la doctora   **las doctoras**

■ Nouns ending in **–e** generally have the same form for males and females. Only the article will change. It is important to note that in groups of mixed males and females, the masculine form is used. Nouns ending in **–ista** are both masculine and feminine.

el estudiant**e**   *the (male) student*
la estudiant**e**   *the (female) student*
los estudiant**es**   *the students (either all male or mixed male and female)*
el dentista   *the (male) dentist*
la dentista   *the (female) dentist*

■ In general, nouns ending in **–a, –ción, –sión, –dad,** and **–tad** are feminine.

la na**ción**   las na**ciones**
la universi**dad**   las universi**dades**

■ Generally, nouns ending in **–o** or **–l** are masculine:

el formulari**o**   **los** formulari**os**
el pape**l**   **los** pape**les**

- There are many exceptions to the general rules of gender. Some of the most common are:

la man**o** **(f)**   *the hand*
el dí**a** **(m)**   *the day*
el map**a** **(m)**   *the map*

- Additional exceptions include words ending in **–ma.** While there are **–ma** words that are feminine—**la mamá** *(the mama)* and **la pluma** *(the pen)*—many **–ma** words are masculine.

el proble**ma**   *the problem*
el dra**ma**   *the drama*
el trau**ma**   *the trauma*
el idio**ma**   *the language*

Note: In a sentence, when the word **de** comes directly before **el,** they form the contraction **del.**

el libro **de + el** médico ⇒ el libro **del** médico   *the doctor's book*

To say *a, an,* or *some,* use the form of the indefinite article that matches the noun in number and gender. **Un** and **unos** are masculine indefinite articles and **una** and **unas** are feminine indefinite articles.

The indefinite article: *a, an, some*		
	Singular	**Plural**
Masculine	**un** libro	**un**os libros
Feminine	**una** mesa	**un**as mes**as**

¡OJO!

It is common, when referring to body parts, to use the definite article instead of the possessive adjective. **Me lavo <u>las</u> manos.** *I wash my hands.*

Para practicar

A. Las partes del cuerpo. Use the correct form of the definite article **(el, la, los,** or **las)** to identify the location of these things associated with the body and its well-being. Be careful!

1. _____ ojos están en _____ cabeza.

2. _____ dedos están en _____ mano.

3. _____ termómetro está en _____ boca.

4. _____ hamburguesa está en _____ estómago.

5. _____ doctora está en _____ consultorio.

6. _____ problema está en _____ intestinos.

7. _____ información está en _____ historia clínica.

8. _____ pacientes están en _____ hospital.

B. El mundo de la medicina. Complete the following thoughts, first with a form of the indefinite article (**un, una, unos,** or **unas**), and then with the name of an appropriate person, place, or thing. When you are finished, compare your responses with those of a classmate.

MODELO: _____ enfermera famosa es _____.
Una enfermera famosa es Florence Nightingale.

1. _____ médico famoso es _____.

2. _____ hospital famoso es _____.

3. _____ problema grave para todos los médicos es _____.

4. _____ medicinas para el dolor de estómago son _____.

5. _____ enfermedades graves que no tienen cura son _____.

6. _____ programa de televisión de la rutina en un hospital es _____.

7. _____ universidad de medicina famosa es _____.

8. _____ publicación de medicina famosa es _____.

C. En la oficina. You and a partner have just been named to the renovation committee for your medical office. As you look at the following list, decide what is good, what is bad, and what you will need new. Include any additional items that you think of.

MODELO: sillas horribles
Necesitamos (we need) unas sillas nuevas.
dos diccionarios modernos
Hay unos diccionarios buenos.

Inventario de la oficina:

1. tres computadoras 386
2. publicaciones de 1977
3. plumas viejas
4. teléfonos celulares
5. médicos excelentes
6. estetoscopio de 1999
7. medicinas de 1990
8. formularios con errores
9. termómetros orales
10. recepcionista perezosa

Módulo 2

¿Qué le pasa?

el pelo

¿Dónde tiene dolor Gabriel?

¿Quiénes están enfermos?

¿Cuál es el problema?

¿Qué pasa?

la oreja

la nariz

el corazón

el estómago

A. ¿Como se dice?   Which word do you associate with the following?
(¡OJO! You might need a word you learned previously.)

MODELO: el champú   *el pelo*

1.   los anteojos *(glasses)*
2.   la respiración
3.   la música
4.   los espaguetis
5.   el amor *(love)*
6.   la laringitis

B. ¿Dónde le duele?   Tell what part of the body the following specialists will examine.

1.   Gastroenterólogo: _____

2.   Alergista: _____

3.   Cardiólogo: _____

4.   Optometrista: _____

5.   Dentista: _____

6.   Neurólogo: _____

¡Está enfermo!

La señora Canchola is back to see Doctor López with Gabriel, who feels terrible.

DOCTOR: Hola, Gabriel. Hola, señora. ¿Qué le pasa?

SEÑORA: Buenas tardes, doctor. ¿Cómo está Ud.? No sé qué le pasa. Está mal.

DOCTOR: Gabriel, ¿dónde tienes dolor?

GABRIEL: En el estómago, en la cabeza y en la garganta.

DOCTOR: ¿Cuándo notó los síntomas?

SEÑORA: Esta mañana. Desde entonces, no tiene apetito.

DOCTOR: ¿Y la temperatura? ¿Cuánta tiene?

SEÑORA: Tiene 102 grados. Igual que sus amigos.

DOCTOR: ¿Quiénes son sus amigos?

SEÑORA: Paquito Valdés y Tommy Hermann.

DOCTOR: Con razón. Paquito también es mi paciente. Está en el otro consultorio muy enfermo con la gripe.

C. ¿Comprende usted?   Answer the following questions based on the dialogue.

1. ¿Cuáles son los tres síntomas de Gabriel?

2. ¿Qué nota la madre?

3. ¿Qué temperatura tiene?

4. ¿Quiénes son sus amigos?

5. ¿Dónde está Paquito?

6. ¿Qué tiene Paquito?

D. Preguntas para mi doctor/a.   You rarely see your doctor, as you're blessed with good health. Think of four questions you don't want to forget to ask him/her during your next routine examination. Have a classmate pretend to be the doctor answering your questions, then switch roles.

MODELO: E1:   *Si tengo dolor de cabeza, ¿está bien tomar aspirinas?*

E2:   *Sólo dos cada cuatro horas.*

Preguntas para mi doctor/a

1. ¿ ?

2. ¿ ?

3. ¿ ?

4. ¿ ?

E. El cuidado de los niños. Read the following brochure on child care, then answer the questions.

Recursos para el cuidado de niños para familias con bajos ingresos *(low income)*

¿NECESITA AYUDA PARA PAGAR POR EL CUIDADO DE SUS NIÑOS?

Este folleto contiene información sobre los programas de asistencia y las agencias locales que ofrecen ayuda.

¿TIENE UD. INGRESOS BAJOS?
Para niños de todas las edades.
De bebés a los 12 años o a los 17 años si tienen limitaciones físicas o mentales.

SERVICIOS
Los padres seleccionan el lugar de cuidado de sus niños. Las familias con bajos ingresos que dependen del Estado necesitan un servicio de cuidado de niños para trabajar. Las madres adolescentes tienen prioridad.

¿RECIBE BIENESTAR PÚBLICO *(AFDC)* Y ASISTE A UN PROGRAMA DE ENTRENAMIENTO *(TRAINING)*?

El programa Grandes Avenidas para Independencia *(GAIN)* es gratis.

Comuníquese con la Oficina de Salud Pública: (217) 981-8533.

Colegios de la comunidad:
Costo reducido para el cuidado de los niños si los padres estudian en una escuela.

Colegio de Ventura: (217) 648-8930

---

1. ¿Cuántos años tienen los niños que participan en el programa?
2. ¿Quiénes tienen prioridad?
3. ¿Cómo se llama el programa de entrenamiento?
4. ¿Con qué oficina se deben comunicar?
5. ¿Cuál es el número de teléfono de la Oficina de Salud Pública?
6. ¿Qué recibe un padre que estudia en una escuela?

F. ¿Qué le pasa? One of you isn't feeling well; the other is the health professional on campus. In a question-and-answer interview, determine where the pain is, what hurts, etc.

MODELO:
E1: *¡Ay, doctor, estoy enfermo/a!*
E2: *¿Dónde tiene dolor?*
E1: *Tengo dolor de cabeza.*
E2: *¿Tiene fiebre?*
E1: *Sí, 102 grados.*
E2: *¿Toma aspirinas?*
E1: *…*

Estructuras   *Asking for information: Las preguntas*

- To ask a question requiring a *yes* or *no* answer, change the intonation of a statement.
- The word *do,* used in English questions, is not translated into Spanish.
- The subject of the sentence usually comes after the verb in a question.

¿Tiene dolor?   *Do you have pain?*
¿Está la doctora?   *Is the doctor in?*

- The Spanish questions **¿verdad?** or **¿no?** can be added to the end of a statement if your question is just confirming what you believe to be true. It is the equivalent of the English *right?*

Usted es Marta, ¿verdad?   *You are Marta, right?*
Mario tiene cita a las tres, ¿no? *Mario has an appointment at three, doesn't he?*

- When your question requires new information to be provided, use the following question words:

¿Quién/es?	*Who?*
¿Qué?	*What?*
¿Cuál/es?	*Which?*
¿Dónde?	*Where?*
¿Cuándo?	*When?*
¿Cómo?	*How?*
¿Cuánto/a?	*How much?*
¿Cuántos/as?	*How many?*
¿Por qué?	*¿Why?*

- Some question words have plural forms (**¿Cuál?** and **¿Quién?**) depending on whether the questioner is expecting a singular or plural response.

—**¿Quién es** la señora alta?   *Who is the tall woman?*
—**Es Mónica,** una amiga.   *She is Monica, a friend.*
—**¿Quiénes son** las señoras altas?   *Who are the tall women?*
—**Son Mónica y Elena,** unas amigas.   *They are Monica and Elena, some friends.*

- **¿Cuánto?,** meaning *how much,* can become feminine, depending on the noun that follows.

¿Cuán**to** tiem**po** hay entre pacientes?   *How much time is there between patients?*

¿Cuán**ta** informa**ción** hay?   *How much information is there?*

- **¿Cuántos?,** meaning *how many,* can also become feminine, depending on the noun that follows.

¿Cuánt**os** pacient**es** hay?   *How many patients are there?*
¿Cuánt**as** cit**as** hay hoy?   *How many appointments are there today?*

- Use **¿Cuál?** or **¿Cuáles?** to indicate a selection—or selections—from a group. It is used instead of **¿Qué?** when asking for specific or personal information, rather than general definitions.

¿Qué es un teléfono?   *What is a telephone?*
¿Cuál es su número de teléfono?   *What is your telephone number?*

Para practicar

A. Una invitación.   Read the following invitation and answer the questions.

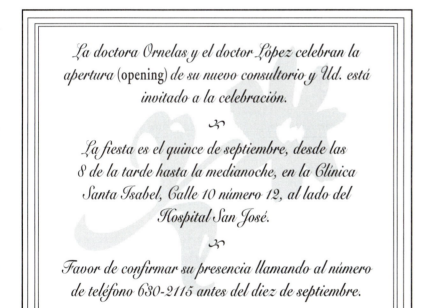

La doctora Ornelas y el doctor López celebran la apertura (opening) *de su nuevo consultorio y Ud. está invitado a la celebración.*

La fiesta es el quince de septiembre, desde las 8 de la tarde hasta la medianoche, en la Clínica Santa Isabel, Calle 10 número 12, al lado del Hospital San José.

Favor de confirmar su presencia llamando al número de teléfono 630-2115 antes del diez de septiembre.

1.   ¿Quiénes celebran la fiesta?
2.   ¿Por qué la celebran?
3.   ¿Cuándo es la celebración?
4.   ¿Cuántas horas dura *(lasts)* la celebración?
5.   ¿Dónde es la celebración?
6.   ¿Cuál es el número de teléfono para confirmar su presencia?

¡OJO!

The definite article is used with a title when speaking about a person, but omitted when speaking to the person. **El doctor González es excelente,** but **Buenos días, doctor González.**

B. ¡Jeopardy! The following statements are logical answers to specific questions. Give the logical question to the answers.

MODELO: Son las ocho de la noche.
¿Qué hora es?

1. Estoy bien, gracias.
2. El consultorio está en la calle Estonia.
3. La cita es a las cinco.
4. Yo soy Patricia y ella es Elena.
5. Hay 24 horas en un día.
6. Hay dos ojos en la cara.
7. Gabriel tiene cita con el médico porque está mal.
8. El número de teléfono de la clínica es el 222-2314.

 C. Entre amigos. With a partner, make up five questions about your Spanish class. Then ask other students to answer them.

MODELO: ¿Quién es el profesor/la profesora?
El profesor es el señor Fernández.

Vocabulario Módulo I

Sustantivos

el apellido	*last name*	**el/la paciente**	*patient*
la casa	*house*	**el/la periodista**	*journalist*
la compañía de seguros	*insurance company*	**el peso**	*weight*
		el pie	*foot*
el consultorio	*doctor's office*	**la póliza, la política**	*policy*
la dirección	*address*		
el/la doctor/a	*doctor*	**la presión arterial**	*blood pressure*
la edad	*age*		
el/la enfermero/a	*nurse*	**la pulgada**	*inch*
		el pulso	*pulse*
el estado civil	*marital status*	**el/la recepcionista**	*receptionist*
la estatura	*height*		
la fecha de nacimiento	*birth date*	**el seguro social**	*social security*
		el sexo	*sex, gender*
la firma	*signature*	**los signos vitales**	*vital signs*
el formulario	*form*	**la tarjeta de seguro médico**	*insurance card*
la historia clínica	*patient history*		
la información	*information*	**el teléfono**	*telephone*
la libra	*pound*	**la temperatura**	*temperature*
el nombre	*name*	**el trabajo**	*work, job*
el número	*number*	**la visita**	*visit*
la ocupación	*occupation*		

Verbos

entrar	to enter	mirar	to look at
estar	to be	pagar	to pay
hablar	to talk, speak	pesar	to weigh
llamar	to call	regresar	to return
llenar	to fill in	ser	to be

Adjetivos

alérgico/a	allergic	joven	young
casado/a	married	soltero/a	single
diabético/a	diabetic	viudo/a	widowed
divorciado/a	divorced		

Otras expresiones

¿A qué hora...?	At what time ...?	A ver	Let's see
		Favor de...	Please ...

¡OJO! Don't forget to study **los números 40–101**!

Módulo 2

Sustantivos

el apetito	appetite	el grado	degree
la boca	mouth	la gripe/gripa	flu
el brazo	arm	el/la hijo/a	son, daughter
la cabeza	head	la inyección	injection, shot
el/la candidato/a	candidate	la mano	hand
el deporte	sport	el músculo	muscle
el dolor	pain	las nalgas	buttocks
el estado	condition	el oído	ear (inner)
el estómago	stomach	el ojo	eye
la evidencia	evidence	la pierna	leg
la fiebre	fever	el problema	the problem
la garganta	throat	el síntoma	symptom

Verbos

examinar	to examine	tocar	to touch, play (instruments)
necesitar	to need		
participar	to participate	ver	to see

Adjetivos

enfermo/a	sick	listo/a	ready

Otras expresiones

A veces	*At times*	**igual**	*equal*
aquí	*here*	**inmediatamente**	*immediately*
con razón	*rightly so, no wonder*	**más**	*more*
		nada	*nothing*
¿Cuál/es?	*Which (one/s)?*	**No sé**	*I don't know*
¿Cuándo?	*When?*	**pero**	*but*
¿Cuánto/a?	*How much?*	**¡Pobrecito!**	*Poor thing!*
¿Cuántos/as?	*How many?*	**¿Por qué?**	*Why?*
desde entonces	*since then*	**porque**	*because*
¿Dónde?	*Where?*	**¿Qué?**	*What?*
en este momento	*at this moment*	**¿Quién/es?**	*Who?*
hay	*there is, there are*	**¿Verdad?**	*Right?*

Síntesis

A escuchar

La señora Ibáñez llama por teléfono a la Clínica del Camino Real porque necesita información sobre sus servicios.

After listening, tell if the following statements are true or false by writing **Sí** or **No** next to each statement. If the answer is **No,** correct the statement.

1. _____ La recepcionista se llama Carmen.

2. _____ En esta clínica no hay servicios de planificación familiar.

3. _____ No es posible hacer cita para el sábado.

4. _____ Es una clínica pública donde los pacientes no necesitan seguro.

5. _____ La señora Ibáñez no tiene seguro.

A leer

CLÍNICAS DEL CAMINO REAL

SERVICIOS MÉDICOS

Ofrecer acceso a la salud primaria para los residentes con bajos ingresos es la misión de Clínicas del Camino Real.

NUESTRAS ESPECIALIDADES INCLUYEN:
* Medicina familiar
* Medicina general
* Pediatría
* Obstetricia y ginecología

LOS SERVICIOS DISPONIBLES SON:
* Vacunas
* Examen físico para la escuela
* Laboratorio y rayos X
* Emergencias menores

SERVICIOS DENTALES
Nuestro departamento dental tiene el equipo más moderno y sofisticado.

SERVICIO DEL CUIDADO DE LA VISTA
* Examen completo de la vista
* Recetas para lentes y lentes de contacto
* Cirugía para cataratas y glaucoma

CUIDADO PREVENTIVO PARA LA SALUD

NUESTROS SERVICIOS INCLUYEN EDUCACIÓN ACERCA DE:
* Diabetes
* Hipertensión
* Cuidado prenatal e infantil
* Control de peso
* Planificación familiar
* Los peligros del tabaco

SERVICIOS PSICOLÓGICOS

* Psicoterapia individual
* Terapia de niños y familia
* Grupos de apoyo
* Guías para ser mejores padres

FORMAS DE PAGO: Con mucho gusto aceptamos Medi-Cal, Medi-Care, seguros y pagos privados.

¿Comprende usted?   Answer the following questions with information from the reading.

1. ¿Cuál es la misión de Clínicas del Camino Real?
2. ¿Cuáles son sus especialidades?
3. ¿Qué tipo de emergencias incluyen?
4. ¿Cómo es el departamento dental?
5. ¿Cuántos programas de educación ofrecen?
6. ¿Qué formas de pago aceptan?

A conversar

In groups of four, discuss possible reasons to use the services outlined in the reading.

MODELO: *La clínica tiene educación para el control de peso y yo necesito bajar de peso.*

A escribir

You are a physician filling in the patient chart after an examination. Write five things you want to be sure are recorded about today's visit. Compare your notes with a classmate.

MODELO: *Su presión arterial: 110/90*

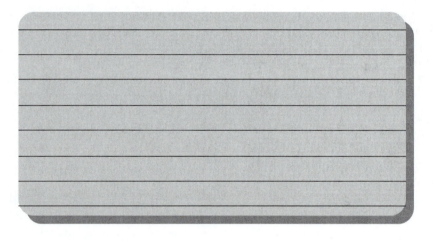

Algo más

Encuesta Nacional de Examen de Salud y Nutrición

La Encuesta Nacional de Examen de Salud y Nutrición (NHANES) es un programa de estudios para evaluar el estado de salud y nutrición de adultos y niños en los Estados Unidos. La encuesta combina entrevistas y exámenes físicos y proporciona *(provides)* estadísticas vitales y de salud para la nación.

Las entrevistas de NHANES incluyen preguntas relacionadas con demografía, socioeconomía, dieta y salud. Hay exámenes médicos y dentales y pruebas de laboratorio. Los resultados sirven para determinar la frecuencia de enfermedades graves y los factores de riesgo de las enfermedades. Incluyen:

- Anemia
- Enfermedades cardiovasculares
- Diabetes
- Equilibrio
- Enfermedades infecciosas
  e inmunización

- Salud mental
- Nutrición y obesidad
- Salud oral
- Osteoporosis
- Enfermedades respiratorias
  (asma, bronquitis, enfisema)

- Tuberculosis
- Enfermedades transmitidas
  sexualmente
- Visión

En mis propias palabras.   Try to summarize in your own words the importance of the NHANES survey. Mention what the program consists of, the type of examinations conducted and at least three illnesses included. Compare your summary with a classmate's.

A buscar

The Internet offers a wealth of information, but have you looked for Spanish sites? Find information on health insurance, patient history charts, insurance programs, or health clinics in Spanish and bring them to class to share. Try these sites for starters: www.healthlaw.org/pubs, www.salud-latina.com, www.medico.org. You might also stop by your local doctor's office, pharmacy, or hospital to see what information they have in Spanish—you'll be surprised at how much there is!

LECCIÓN 2

El cuerpo humano

Módulo 1
- Las partes del cuerpo
- Naming body parts: *Más sobre los adjetivos*
- La cabeza
- Talking about present activities: *Los verbos que terminan en -ar*

Módulo 2
- Los órganos
- Talking about present activities: *Los verbos que terminan en -er, -ir*
- Los sistemas
- Physical conditions: *Expresiones con **tener** y **estar***

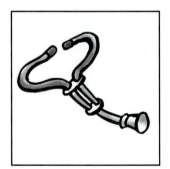

Síntesis
- A escuchar
- A conversar
- A leer
- A escribir

Algo más
- Ventana cultural: Las causas de la incontinencia urinaria
- A buscar

Módulo 1

Las partes del cuerpo

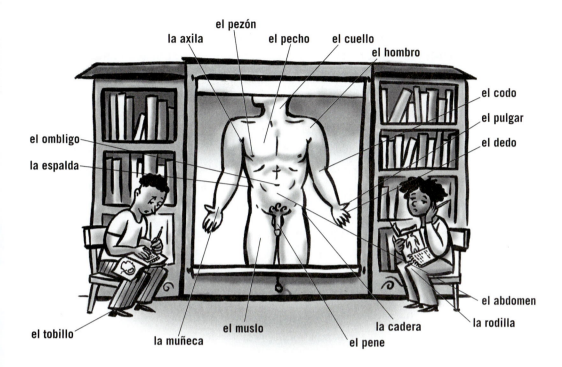

A. ¿Cómo se dice?   See if you can identify the following body parts named on the chart.

1.   Otro nombre para el estómago
2.   La conexión entre la cabeza y los hombros
3.   Algo que une al bebé a su mamá
4.   Parte importante del sistema reproductivo masculino

B. Asociaciones.   Name the body part most often associated with the following. If there is more than one, name them all.

MODELO: un anillo *(ring)* de diamantes
              el dedo

1.   un desodorante   **5.**   hueso de la alegría *(funny bone)*
2.   un reloj *(watch)*   **6.**   celulitis
3.   el boxeo   **7.**   las inyecciones
4.   un bebé y la leche   **8.**   el centro de la pierna

Un examen de anatomía

Juan and Lucía are two young medical students studying together for their first anatomy quiz.

LUCÍA: ¡Ay, Juan! ¡Hay muchas partes del cuerpo! Tengo el cerebro cansado.

JUAN: Lo comprendo, Lucía. Tengo la memoria cansada y los ojos cansados. Hasta tengo las nalgas cansadas de estar en esta silla por tantas horas.

LUCÍA: Juan, necesitamos estirar las piernas un rato. ¿Tomamos un café caliente?

JUAN: Bueno, sí. Pero primero, ¿cuáles son las cuatro partes principales de la pierna?

LUCÍA: El muslo, la rodilla, el tobillo y el pie. ¡Cuatro! ¿Cuáles son las cinco partes principales del brazo?

JUAN: ¡El pulgar y cuatro dedos! ¡Cinco!

LUCÍA: ¡Necio! En serio, son el hombro, la axila, el codo, la muñeca y la mano.

JUAN: Vamos. Tomamos un café y unas galletas ricas y después repasamos las partes importantes del torso—los pechos, los pezones, el ombligo …

C. ¿Comprende usted? See how much of the dialogue you understand by answering the following questions.

1. ¿Qué estudian Juan y Lucía?
2. ¿Por qué necesitan tomar un café?
3. ¿Cuáles son las cuatro partes importantes de la pierna que menciona Lucía?
4. ¿Cuáles son las cinco partes importantes del brazo que menciona Lucía?
5. ¿Por qué dice Lucía que Juan es "necio"?

D. Manual para el cuidado del cuello.   Read the following brochure on neck care; then complete the following activity by writing **Sí** or **No** next to each statement. If the statement requires an answer of **No,** provide the correct response.

Manual para el cuidado del cuello

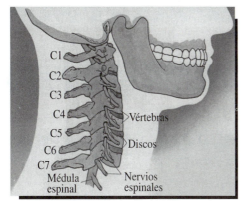

CONOZCA SU CUELLO

La cabeza está sujeta por siete huesos llamados vértebras y mantenida en su lugar por 32 músculos. Ocho nervios de la médula espinal transmiten impulsos de movimiento entre la cabeza, la espalda, el pecho y los brazos. Cuatro arterias importantes que llevan sangre *(blood)* a la cabeza también pasan por el cuello.

¿Qué produce dolor en el cuello?

LESIONES

Los deportes *(sports)* causan muchas lesiones del cuello, especialmente entre los jóvenes. En el fútbol norteamericano, una causa frecuente es el bloquear con la cabeza.

DISTENSIÓN

Cuando movemos el cuello más allá de lo normal, los músculos se estiran y los ligamentos se rompen *(tear)*. Eso es distensión.

POSTURA Y TENSIÓN EMOCIONAL

La postura es muy importante para el cuello. La cabeza y la columna vertebral tienen que estar en equilibrio en la línea de gravedad.

La tensión emocional por preocupaciones de trabajo o familia causa problemas con los músculos del cuello.

1. _____ Hay ocho nervios en el cuello, cuatro arterias y 32 músculos.

2. _____ Según el artículo, los accidentes de carro, especialmente entre los jóvenes, causan muchas lesiones.

3. _____ La distensión es cuando los músculos se estiran y los ligamentos se rompen.

4. _____ La postura no es importante para el cuello porque no se relaciona con el equilibrio de la cabeza y la columna vertebral.

5. _____ Las preocupaciones emocionales son una causa de problemas con el cuello.

E. El quiropráctico.   One of you is a chiropractor, the other a patient complaining of neck pain. Conduct a preliminary investigation to determine the cause of the problem.

MODELO: E1: *¿Dónde tiene dolor?*
  E2: *En el cuello.*

1.   ¿Ud. juega al fútbol norteamericano?
2.   ¿Desde cuándo *(since when)* tiene el dolor?
3.   ¿Hay tensión en su vida ahora?
4.   ¿Cómo es su postura habitual?
5.   ¿Tuvo un accidente recientemente?

F. Juego infantil.   Do you remember one of your favorite childhood games? Here's your chance. One of you will call out the instructions, using the construction in the model plus a body part; the other three must respond by touching the appropriate body part. The student who "forgets" that body part must then become the leader.

MODELO: *Tóquense… la pierna.*

Estructuras   *Naming body parts: Más sobre los adjetivos*

■ Some of the most useful adjectives in a health-care setting define physical characteristics of people or things. Because the adjective becomes part of the identity of the noun it describes, it assumes the same characteristics as its noun: masculine, feminine, singular, or plural. If you are unsure if a noun is masculine or feminine, you can often tell by looking at the article. Remember: If the adjective ends in a letter other than **–o** or **–a,** it becomes plural or singular, but not masculine or feminine.

Colors:

blanco/a	*white*	**el** uniforme blanc**o**	*the white uniform*
negro/a	*black*	**los** libr**os** negr**os**	*the black books*
rojo/a	*red*	**la** sangre roj**a**	*the red blood*
rosado/a	*pink*	**la** piel rosad**a**	*the pink skin*
amarillo/a	*yellow*	**las** flores amarill**as**	*the yellow flowers*
azul	*blue*	**el** papel azul	*the blue paper*
verde	*green*	**los** ojos verde**s**	*the green eyes*

■ For hair and eyes, the following colors are often used:

Hair:

castaño	*brown*	moreno	*black or dark brown*
rubio	*blonde*	pelirrojo	*red*

Eyes:

(de color) café   *brown*   azules   *blue*   verdes   *green*

Physical or mental characteristics:

alto/a	*tall*	**las** señor**as** alt**as**	*the tall women*
bajo/a	*short*	**los** niñ**os** baj**os**	*the short children*
joven	*young*	**el** médico joven	*the young doctor*
viejo/a	*old*	**los** médicos viej**os**	*the old doctors*
gordo/a	*fat*	**la** niña gord**a** (gordit**a**)	*the fat (pudgy) girl*
delgado/a	*thin*	**el** hombre delgad**o**	*the thin man*
fuerte	*strong*	**las** enfermer**as** fuert**es**	*the strong nurses*
débil	*weak*	**los** pacient**es** débil**es**	*the weak patients*
inteligente	*intelligent*	**la** profesora inteligent**e**	*the intelligent teacher*

Conditions:

enfermo/a	*sick*	**las** chic**as** enferm**as**	*the sick girls*
saludable	*healthy*	**la** familia saludabl**e**	*the healthy family*
fracturado/a	*broken*	**el** braz**o** fracturad**o**	*the fractured (broken) arm*
torcido/a	*sprained*	**los** tobill**os** torcid**os**	*the sprained ankles*
doloroso/a	*painful*	**la** inyección doloros**a**	*the painful injection*
hinchado/a	*swollen*	**los** oj**os** hinchad**os**	*the swollen eyes*
congestionado/a	*stuffy*	**la** nariz congestionad**a**	*the stuffy nose*
delicado/a	*delicate*	**el** estómago delicad**o**	*the delicate (upset) stomach*
sensible	*sensitive*	**el** paciente sensibl**e**	*the sensitive patient*

Other

grande	*large*	**los** pies grand**es**	*the large feet*
chico/a	*small*	**la** famili**a** chic**a**	*the small family*

Note: **pequeño/a** is another common way of saying *small*.

- When **grande** is placed before the noun, the meaning changes from *large* to *great,* and the ending **–de** is omitted in the singular.

un **gran** médico	*a great doctor*	unos gran**des** médicos	*some great doctors*
una **gran** profesora	*a great teacher*	unas gran**des** profesoras	*some great teachers*

- **Bueno** and **malo** are adjectives meaning *good* and *bad*. When placed after the noun they modify, they become masculine or feminine, singular or plural.

bueno/a	*good*	**el** enfermer**o** buen**o**	*the good doctor*
malo/a	*bad*	**las** notici**as** mal**as**	*the bad news*

■ When **bueno** or **malo** is placed before a masculine singular noun, omit the **–o.**

un bue**n** amig**o**	*a good friend*
unos buen**os** amig**os**	*some good friends*
un ma**l** cas**o**	*a bad case*
unos mal**os** cas**os**	*some bad cases*

Para practicar

A. Asociaciones. What color do you associate with the following items? Rewrite the phrase to include the description. Don't forget to change the verb, if necessary.

MODELO: los zapatos de las enfermeras
    Los zapatos de las enfermeras son blancos.

1. la sangre
2. las bananas
3. el color tradicional de los recién nacidos *(newborn boys)*
4. los uniformes de las enfermeras
5. las plantas en la sala de espera
6. los corpúsculos que llevan el oxígeno
7. la orina
8. los dientes
9. el uniforme informal de los cirujanos *(surgeons)*
10. las encías *(gums)*

B. Más asociaciones. When you see the following names, what characteristics do you immediately associate?

MODELO: Michael Jordan
    Alto

1.	Roseanne	5.	Britney Spears
2.	Danny DeVito	6.	Popeye con espinacas *(with spinach)*
3.	Albert Einstein	7.	Popeye sin espinacas *(without spinach)*
4.	George W. Bush	8.	Olive Oyl *(la amiga de Popeye)*

C. ¿Accidente o enfermedad? Make sure the following adjectives match their nouns and then tell a classmate if these medical conditions are the probable result of an accident or illness—or both. Then, with a classmate, make up your own and ask another team.

MODELO: La garganta/rojo
la garganta roja—una enfermedad

1. el tobillo/torcido
2. los ojos/hinchado
3. el estómago/delicado
4. las piernas/fracturado
5. la nariz/congestionado
6. la tos *(cough)*/fuerte
7. los brazos/débil
8. la rodilla/hinchado

Módulo 1

La cabeza

el párpado
la frente
las pestañas
el ojo
la cara
la nariz
las encías
los labios
los dientes
la barbilla
el pelo
la ceja
la oreja
el oído
la mejilla

A. ¿Cómo se dice?   See if you can name the following body parts identified on the chart.

1. Útil para identificar aromas y fragancias
2. Centro importante para los besos *(kisses)*
3. La parte de la cabeza que contiene los ojos, la nariz y la boca
4. Se usa hilo *(floss)* dental para proteger éstas
5. Sitio para una barba "goatee"
6. Sitio para lentes de contacto
7. Trabajo para el dentista
8. Sitio donde uso el champú Herbal Essences

B. Más partes del cuerpo.   Name the part or parts of the body the physician uses to do the following.

MODELO: escuchar el corazón
los oídos

1. palpar las glándulas
2. examinar la garganta
3. explicar el problema
4. tomar la temperatura
5. observar los síntomas
6. auscultar el pecho

La bebé está enferma

Nervous new parents, Agustín y Juana, have arrived at Dr. Lopez's office because their nine-month-old infant, Cristina, won't stop crying.

JUANA:	¡Ay, Maricarmen! Llamamos porque Cristina llora y llora. Caminamos con ella día y noche y no se calma. Necesitamos ayuda.
RECEPCIONISTA:	Tranquila, Juana. ¿Por qué no pasamos al consultorio, tomamos la temperatura de Cristina y esperamos al Dr. López?
DR. LÓPEZ:	Hola, Juana, Agustín. ¡Cristinita! ¿Qué tienes? La temperatura está un poco elevada. ¿Hay otros síntomas?
AGUSTÍN:	Vomita un poco y se frota la cara y la cabeza. ¿Qué le pasa, doctor?
DR. LÓPEZ:	Hablamos después del examen.
JUANA:	¿Tiene algo, doctor?
DOCTOR LÓPEZ:	Necesito palpar las glándulas debajo de la barbilla, mirar los oídos y la nariz con esta luz y examinar la garganta.
AGUSTÍN:	¡Pobrecita! Tiene los ojos rojos de llorar…
DOCTOR LÓPEZ:	No, Agustín, Cristina tiene una leve infección respiratoria que afecta a los ojos, a la garganta, a la nariz y sobre todo a los oídos. Pero hay otra cosa: tiene las encías hinchadas porque también noto aquí su primer dientecito.

C. Identificación.   Decide who each of the following statements refers to: Cristina **(C)**, Juana **(J)**, Agustín **(A)**, el doctor López **(DR)**, or Maricarmen **(M)**.

1. _____ Es la recepcionista en el consultorio.

2. _____ Tiene una infección respiratoria.

3. _____ Examina los oídos y la nariz.

4. _____ Caminan con Cristina día y noche.

5. _____ Tiene las encías hinchadas.

6. _____ Dice que su hija vomita un poco.

D. De pies a cabeza. The following body parts must be put in order from head to toe. But that's too easy! The Mexican rock group, *Maná*, gave their song the title of "From Feet to Head." Can you put these body parts in order from *feet to head* in under 30 seconds? ¡OJO! Your arms are over your head because you're dancing to that song in the disco.

tobillo

ombligo

pecho

axila

pelo

barbilla

muslo

nariz

muñeca

E. Tronco, cabeza o extremidades. Not enough time on the last activity? You now have two minutes to fill in as many body parts as you can in each of the three categories listed. When done, compare lists with three classmates and see who wins!

MODELO: Extremidades
rodilla

Tronco	Cabeza	Extremidades

F. Un/a buen/a estudiante. Uh-oh! It's test time with your anatomy professor (your classmate). He/she will indicate a given body part, asking you its name. You will provide it in Spanish and he/she will tell you **Correcto** or **Incorrecto.** You must identify at least eight of ten correctly to pass. ¡Buena suerte!

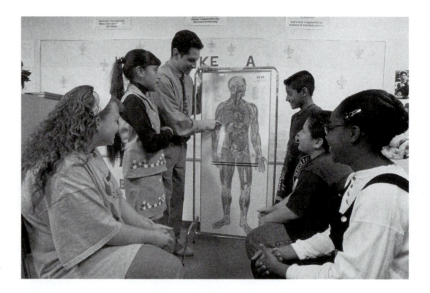

MODELO: E1: *¿Qué es esto?* (pointing to chest)
E2: *Es el pecho.*
E1: *Correcto.*

Estructuras   *Talking about present activities: Los verbos que terminan en -ar*

- An infinitive is the basic form of the verb that is not yet matched to fit a specific person or subject. In English, an infinitive always starts with *to: to play, to speak, to run.*

- In Spanish, infinitives are single words that end in **-ar, -er,** or **-ir.**

  habl**ar**   *to speak*   com**er**   *to eat*   viv**ir**   *to live*

- The portion of the verb that tells the action is the stem and the ending tells who or what the subject is.

  hablo   *I speak*   **habl** is the stem   and   **o** tells that the subject is **yo.**

- In order to indicate the different subjects of a verb, use different endings. This is called *conjugating a verb*. To conjugate **–ar** verbs, drop the final **–ar** and add these endings:

hablar *to talk or speak*			
yo hab**lo**	*I speak*	**nosotros/as** habl**amos**	*we speak*
tú habl**as**	*you (familiar) speak*		
usted habl**a**	*you speak*	**ustedes** habl**an**	*you (all) speak*
él/ella habl**a**	*he/she speaks*	**ellos/ellas** habl**an**	*they speak*

- Some additional **–ar** verbs that follow this pattern are:

ayudar	*to help*	**fumar**	*to smoke*	**palpar**	*to feel/ palpate*
caminar	*to walk*	**lavar**	*to wash*	**preparar**	*to prepare*
descansar	*to rest*	**limpiar**	*to clean*	**regresar**	*to return*
escuchar	*to listen*	**llamar**	*to call*	**tocar**	*to touch*
estudiar	*to study*	**mirar**	*to look at/ to watch*	**tomar**	*to take*
examinar	*to examine*	**necesitar**	*to need*	**trabajar**	*to work*
frotar	*to rub*	**observar**	*to observe*	**vomitar**	*to vomit*

When the subject of the verb is clear from the ending and the context, the subject pronoun may be omitted.

(Yo) hablo con el médico.	*I speak with the doctor.*
Necesito **ver** al médico.	*I need to see the doctor.*
Voy a **llamar** al consultorio.	*I am going to call the office.*

¡OJO!

In a sentence where two verbs come together, the first verb is conjugated and the second verb stays in the infinitive form.

Para practicar

A. ¿Quién habla? Tell the subject pronoun or pronouns that would match the following verbs.

MODELO: Observa al paciente.
Él, ella or *usted observa al paciente.*

1. Mir**amos** el progreso.
2. Tom**o** la temperatura.
3. Necesit**an** más información.
4. Vomit**o** sangre.
5. Escuch**a** el corazón.
6. Examin**amos** la garganta.
7. Palp**an** las glándulas.
8. Prepar**as** los instrumentos.

B. Las citas médicas. By matching the verbs in parentheses to the subjects given, you can follow the steps to a successful visit to the doctor's office—someday!

1. Primero, yo _____(llamar) a la oficina para hacer una cita para

   mis hijos y _____(hablar) con la recepcionista.

2. La recepcionista _____(mirar) el libro de citas.

3. Yo _____(esperar) en la línea y _____(escuchar) la música

   Muzak por mucho tiempo.

4. Después, hay una nueva voz *(voice)*: "Gracias por su paciencia mientras

   nosotros _____(ayudar) a otros clientes. Si es una emergencia, favor

   de colgar *(hang up)* y llamar al 911."

5. Para mí no es una emergencia y yo _____(examinar) mi teléfono y

   _____ (limpiar) la cuerda, mientras ellos _____ (trabajar) con otros

   pacientes. ¡Hay muchos!

6. _____(pasar) otros cinco minutos. ¡Más música! ¡Más frustración!

7. Por fin la recepcionista _____(regresar) a la línea: —Hay una cita

   disponible en dos meses. ¿_____(necesitar) ustedes la cita por la
   mañana o por la tarde?

8. —¡Dos meses! Bueno. Nosotros _____(tomar) la cita por la

   mañana. ¡Seguramente mis hijos van a _____ (presentar) nuevos
   síntomas en dos meses!

C. Entre amigos. One of you is a medical student shadowing a busy pediatrician (your classmate). Make a list of five questions (using the **-ar** verbs in this lesson) to ask the doctor about his work with a patient. Then switch roles.

MODELO: ¿Habla Ud. con la madre del paciente?
Sí, yo hablo con la madre.

Módulo 2

Los órganos

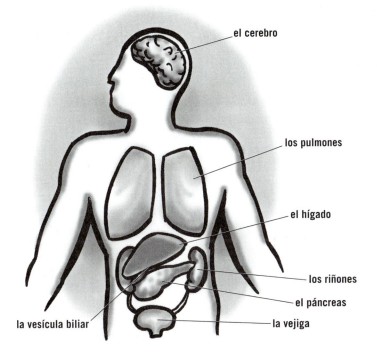

el cerebro

los pulmones

el hígado

los riñones

el páncreas

la vesícula biliar

la vejiga

A. ¿Cómo se dice?   Using the information above, give responses to the statements below.

1. Tres órganos importantes del sistema digestivo
2. Los órganos importantes para la respiración
3. El órgano que acumula la orina
4. Los órganos que se transplantan con frecuencia—responsables de la limpieza de la sangre

B. Acciones.   Can you guess which of the following verbs is described by each of these statements?

| escribir | ver | beber | comer |

1. La acción de absorber información por medio de los ojos
2. La acción de introducir comida por medio de la boca
3. La acción de tomar líquidos
4. La acción de transmitir información por medio de pluma y papel

¡Otro examen de anatomía!

Our two medical student friends, Juan and Lucía, are spending another evening at the library cramming for their second anatomy quiz. So many organs ... so little time!

JUAN: ¡Imposible! No comprendo las relaciones entre todos los órganos. Y tenemos el quiz en ocho horas.

LUCÍA: Tranquilo, Juan. Bebemos un café y al regresar, aprendemos todo. Tú lees el libro y yo escribo las notas. La cafetería está abierta hasta las once. Vamos.

JUAN: Señor, dos cafés con crema y dos donuts de chocolate. ¡Mucha cafeína, mucho azúcar y mucha grasa! Los maestros perfectos.

LUCÍA: Tienes razón, Juan. Son los maestros perfectos. Cuando comemos donuts y bebemos café, pasan por la boca y el estómago. El hígado produce la bilis que transforma la grasa y los azúcares en ácidos útiles para el cuerpo. Los intestinos absorben las cosas necesarias y eliminan las cosas que no necesitan. Los riñones eliminan las toxinas de la sangre—¡como la cafeína que bebes en este instante! ¿Comprendes?

JUAN: Sí, son muy interesantes estas lecciones basadas en los experimentos concretos. ¿Cuándo estudiamos el sistema reproductivo?

C. ¿Comprende usted?   Answer the following questions with information from the dialogue.

1.   ¿Quién no comprende las relaciones entre los órganos?
2.   ¿Qué toman antes de leer el libro y tomar notas?
3.   ¿Qué órganos eliminan las cosas que el cuerpo no necesita?
4.   ¿Por qué desea Juan estudiar el sistema reproductivo?

D. ¿Cómo se llama?   Match the body part to its description.

MODELO: los bronquios   *los "tubos" de respiración*

1.	el hígado	a.	el depósito para la orina
2.	el colon	b.	al tomar mucho alcohol hay problemas
3.	los ovarios	c.	un bebé se desarrolla *(develops)* aquí
4.	los pulmones	d.	los huevos de la mamá están en éstos
5.	los riñones	e.	son el centro de la respiración
6.	los testículos	f.	la diálisis es para estos órganos
7.	el útero	g.	contienen el semen
8.	la vejiga	h.	los excrementos pasan por esta parte

E. Sopa de posibilidades.   The following situations represent problems with certain organs of the body. See if you can identify which organ may be having problems. Compare your answers with a classmate. ¡OJO! Did you know the skin *(la piel)* is an organ?

MODELO: Mi colesterol está muy alto.
              el corazón

1. Sufro de infecciones de la orina.
2. No puedo ser madre.
3. Todos fuman cigarrillos.
4. Mi madre tiene úlceras.
5. Mi hermano tiene diabetes.
6. Hay historia de Alzheimer's.

F. Entrevista.   Ask a classmate—your patient—the following questions. He/she will respond, then switch roles.

MODELO: E1: ¿Hay historia de problemas de cáncer de pulmón en su familia?
              E2: *Sí, mi padre tiene cáncer de pulmón.*

1. ¿Hay cáncer de pecho en el historial médico de su familia?
2. ¿Problemas de riñones?
3. ¿Cirrosis del hígado?
4. ¿Tumores cerebrales?
5. ¿Dificultades reproductivas?
6. ¿Cáncer de colon?

Estructuras   *Talking about present activities: Los verbos que terminan en -er, -ir*

- Verbs ending in **-er** and **-ir** follow a pattern very similar to the **-ar** ending verbs.
- Use the same endings for both **-er** and **-ir** verbs for all subjects except **nosotros/as.**

	comer *to eat*	**vivir** *to live*
yo	com**o**	viv**o**
tú	com**es**	viv**es**
él, ella, usted	com**e**	viv**e**
nosotros/as	com**emos**	viv**imos**
ellos, ellas, ustedes	com**en**	viv**en**

- Additional regular **-er** and **-ir** verbs that will be useful include:

-er		**-ir**	
beber	*to drink*	**decidir**	*to decide*
comprender	*to understand*	**discutir**	*to argue*

correr	to run	existir	to exist
creer	to believe	insistir (en)	to insist
temer	to be afraid	recibir	to receive
ver	to see (¡OJO! The **yo** form is **veo**.)	sufrir	to suffer

Para practicar

A. Para comer.   You love watching people, and the hospital cafeteria offers a great variety of people to watch: patients, visitors, medical professionals. In this cafeteria, there are two buffet tables set up for breakfast. Table A **(grasas)** has bacon, eggs, doughnuts, and fried potatoes—lots of fat. Table B **(frutas)** has a variety of fruits, grains, and yogurt. Tell if the following people eat **grasas** or **frutas.**

MODELO: El hombre que tiene problemas cardíacos
El hombre que tiene problemas cardíacos **come** *frutas.*

1. Las modelos de Victoria's Secret
2. Los futbolistas
3. Una señora con una dieta baja en grasa
4. Juan y Lucía, los estudiantes de anatomía
5. Mis amigos y yo
6. Un cardiólogo
7. Un miembro de Weight Watchers
8. Yo

B. Actividades en el consultorio médico.   By choosing the correct form of the verb in parentheses, you can describe some of the activities in a busy medical office.

1. Los pacientes en la sala de espera ＿＿＿＿＿＿＿ (leer) revistas viejas.

2. El médico ＿＿＿＿＿＿ (escribir) muchas recetas *(prescriptions)*.

3. Dos enfermeros ＿＿＿＿＿＿＿ (beber) té verde.

4. Una representante de la compañía farmacéutica ＿＿＿＿＿＿＿ (vender) medicamentos y materiales.

5. Yo ＿＿＿＿＿＿＿ (correr) en la máquina caminadora *(treadmill)* durante un examen del corazón.

6. Mis enfermeras y yo ＿＿＿＿＿＿＿ (ver) los resultados de las pruebas.

7. Mi médico ＿＿＿＿＿＿ (creer) que yo estoy en buena forma.

8. Las recepcionistas ＿＿＿＿＿＿＿ (recibir) pagos y tarjetas de seguros.

C. Entre amigos.   On a sheet of paper, write the following headings:

La sala de espera   El consultorio   La sala de empleados

With a classmate, brainstorm as many activity verbs as possible for each place. Next, from your list of verbs, write sentences telling what people are doing in those places.

MODELO: La sala de espera
escribir   *El paciente escribe información personal en el formulario.*

Módulo 2

Los sistemas

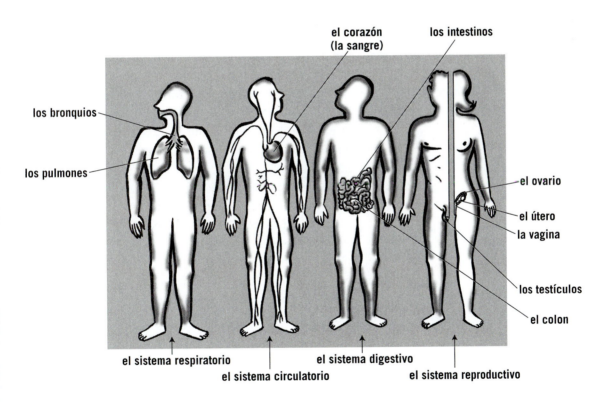

el corazón
(la sangre)

los intestinos

los bronquios

los pulmones

el ovario

el útero

la vagina

los testículos

el colon

el sistema respiratorio

el sistema circulatorio

el sistema digestivo

el sistema reproductivo

A. ¿Cómo se dice?   Provide the necessary information as shown in the diagram or from previous lessons.

1.   ¿Cuáles son dos partes importantes del sistema respiratorio?
2.   Los ovarios y el útero son partes del sistema _____ en la mujer.
3.   ¿Cuáles son dos partes importantes del sistema digestivo?
4.   ¿Cómo se llama el órgano más importante del sistema nervioso?

B. Nuevas expresiones.   Now that your vocabulary is growing, see if you can understand these physical conditions without using English. If you can, find a descriptive verb or a word that offers a remedy. If you can't find a word, act the situation out. If all else fails, ask your teacher to pantomime them.

MODELO: tener sueño: Necesita una siesta.
            descansar   *Sealy Posturepedic*

1. tener hambre: Necesita alimentos y nutrición.
2. tener sed: Necesita agua y otros líquidos.
3. tener calor: Necesita aire acondicionado. Está en Arizona en agosto.
4. tener frío: Necesita muchos suéteres. Está en Alaska en diciembre.
5. estar preocupado: Tiene muchos problemas sin *(without)* remedio.

¿Qué le pasa a Victoria?

Victoria Cancinos, about 40, has a variety of vague complaints she is sharing with her doctor. Let's see if he can make sense of them.

VICTORIA: ¡Ay, doctor! No sé qué me pasa. Siempre estoy cansada, no tengo ganas de hacer nada y estoy muy nerviosa.

DOCTOR MUÑOZ: ¿Qué pasa en su vida diaria, Victoria? ¿Está Ud. contenta?

VICTORIA: Pues, sí, doctor. Estoy preocupada por mi hijo. Mi mamá, que vive con nosotros, necesita mucha atención médica y estamos muy ocupados en el trabajo, pero en general, estoy muy contenta.

DOCTOR MUÑOZ: ¿Cómo está su apetito?

VICTORIA: No tengo hambre, pero sí tengo mucha sed. Bebo muchas sodas y café todo el día. Es curioso. No tengo hambre, pero estoy más gordita.

DOCTOR: ¿Tiene mucho frío o calor?

VICTORIA: Normalmente tengo frío—siempre llevo un suéter. Pero durante la noche, tengo mucho calor.

DOCTOR MUÑOZ: ¿Descansa durante la noche?

VICTORIA: En realidad, no. Estoy cansada, pero no tengo sueño. Entre las 2 y las 4 de la mañana, leo un libro o limpio la casa.

DOCTOR MUÑOZ: Bueno, Victoria. Hay varias posibilidades. Pero antes de hablar de tratamientos, es mejor tener evidencia científica. Deseo recomendar un examen del sistema digestivo con una serie de rayos X, un examen del sistema circulatorio con valores de la sangre y para el sistema nervioso—unas vacaciones largas.

C. ¿Comprende usted?   Answer the following questions based on the dialogue.

1. ¿Cuántos años tiene Victoria?
2. ¿Está contenta con su vida?

3. ¿Qué problemas tiene en su vida?

4. ¿Qué síntomas tiene?

5. ¿Cuáles son dos recomendaciones del Dr. Muñoz?

D. Firmas.   Circulate around the room and ask students if they have problems with the following. You may ask each student only one question.

MODELO: E1: ¿Tú tienes problemas respiratorios?
E2: *Sí, sufro de muchas alergias.*

1. ¿Hay problemas digestivos en tu familia?

2. ¿Quién tiene asma en tu familia?

3. ¿Tienes infecciones de oído a veces?

4. ¿Sufres de infecciones de la vejiga?

5. ¿Fumas?

6. ¿Tienes el colesterol alto?

7. ¿Cuál es tu temperatura normal?

8. ¿Tienes dolor de estómago a veces?

E. Nervios oprimidos.   You have a pinched nerve and are in lots of pain. Read the brochure for more information and see if you can complete your chiropractor's statements.

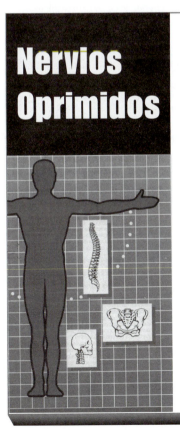

Nervios Oprimidos

Oprimir parte del cuerpo nos causa dolor. ¡Mucho más si son nervios! El dolor es intenso y persiste sin cesar. Los dolores afectan la espalda, los brazos, los dedos, las muñecas, los hombros, la cabeza, las piernas, las rodillas, los tobillos, los pies, los dedos de los pies…
¿Es realmente posible "oprimir" los nervios? ¿Qué son "nervios oprimidos"?

¿Qué son los nervios?

Un nervio tiene millones de fibras. El cuerpo tiene miles de millones de fibras. Los nervios reciben órdenes del cerebro y éstas pasan por la médula espinal a todo el cuerpo. Los nervios envían *(send)* impulsos desde el cerebro hacia el resto del cuerpo y viceversa. Cada nervio transmite información diferente. El sistema nervioso central es la vía de comunicación con los órganos internos para funcionar de una manera coordinada. Sin los nervios estamos completamente paralizados, sin poder mover los músculos.

¿Cómo se oprimen los nervios?

Un trauma, un accidente o la mala postura causan la opresión. Al descender del cerebro, las señales de los nervios pasan por un canal de vértebras. Los nervios transmiten impulsos y nutrientes químicos. Cuando están bloqueados, tenemos problemas.

1. Los nervios oprimidos nos causan _____.

2. Los dolores afectan _____.

3. Hay millones de _____ en los nervios.

4. Mandan impulsos desde el _____.

5. Los nervios se comunican con los órganos internos de una manera

   _____.

6. Los nervios transmiten impulsos y _____.

F. Personas famosas. Many people in the public spotlight suffer from illnesses such as infertility, asthma, lung cancer, heart disease. In groups of four, name ten famous people who have died from a specific illness.

MODELO: *Walter Matthau—ataque al corazón*

Estructuras *Physical conditions: Expresiones con tener y estar*

- **Estar** *(to be)* and **tener** *(to have)* are two very useful verbs to describe certain temporary physical conditions.
- Use **estar** with an adjective to indicate variable physical or emotional circumstances. (Like **ser,** the English equivalent is *to be.* Remember that **ser** is used to describe long-term or identifying characteristics, while **estar** is used to indicate that a characteristic is more subject to change and circumstance.) Use these forms of **estar:**

estar	to be				
yo	**estoy**	*I am*	**nosotros/as**	**estamos**	*we are*
tú	**estás**	*you are*			
Ud./él/ella está		*you are s/he is*	**ustedes/ellos/ellas están**		*you/they are*

—¿Cómo **están** ustedes?   *How are you?*
—**Estamos** enfermos.   *We are ill.*

The following descriptive words are commonly used with **estar** to describe how people are feeling:

aburrido/a	*bored*	**mal**	*bad*
bien	*well*	**nervioso/a**	*nervous*
cansado/a	*tired*	**ocupado/a**	*busy*
confundido/a	*confused*	**preocupado/a**	*worried*
contento/a	*happy/content*	**regular**	*so-so*
interesado/a	*interested*	**triste**	*sad*

Los padres **están** preocupad**os** por su bebé.   *The parents are worried about their baby.*

La paciente está muy cansad**a.**   *The patient is very tired.*

- Also, use **estar** to indicate where someone or something is located.

El médico **está en** el consultorio.   *The doctor is in the examining room.*

Las recetas **están en** la mesa.   *The prescriptions are on the table.*

- The verb **tener** usually means *to have.* Use these forms:

tener	to have			
yo	**tengo**	*I have*	**nosotros/as tenemos**	*we have*
tú	**tienes**	*you have*		
Ud./él/ella tiene		*you/s/he has*	**Uds./ellos/ellas tienen**	*you/they have*

Yo **tengo** una cita médica hoy.   *I have a medical appointment today.*

La clínica **tiene** un equipo moderno.   *The clinic has modern equipment.*

- Used in the following idiomatic phrases with nouns, the English equivalent of **tener** is also *to be. Very* is expressed by **mucho (calor, frío, miedo, sueño)** or **mucha (hambre, sed, prisa, razón).**

tener... años	*to be ... years old*	**tener prisa**	*to be in a hurry*
tener calor	*to be hot*	**tener que** + *verb*	*to have to*
tener frío	*to be cold*	**tener razón**	*to be right*
tener ganas de + *verb*	*to feel like*	**tener sed**	*to be thirsty*
tener hambre	*to be hungry*	**tener sueño**	*to be sleepy*
tener miedo	*to be afraid*		

Para practicar

A. ¿Cómo están?   Use the correct form of **estar** to describe how the following people feel. Don't forget to make the adjective match the subject.

MODELO: (Los pacientes) (aburrido) en la sala de espera
Los pacientes están aburridos en la sala de espera.

1. (Los padres) (preocupado) por su bebé
2. (La mamá) (contento) con el resultado del examen médico
3. (Los pacientes) (confundido) después de la anestesia
4. (Todos nosotros) (nervioso) antes de un examen de anatomía
5. En una emergencia, (los médicos y enfermeras) (ocupado)
6. (Yo) (triste) cuando un amigo está enfermo

B. ¿Qué tienen? It is very late at night in the medical school library. Use one of the **tener** phrases to give logical information about the following situations.

MODELO: El aire acondicionado está muy fuerte. Necesito un suéter. Yo…
Yo tengo frío.

1. Son las tres de la mañana y Juan y Lucía están cansados de estudiar. Ellos…
2. En la calle, mi amigo y yo miramos un asalto horrible. Nosotros. …
3. Dos estudiantes buscan la máquina que vende soda. Ellos…
4. Mi compañero de clase desea descansar un rato e ir a McDonald's. Él…
5. Carlos no puede ir al bar con sus amigos después de estudiar porque él nació en 1982 y es muy joven. Carlos…
6. Mañana hay un examen importante en la clase de anatomía. No estoy preparado. Esta noche yo…
7. Es agosto y uno de los laboratorios de química *(chemistry)* no tiene aire acondicionado. Los pobres estudiantes…
8. El profesor de anatomía corre rápidamente. Él…

C. En la clase de español. Make a list of five things you are feeling right now in your Spanish class. Then, look around and see if you can guess who else might be feeling the same way.

MODELO: Yo tengo hambre; estoy contento.
Helen and Robert también tienen hambre.
El/La profesor/a está contento/a.

Vocabulario Módulo I

Sustantivos

el abdomen	*abdomen*	**la encía**	*gum*
la anatomía	*anatomy*	**la espalda**	*back*
la axila	*armpit*	**la frente**	*forehead*
la barbilla	*chin*	**la galleta**	*cookie*
el/la bebé	*baby*	**la glándula**	*gland*
la cadera	*hip*	**el hombro**	*shoulder*
la cara	*face*	**el labio**	*lip*
la ceja	*eyebrow*	**la leche**	*milk*
el centro	*center*	**el/la lente de**	*contact lens*
el codo	*elbow*	**contacto**	
la conexión	*connection*	**la mejilla**	*cheek*
el cuello	*neck*	**la memoria**	*memory*
el cuerpo	*body*	**la muñeca**	*wrist*
el cuidado	*care*	**el muslo**	*thigh*
el dedo	*finger/toe*	**la nariz**	*nose*
el diente	*tooth*	**el ombligo**	*navel, belly button*

la oreja	outer ear	el pezón	nipple
el párpado	eyelid	el pulgar	thumb
la parte	part	la rodilla	knee
el pecho	chest	la sospecha	suspicion
el pelo	hair	el tobillo	ankle
el pene	penis	el torso	torso
las pestañas	eyelashes		

Verbos

afectar	to affect	frotar	to rub
auscultar	to listen to	fumar	to smoke
(el pecho)	(auscultate) the	identificar	to identify
	chest	lavar	to wash
ayudar	to help	limpiar	to clean
buscar	to look for	llorar	to cry
caminar	to walk	mencionar	to mention
conversar	to talk	observar	to observe
descansar	to rest	palpar	to feel
desear	to desire, want	preparar	to prepare
escuchar	to listen	regresar	to return
esperar	to wait for, hope	tomar	to take, drink
estirar	to stretch	trabajar	to work
estudiar	to study	vomitar	to vomit

Adjetivos

alto/a	tall	hinchado/a	swollen
amarillo/a	yellow	humano/a	human
azul	blue	inteligente	intelligent
bajo/a	short (height)	leve	slight
blanco/a	white	malo/a	bad
café	brown (coffee color)	masculino/a	masculine
cansado/a	tired	moreno/a	dark brown, black
castaño/a	brown (hair, eyes)		(hair, skin)
chico/a	small (size)	necio/a	stupid
congestionado/a	congested, stuffy	negro/a	black
débil	weak	pequeño/a	small (size)
delgado/a	slender	rojo/a	red
delicado/a	delicate	rosado/a	pink
doloroso/a	painful	rubio/a	blond
elevado/a	elevated	saludable	healthy
femenino/a	feminine	torcido/a	twisted
fracturado/a	fractured	útil	useful
fuerte	strong	verde	green
gordo/a	fat	viejo/a	old
grande	big		

Otras expresiones

en serio	seriously	un rato	a while
tantos/as	so many		

Vocabulario Módulo 2

Sustantivos

el apetito	appetite	el páncreas	pancreas
el/la azúcar	sugar	la posibilidad	possibility
la bilis	bile	el pulmón	lung
el bronquio	bronchial tube	el riñón	kidney
el cerebro	brain	la sangre	blood
el colon	colon	la serie	series
el corazón	heart	el sistema	system
la evidencia	evidence	el testículo	testicle
la grasa	fat	la toxina	toxin
el hígado	liver	el tratamiento	treatment
el intestino	intestine	el útero	uterus
el medicamento	medication	la vagina	vagina
el nervio	nerve	el valor	value
el órgano	organ	la vejiga	bladder
el ovario	ovary	la vesícula biliar	gall bladder

Verbos

aprender	to learn	estar	to be
beber	to drink	existir	to exist
comer	to eat	insistir (en)	to insist
comprender	to understand	leer	to read
correr	to run	recibir	to receive
creer	to believe	sufrir	to suffer
decidir	to decide	vender	to sell
discutir	to argue	ver	to see
escribir	to write	vivir	to live

Adjetivos

aburrido/a	boring	mejor	better
científico/a	scientific	nervioso/a	nervous
circulatorio/a	circulatory	ocupado/a	busy
confundido/a	confused	oprimido/a	pinched
contento/a	happy, content	preocupado/a	worried
digestivo/a	digestive	reproductivo/a	reproductive
genitourinario/a	genitourinary	respiratorio/a	respiratory
interesado/a	interested	triste	sad

Otras expresiones

bien	*well*	**tener miedo**	*to be afraid*
regular	*so-so*	**tener prisa**	*to be in a hurry*
tener... años	*to be ... years old*	**tener que**	*to have to, must*
tener calor	*to be hot*	**tener razón**	*to be right*
tener frío	*to be cold*	**tener sed**	*to be thirsty*
tener ganas de	*to feel like*	**tener sueño**	*to be sleepy*
tener hambre	*to be hungry*		

Síntesis

A escuchar

Son las 7 de la mañana y Juan llama por teléfono a Lucía, su compañera de la clase de anatomía. Es evidente que Juan está muy cansado.

Listen closely to the dialogue and then read the following statements. If the statement is correct, write **Sí.** If it is not correct, write **No** and make any needed changes.

1. _____ Lucía llama a Juan.

2. _____ Juan está en la cafetería.

3. _____ Juan está muy enfermo.

4. _____ Juan está muy preocupado.

5. _____ Juan toma el examen de anatomía a las nueve.

A conversar

Last night you finished your last final exam for the term and you celebrated with classmates. Today you're all suffering: upset stomach, hangover (*resaca*), no sleep, headache... you name it. In groups of four, discuss what hurts.

MODELO: *Tengo diarrea y dolor de cabeza. Necesito aspirinas.*

A leer

Read the information on heart attacks and mark each statement with **Sí** or **No.** If you write **No,** provide the correct information.

¿Qué causa los ataques al corazón?

Un ataque al corazón ocurre cuando el corazón no recibe el oxígeno que necesita. El oxígeno llega al corazón por medio de la sangre que pasa por vasos capilares, llamados arterias coronarias. A veces estas arterias se obstruyen con depósitos grasos de colesterol. Si esto ocurre, su corazón no recibe ni la sangre ni el oxígeno suficientes. Ud. puede tener un ataque al corazón. Algunos factores o hábitos físicos aumentan la probabilidad de tener un ataque al corazón. Estos se llaman "factores de riesgo".
Los más importantes son:
- alto nivel de colesterol en la sangre
- fumar
- presión arterial alta
- falta de ejercicio
- sobrepeso *(overweight)*
- estrés y tensión
- diabetes
- ser hombre
- historia familiar de enfermedades del corazón

---

1. _____ En un ataque al corazón hay falta de sangre y de oxígeno.

2. _____ Fumar cigarrillos es peligroso *(dangerous)*.

3. _____ El peso no es parte del problema.

4. _____ La tensión contribuye al problema.

5. _____ El sexo femenino tiene más ataques.

6. _____ No importa la historia de la familia.

A escribir

You are speaking on heart disease to a local civics group and want to have a display poster outlining the most important points of your speech. Pick six items you wish to stress. Compare your list with a classmate's.

MODELO: *Es muy importante no fumar.*

Algo más

Las causas de la incontinencia urinaria

Algunas de las causas de la incontinencia son:

- Infección de las vías urinarias
- Irritación o infección vaginal
- Estreñimiento *(constipation)*
- Efectos secundarios de algún medicamento
- Debilidad *(weakness)* de la vejiga
- Problemas hormonales de la mujer
- Problemas/Aflicciones neurológicos/as
- Inmobilidad

Tipos de incontinencia

Se les puede salir la orina:

Incontinencia de urgencia

- Cuando no pueden llegar al baño rápidamente
- Cuando toman una pequeña cantidad de líquido

Incontinencia de tensión

- Cuando caminan o hacen ejercicio
- Cuando estornudan *(sneeze)*, tosen *(cough)* o se ríen *(laugh)*

Incontinencia por sensación

- Estar en el baño por largo tiempo, pero producir sólo un poco de orina
- Levantarse frecuentemente durante la noche para ir al baño

Tratamientos para la incontinencia urinaria

La incontinencia urinaria se puede tratar de una de tres maneras:
- Técnicas de control
- Medicamentos • Cirugía

Nota cultural: En muchas culturas hablar de las "partes privadas" con el doctor es difícil—quizás aún más para los hispanos. Por eso es más fácil a veces indicar el sitio del problema en un gráfico o un modelo.

En mis propias palabras. Write five sentences summarizing the article on urinary incontinence. Mention causes, types, and treatments. Include one statement explaining the concept of the "hidden parts."

A buscar

Once again, the Internet can lead you to many resources in Spanish. Visit these sites (and find your own!) that focus on medical topics, from a variety of themes (www.4woman.gov/Spanish) to home examinations (www.laboratoriopolanco.com) to medical exams required for jobs (www.clarin.com.ar/diario/97-06-30). Print out at least one article you found interesting/relative to your study of **Spanish for Health Care** and bring it to class. Be prepared to briefly summarize its content in Spanish to your classmates.

LECCIÓN 3

Las dolencias

Módulo 1
- Estoy resfriado
- Activities in progress: *El presente progresivo*
- Los primeros auxilios
- Ways of being: **Ser** y **estar**

Módulo 2
- La enfermera de la escuela
- Telling what you are going to do: *El verbo **ir** y el futuro inmediato*
- Las enfermedades de la niñez
- More present activities: *Verbos irregulares en el presente*

Síntesis
- A escuchar
- A conversar
- A leer
- A escribir

Algo más
- Ventana cultural: Bienvenidos a Maraval
- A buscar

Módulo 1

Estoy resfriado

la tos / toser

gritar

estornudar

la cobija

dormir

los escalofríos

los pañuelos

el caldo

el jugo

la aspirina

A. ¿Cómo se dice?   From the drawing above, give the word that matches the following definitions.

1.   ¡A-a-a-a-chú!
2.   Líquido de frutas, rico en vitaminas
3.   Líquido caliente—una sopa que es buen remedio para un resfriado
4.   Cuando una persona tiembla con una temperatura elevada
5.   Papel útil para limpiar los ojos o la nariz

B. Acciones.   Give the verb that the following actions describe. If you cannot remember, check the drawing for help. ¡OJO! Some verbs may be review.

1.   Llamar en voz alta *(in a loud voice)* a una persona que está a distancia

2.   Cerrar los ojos y descansar por ocho horas

3.   Investigar dónde está una cosa perdida *(lost)*

4.   Cuando los pulmones o bronquios están congestionados, esta acción es un alivio.

¡Me siento muy mal!

Rosalinda Solaris is working in the kitchen when her husband Raúl walks into the house. He really doesn't look too healthy!

ROSALINDA: Son las dos de la tarde. ¿Qué haces tú por aquí? ¿Por qué no estás en la oficina?

RAÚL: ¡Ay! Mi amor, me estoy muriendo. Tengo un catarro y no puedo respirar ni hablar. ¡Y esta tos! Necesito dormir. ¿Dónde está el termómetro? ¿No tenemos Nyquil? ¿Hay jugo?

ROSALINDA: ¡Pobrecito! En este mismo momento estoy preparando un rico caldo de pollo. Acuéstate. Ahorita subo con lo que necesitas.

RAÚL: (gritándole a su esposa en la cocina) Mi amor, ¿qué estás haciendo? Tengo sed. Necesito agua.

ROSALINDA: Estoy buscando el termómetro y la medicina. ¡Ahorita voy!

RAÚL: También tengo frío. Necesito más cobijas. ¿Dónde está el control remoto?

ROSALINDA: Raúl, estoy hablando con el médico. Espera.

RAÚL: Tengo hambre. ¿Dónde está mi caldo?

ROSALINDA: El médico dice que esta gripe es muy común ahora. Dice que no necesitas un antibiótico pero está llamando a la farmacia para pedir un jarabe para la tos para ti. (en voz baja) Y unos tranquilizantes para mí.

C. ¿Comprende usted?   Use **Sí** or **No** to tell if the following information is correct. If it is incorrect, make any necessary changes.

1.   _____ Rosalinda está enferma.

2.   _____ Rosalinda está preparando espaguetis.

3.   _____ Rosalinda no está tranquila.

4.   _____ Raúl estornuda y tiene tos.

5.   _____ Raúl tiene hambre.

6.   _____ El médico no comprende por qué está enfermo Raúl.

7.   _____ Rosalinda no necesita medicina.

D. ¿Así es?   Match the sentence on the left with the corresponding information from the other column.

I.	Necesita muchos pañuelos.	**a.**	La nariz está congestionada.
2.	Necesita caldo de pollo.	**b.**	Tiene sueño.
3.	Habla en voz alta.	**c.**	Busca un jarabe para la tos.
4.	Toma aspirinas.	**d.**	Tiene fiebre.
5.	Busca más cobijas.	**e.**	Estornuda mucho.
6.	Duerme todo el día.	**f.**	Tiene catarro.
7.	Tiene tos.	**g.**	Grita.
8.	No respira bien.	**h.**	Tiene escalofríos.

E. Vacúnese contra la gripe y la pulmonía.   Read the brochure on vaccinations against influenza and pneumonia and then complete the following activity.

Vacúnese Contra la Gripe y la Pulmonía

Una vacuna contra la gripe cada año lo protege de problemas graves que pueden causar la muerte.

¿Qué es la gripe?
La gripe es una infección de los pulmones causada por un virus que puede producir malestares graves.

¿Cómo se contagia la gripe?
La gripe se contrae fácilmente de una persona a otra al toser, estornudar, hablar o tocar. Mantenga sus manos limpias.

¿Por qué deben preocuparse por la gripe las personas mayores?
Más de 18.000 adultos de 65 años o mayores mueren de la gripe cada año en los Estados Unidos.
Usted tiene más riesgo de morir de la gripe si padece de enfermedades:
■ del corazón
■ de los pulmones
■ o diabetes

¿Puedo contraer la gripe de la vacuna contra la enfermedad?
No. Algunas veces la vacuna puede producir algunos efectos secundarios que duran sólo pocos días.

¿Qué es la pulmonía?
La pulmonía neumococo es una enfermedad causada por bacterias que pueden afectar los pulmones, la sangre y el cerebro.

¿Para qué sirve la vacuna contra la pulmonía?
■ Una sola vacuna contra la pulmonía lo puede proteger por diez años contra ciertas infecciones de la pulmonía neumococo.
■ Si tiene enfermedades crónicas, usted puede necesitar una segunda vacuna cinco años después de la primera— hable con su doctor.

¿Paga Medicare por mis vacunas?
Sí. Medicare paga por sus vacunas contra la gripe y la pulmonía si usted está inscrito en Medicare Parte B.

¿Dónde puedo recibir las vacunas gratis?
■ Vaya a su clínica o al lugar donde Medicare paga por su cuidado médico y pida que le pongan las vacunas contra la gripe y la pulmonía.
■ Si tiene un plan de seguro médico colectivo, las vacunas están cubiertas.

I.   ¿Qué es la gripe y cómo se contrae?

2.   ¿Cuántas personas mayores mueren de la gripe cada año?

3.   ¿Cuáles son algunas enfermedades que aumentan *(increase)* el riesgo de contraer la gripe?

4. ¿Qué causa la pulmonía y qué partes del cuerpo puede afectar?

5. ¿Quién paga por las vacunas contra la gripe y la pulmonía?

6. ¿Dónde se reciben las vacunas?

Estructuras *Activities in progress: El presente progresivo*

- To tell what someone is in the process of doing at a specific moment, use the present progressive.

- ¡OJO! The present progressive tense in English can refer both to an action currently in progress *or* to an action in the future: *I am having lunch with the doctor right now* works as well as saying *I am having lunch with the doctor next week*. The Spanish present progressive can only be used to indicate an action currently in progress *right now!*

En este momento **estoy hablando** con el médico.	*I am speaking to the doctor right now.*

- The present progressive is formed by a combination of the verb **estar** and the present participle *(-ing form)* of the verb expressing the action in progress.

- To form the present participle of **-ar** verbs, take off the **-ar** ending and add **-ando.**

hablar > habl + ando = hablando	*speaking*
preparar > prepar + ando > preparando	*preparing*

- To form the present participle of most **-er** or **-ir** verbs, take off the **-er** or **-ir** ending and add **-iendo.**

comer > com + iendo = comiendo	*eating*
vivir > viv + iendo = viviendo	*living*

- To form the present progressive tense, use a conjugated form of **estar** to indicate the person doing the action, and then the present participle.

Estoy comiendo.	*I am eating.*
Estamos esperando.	*We are waiting.*
Están escribiendo.	*They are writing.*

- The following verbs have irregular present participles:

dormir	*to sleep*	**durmiendo**
morir	*to die*	**muriendo**

- **Spelling rule:** Any time an unaccented **i** falls between two vowels, it automatically changes to **y.**

leer *to read* > le + **ie**ndo
> leyendo

Estoy leyendo.

I am reading.

traer *to bring* > tra +
iendo > trayendo

Está trayendo el agua.

He's bringing the water.

Para practicar

A. Actividades.   By changing the following verbs to the present progressive tense, you will be able to tell what your colleagues are doing right now.

MODELO: El Dr. Sánchez examina a un paciente.
El Dr. Sánchez está examinando a un paciente.

1. Las recepcionistas *hacen (make)* citas por teléfono.
2. La paciente en la sala de espera *lee* una revista.
3. El radiólogo *estudia* unos rayos X.
4. Un enfermero *prepara* los instrumentos para una cirugía menor *(minor surgery).*
5. Otros enfermeros *descansan* en el patio.
6. Nosotros *esperamos* a la doctora en el consultorio.
7. El Dr. Valdivia y el Dr. García *escriben* notas sobre el último paciente.
8. Yo *miro* un vídeo sobre la prevención de ataques cardíacos.
9. Juan *limpia* los consultorios.
10. El practicante *pone* una jeringa en la mesita de instrumentos.

B. La agenda.   Tell what you are probably doing at the following times.

MODELO: Son las ocho de la mañana y…
Son las ocho de la mañana y estoy tomando café.

1. Es el mediodía y…
2. Son las nueve y media de la noche y…
3. Son las seis de la mañana y…
4. Son las seis de la tarde…
5. Es la medianoche…
6. Son las tres y media de la tarde y…
7. Son las tres y media de la mañana y…

C. Mis compañeros de clase.   Look around the room and describe ten things that your classmates or teacher are doing now.

MODELO: *Laura está escribiendo su tarea.*

Módulo 1

Los primeros auxilios

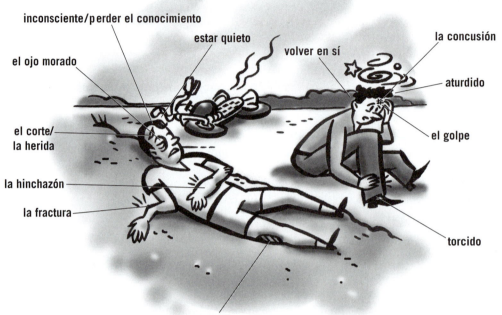

inconsciente/perder el conocimiento

estar quieto

volver en sí

la concusión

el ojo morado

aturdido

el corte/
la herida

el golpe

la hinchazón

la fractura

torcido

la quemadura

A. ¿Cómo se dice?   From the illustration above, find a word that matches the following descriptions of injuries.

1. La presión en el cerebro que resulta de un golpe *(blow)* a la cabeza
2. El resultado de un trauma al ojo—un remedio es la aplicación de un bistec.
3. Un tobillo torcido más grande de lo normal
4. Los niños que juegan con fósforos *(matches)* corren el riesgo de tener este tipo de accidente.

B. Acciones.   Give the verb that describes the following situations. Check the drawing if you need help.

1. No estar consciente
2. Recobrar el conocimiento
3. No moverse

¡Socorro!

It is the first day of Little League practice and the stands are filled with proud parents. But, oh no! A wild pitch hits Gabriel Canchola's mom on the head. The coach runs to help.

ENTRENADOR:	¿Cómo está Ud., señora? ¿Me escucha?
SEÑORA CANCHOLA:	*(aturdida)* No sé. ¡Qué dolor!
ENTRENADOR:	Por lo menos está consciente. ¡Esté quieta! ¡No se mueva! No sé si hay fracturas. ¿Quién es Ud.? ¿Sabe su nombre?
SEÑORA CANCHOLA:	Soy Carola Canchola.
ENTRENADOR:	¿Dónde está Ud.?
SEÑORA CANCHOLA:	Estoy en el campo de béisbol.
ENTRENADOR:	¿De dónde es?
SEÑORA CANCHOLA:	Soy de Chihuahua, México. ¿Dónde está mi hijo, Gabriel?
ENTRENADOR:	Él está corriendo hacia el puesto de refrescos para buscar hielo para la hinchazón. El pobre está preocupado y quiere ayudar. Señora, yo soy paramédico además *(as well as)* de ser el entrenador. Su cara está hinchada y su ojo derecho está completamente cerrado. Lo mínimo que va a tener es un ojo morado. Usted no está aturdida, pero debe ir a la sala de emergencias para estar segura de que no hay concusiones ni otros problemas serios.
SEÑORA CANCHOLA:	Creo que estoy bien, pero Ud. tiene razón. Estoy lista para ir al hospital.

C. ¿Comprende usted?   Answer the following questions with information from the dialogue.

1. ¿Por qué es evidente que la señora no pierde el conocimiento?
2. ¿Qué tres preguntas le hace el entrenador a la señora?
3. ¿Dónde está Gabriel?
4. ¿Por qué necesita la Sra. Canchola ir al hospital?
5. ¿Qué síntomas tiene ahora?

D. Usted es salvavidas. You're presenting a talk on water safety at the local elementary school. The children are expected to fill in the blanks in their exercise book as you speak. Try it first to be sure you know the answers!

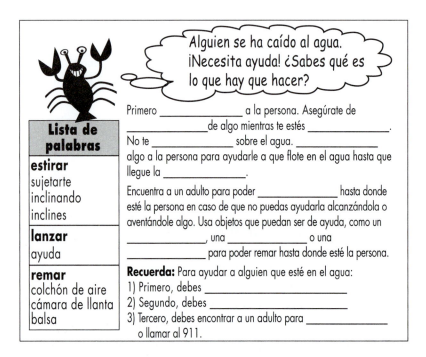

Alguien se ha caído al agua. ¡Necesita ayuda! ¿Sabes qué es lo que hay que hacer?

Lista de palabras

estirar
sujetarte
inclinando
inclines

lanzar
ayuda

remar
colchón de aire
cámara de llanta
balsa

Primero _____ a la persona. Asegúrate de _____ de algo mientras te estés _____.
No te _____ sobre el agua. _____ algo a la persona para ayudarle a que flote en el agua hasta que llegue la _____.

Encuentra a un adulto para poder _____ hasta donde esté la persona en caso de que no puedas ayudarla alcanzándola o aventándole algo. Usa objetos que puedan ser de ayuda, como un _____, una _____ o una _____ para poder remar hasta donde esté la persona.

Recuerda: Para ayudar a alguien que esté en el agua:
1) Primero, debes _____
2) Segundo, debes _____
3) Tercero, debes encontrar a un adulto para _____ o llamar al 911.

E. Autografía. Circulate around the room asking classmates to answer the following questions. Have them initial your question sheet after responding. ¡OJO! ¡Una pregunta para cada persona—no hable inglés!

I. ¿Tienes escalofríos cuando estás resfriado/a?

2. ¿Buscas hielo cuando tienes un tobillo hinchado?

3. ¿Cuándo usas muchas cobijas en la cama?

4. ¿Estás inconsciente después de tomar muchas cervezas?

5. ¿Con qué juegan los niños para causar quemaduras?

6. ¿Qué le puede pasar a un motociclista sin casco *(helmet)* en un accidente?

7. ¿Te puedes mover rápidamente por la mañana?

8. ¿Sufres cortes o heridas en los dedos a veces?

Estructuras   *Ways of being: Ser y estar*

■ You have already seen that in Spanish, the English verb *to be* has two equivalents: **ser** and **estar.** Each of these Spanish verbs has its own meanings and usage. They are not interchangeable.

Use **estar** to indicate:

■ where someone or something is located

El hospital **está** en la Calle Broadway.	*The hospital is on Broadway.*
El corte **está** en la cara.	*The cut is on the face.*

■ physical or mental conditions

El niño **está** enfermo hoy.	*The child is sick today.*
Yo **estoy** nerviosa esperando al médico.	*I am nervous waiting for the doctor.*

■ circumstances or variable conditions indicating a change from the normal condition

El tobillo torcido **está** hinchado.	*The sprained ankle is swollen.*
Los ojos de la víctima **están** cerrados.	*The victim's eyes are closed.*

■ an action in progress with a present participle

El niño **está llorando.**	*The boy is crying.*
Estamos esperando la ambulancia.	*We are waiting for the ambulance.*

Ser is used to:

■ identify people or things

Yo **soy** Carola Canchola.	*I am Carola Canchola.*
El entrenador **es** un paramédico.	*The coach is a paramedic.*

■ tell what someone or something is like, including personality and physical traits

¿Cómo **es** el entrenador?	*What is the coach like?*
El entrenador **es** fuerte y simpático.	*The trainer is strong and nice.*

■ tell where someone or something is from

La señora **es de** México.	*The woman is from México.*
La ambulancia **es del** Hospital Central.	*The ambulance is from Central Hospital.*

■ to whom something belongs or what it is made of

El libro **es del** entrenador.	*The book belongs to the coach.*
Las vendas **son de** algodón.	*The bandages are made of cotton.*

■ to indicate the time and place of an event

La cita **es** a las diez.   *The appointment is at ten.*
La cita **es** en el hospital.   *The appointment is at the hospital.*

■ Some adjectives change meaning completely, depending on whether they are used with **ser** or **estar.**

estar aburrido	*to be bored*	**ser** aburrido	*to be boring*
estar listo	*to be ready*	**ser** listo	*to be clever*
estar elegante	*to look elegant*	**ser** elegante	*to be elegant*

Para practicar

A. ¿Cómo son?   As a medical student, you are an avid people watcher. Describe what the following people or things are like by finding a logical description from the choices in the right-hand column and joining them with **ser.**

MODELO: Los entrenadores/atlético
Los entrenadores son atléticos.

1.	El profesor de medicina	**a.**	muy inteligente
2.	Las clases de anatomía de tres horas	**b.**	alto
3.	El jugador de básquetbol	**c.**	de Venezuela
4.	La señora vieja con la sonrisa *(smile)* grande	**d.**	aburrido
5.	El chofer borracho *(drunk driver)*	**e.**	dedicado
6.	Mis compañeros de clase y yo	**f.**	alcohólico
7.	Yo nací en América del Sur	**g.**	simpático

B. ¿Cómo están?   Now guess what the following people are feeling in these situations. Remember to use the appropriate form of **estar.**

MODELO: Yo, en el examen de anatomía
Estoy preocupada/o.

1.   La madre de la niña enferma en la sala de emergencias
2.   El médico de emergencia que salva la vida de un niño
3.   Los niños que esperan sus inyecciones
4.   Los estudiantes de medicina que trabajan por 15 horas
5.   La familia que acaba de perder *(has just lost)* a su madre
6.   El señor que sufre de Alzheimer's

C. En la clínica.   You are hard at work in the emergency room on a busy night. Use the proper form of **ser** or **estar** to describe what is happening in the waiting room. Be sure to match the adjectives to the subjects!

MODELO: los paramédicos/cansado
Los paramédicos están cansados.

1. El entrenador/preocupado
2. Los padres del bebé/joven
3. La víctima del asalto/María Espinoza
4. La familia grande/de Rusia y no habla inglés
5. Este estetoscopio/del Dr. Andrade
6. Los nuevos estudiantes de medicina/en la sala de emergencia por primera vez
7. Los estudiantes de medicina/nervioso
8. Los niños de la familia rusa/aburrido después de dos horas en la sala de espera
9. La puerta de la sala de espera/abierto
10. Después del accidente con la motocicleta, los jóvenes/inconsciente

Módulo 2

La enfermera de la escuela

A. ¿Cómo se dice? From the drawing on page 85, give the word that matches the following definitions.

1. Temperatura elevada
2. Área de color rosado en la piel—a veces síntoma de una enfermedad
3. Sensación en la piel, a veces causada por un mosquito—¡No la toque con las manos!
4. Otra palabra para decir estómago o abdomen

B. Acciones. Give the verb that the following actions describe.

1. Informar a una persona de una noticia importante
2. Usar las uñas *(fingernails)* para aliviar una comezón
3. Elevar
4. No estar contento—gotas *(drops)* salen de los ojos

No me siento bien

Alicia Prisa, a third grader, goes to the school nurse, la señorita Lourdes.

ALICIA:	Señorita Lourdes, no me siento bien. Mi maestra dice que debo venir aquí.
ENFERMERA:	¿Qué tienes, Alicia? ¡No llores! Estás pálida. Antes que nada, voy a tomarte la temperatura.
ALICIA:	¿Tengo fiebre?
ENFERMERA:	Sí, Alicia. Voy a llamar a tus padres. . . No hay nadie en casa.
ALICIA:	Mi madre está en Dallas en una conferencia. Mi padre está en su oficina. Me duele la cabeza. Necesito una aspirina.
ENFERMERA:	Con una fiebre, la aspirina puede ser peligrosa. Tienes que ir al médico. Él va a recomendar los medicamentos que necesitas. ¿Por qué te rascas? ¿Tienes comezón?
ALICIA:	¡Ay, sí! Me pica la barriga.
ENFERMERA:	A ver. Levanta la camiseta. Tienes erupción y unas ampollas. No debes rascarte. Voy a avisar a tu maestra de que te vas a casa. Tu papá sale inmediatamente y va a estar aquí dentro de treinta minutos.

C. ¿Comprende usted? Tell who would say the following things, la enfermera **(E)**, Alicia **(A)**, el padre **(P)**, or la maestra **(M)**. In some cases, there may be more than one logical answer.

1. _____ No me siento bien.

2. _____ Alicia, debes ir a la clínica con la enfermera Lourdes.

3. _____ Voy a estar allí en media hora.

4. _____ Tienes fiebre.

5. _____ Alicia, ¿qué tienes?

6. _____ Espera aquí. Voy a llamar a tus padres.

D. Las vacunas necesarias. Complete the sentences correctly after reading the information on vaccinations.

INMUNIZACIONES… NO SON SOLAMENTE PARA LOS NIÑOS

Como adulto usted necesita estar protegido contra el sarampión, las paperas, la rubéola, el tétano, la difteria y la varicela. ¿La mejor protección contra estas enfermedades? ¡La inmunización!

Durante 1995, un 39% de todos los casos de sarampión reportados en Estados Unidos se produjeron en personas de 20 años de edad o mayores.

Sarampión

El sarampión es un virus transmitido por el aire o mediante el contacto con una persona infectada. Los síntomas con frecuencia incluyen fiebre alta, sarpullido *(rash)*, moquita *(runny nose)*, ojos enrojecidos y tos.

Paperas

La vacuna contra las paperas se recomienda para proteger a niños, adolescentes y adultos susceptibles a la enfermedad.

Rubéola

La rubéola *(German measles)* es causada por un virus que se transmite por el contacto con personas infectadas o con artículos utilizados por estas personas. Los síntomas pueden incluir sarpullido, dolor muscular, fiebre baja e hinchazón del cuello. Si una mujer

embarazada contrae rubéola, especialmente durante los primeros tres meses de embarazo, puede abortar espontáneamente o el bebé puede nacer con defectos e incluso morir.

Tétano y difteria

El tétano lo causa la bacteria que se introduce en el cuerpo a través de una rotura *(break)* en la piel. El tétano causa contracciones musculares muy dolorosas, especialmente en la mandíbula y el estómago. Aproximadamente el 40% de los afectados mueren.

La difteria la causa una bacteria que pasa de una persona a otra a través de las gotitas liberadas a toser o estornudar. Los síntomas incluyen dolor de garganta, fiebre e hinchazón de las glándulas. A medida que progresa la enfermedad, se forma una membrana en la garganta que bloquea la respiración y puede provocar la muerte. Una de cada 10 personas con difteria muere.

Varicela

La varicela en adultos con frecuencia es más seria y las complicaciones son más frecuentes que en el caso de los niños. En EE.UU. mueren aproximadamente 100 personas por año debido a complicaciones de la varicela.

---

1. El sarampión es un _____ que afecta a niños y a personas _____ años de edad o _____.

2. Se transmite por _____ o _____.

3. La vacuna contra las paperas es para _____, _____ y _____.

4. Algunos síntomas de rubéola son: _____, _____, _____ e _____.

5. Aproximadamente el _____% de las personas que contraen el tétano mueren.

6. La varicela es más _____ y las complicaciones son más _____ en los adultos.

E. En la primaria. Remember when you went to the nurse's office in elementary school? With a partner, role-play a scene in which one of you is a sick child (or one eager to be sent home) and the other is the school nurse.

MODELO: E1: *No me siento bien.*
E2: *¿Dónde te duele?*

Estructuras   *Telling what you are going to do: El verbo ir y el futuro inmediato*

■ Use these forms of the verb **ir** to indicate where someone is going.

ir	to go		
yo	**voy**	**nosotros/as**	**vamos**
tú	**vas**		
él, ella, Ud.	**va**	**ustedes, ellos/as**	**van**

—¿**Va** Ud. al hospital?   *Are you going to the hospital?*
—No, **voy** a la farmacia.   *No, I am going to the pharmacy.*

■ A simple way to indicate what is going to happen in the future is to use **ir a** + an infinitive.

—¿**Van Uds. a trabajar** si están enfermos?   *Are you both going to work if you're ill?*

—No, **vamos a descansar** hoy.   *No, we are going to rest today.*

—¿La señora García **va a tener** un bebé?   *Is Mrs. García going to have a baby?*

—Sí, **va a tener** un bebé en agosto.   *Yes, she is going to have a baby in August.*

Para practicar

A. ¿Dónde? Tell where these people have to go in order to do what they need to do.

MODELO: El niño necesita ver a la enfermera de la escuela. (la oficina)
El estudiante va a la oficina de la enfermera.

1. El médico necesita trabajar. (el consultorio)
2. Los padres necesitan comprar medicina. (la farmacia)
3. Nosotros necesitamos comer. (McDonald's)
4. Yo necesito ver a un amigo enfermo. (el hospital)
5. Usted y yo necesitamos estudiar. (mi casa)
6. Ellos necesitan ayudar a la víctima de un accidente. (la sala de emergencia)

B. ¿Qué van a hacer?   Here's the situation. Tell what can be done to help.

MODELO: Nosotros tenemos un examen de anatomía.
(Nosotros) vamos a estudiar.

1.   Ustedes tienen hambre.
2.   Carmen tiene comezón.
3.   Los médicos están cansados después de operar por ocho horas.
4.   Elena está a dieta y tiene hambre.
5.   Soy la maestra de una estudiante enferma.
6.   Estoy en el auto y veo un accidente terrible.
7.   La paciente tiene sed.
8.   María Elena tiene dolor de cabeza.

C. ¿Y usted?   Pick three places that you will go to today and tell three things you will do in each place. Compare answers with a classmate.

MODELO: Voy a mi casa.
Voy a limpiar la casa, voy a preparar comida y voy a descansar.

Módulo 2

Las enfermedades de la niñez

A. ¿Cómo se dice?   From the preceding drawing, give the word that matches the following definitions.

1. Dos enfermedades de niños—una pica mucho y la otra afecta a los ojos
2. Información que una persona ausente necesita—muchas veces es un número de teléfono
3. Parte de una erupción que está elevada y tiene pus
4. Una crema que se usa para la comezón

B. Acciones.   Find a verb from the drawing that matches the description below.

1. cuidar algo
2. no tener información sobre algo

3. abandonar un sitio para ir a otro
4. situar una cosa en otro lugar

¿Cuál es la enfermedad?

Alicia's father, Paco, calls the doctor's office as soon as he gets the news. The receptionist, Maricarmen, has more bad news. Let's listen.

PADRE: Maricarmen, soy Paco Prisa, el padre de Alicia. Salgo en este instante para la escuela de Alicia. Yo sé que es tarde, pero necesito hacer una cita urgente para hoy.

MARICARMEN: Lo siento, señor Prisa. El Dr. López no está. ¿Cuál es el problema?

PADRE: Según la enfermera de la escuela, Alicia tiene fiebre, está muy débil y le está saliendo una erupción que pica mucho. La enfermera cree que puede ser varicela o sarampión.

MARICARMEN: ¡La pobre! El Dr. López tiene una reunión hoy a las cuatro en la clínica. Yo sé que Alicia es una de sus pacientes favoritas y él necesita saber lo que pasa. ¿Por qué no van a casa para esperar su llamada? Yo llevo un mensaje a la clínica.

PADRE: ¿Qué hago mientras espero? ¿Pongo loción de calamina en la erupción? ¿Necesita algún medicamento? ¿Debe comer algo especial?

MARICARMEN: La loción es buena idea. Pero yo conozco bien a los niños con varicela. Si es varicela, Alicia no va a tener ganas de tomar nada. Si usted mira la boca, probablemente va a ver que sale la erupción en llagas en la garganta y las encías.

PADRE: Gracias, Maricarmen, voy con ella a casa inmediatamente y allí esperamos su llamada. Un momento, por favor. ¡Ay! Me pica la barriga. . .

C. ¿Comprende usted?   Try to answer the following questions based on the dialogue.

1.   ¿Para cuándo necesita el padre la cita para Alicia?
2.   ¿Por qué es imposible ver al médico inmediatamente?
3.   ¿Qué cree la enfermera de la escuela que tiene Alicia?
4.   ¿Dónde va a estar el médico a las cuatro?
5.   ¿Qué debe hacer el padre mientras espera la llamada del Dr. López?

D. ¿Cuál es la enfermedad?   It's your turn to diagnose the medical problem indicated by the description below. Write down your diagnosis for each and then compare your list with that of a classmate.

1.   Una nariz roja, congestionada, dolor de cabeza, estornudos…
2.   Fiebre, dolor de estómago, diarrea, escalofríos…
3.   Llagas en la boca, ampollas por toda la piel, especialmente en la barriga, pica mucho…
4.   Una erupción roja por todo el cuerpo, sin ganas de comer, un problema con los ojos…

E. Encuesta local.   You and three classmates have been hired to collect data on common ailments in your community as part of a national health survey. You want to gather information of common illnesses such as flu, colds, measles, chicken pox, pneumonia, etc., and on whether those you interview have had vaccinations when appropriate. First you must develop a questionnaire. Work as a group to prepare your list, then ask students in another group to respond. You will then have to complete their survey.

MODELO: E1: *Señora, ¿me puede indicar las enfermedades de su familia en 1999?*

	Catarro	Gripe	Pulmonía	Sarampión	Varicela
Ud.					
Esposo/a					
Hijo Nº 1					
Hijo Nº 2					
Hijo Nº 3					

Vacunas recibidas:

Para (enfermedad):_____   Persona:_____   Fecha:_____

Para (enfermedad):_____   Persona:_____   Fecha:_____

Para (enfermedad):_____   Persona:_____   Fecha:_____

Para (enfermedad):_____   Persona:_____   Fecha:_____

Estructuras   *More present activities: Verbos irregulares en el presente*

- In the present indicative tense, the following verbs are conjugated as regular **-er** and **-ir** verbs in all forms except the **yo** form.

hacer	*to make or do*	**hago,** haces, hace, hacemos, hacen
poner	*to put or place*	**pongo,** pones, pone, ponemos, ponen
salir	*to go out, to leave, to appear suddenly as in a rash*	**salgo,** sales, sale, salimos, salen
traer	*to bring*	**traigo,** traes, trae, traemos, traen
saber	*to know—information, how to*	**sé,** sabes, sabe, sabemos, saben

- The verb **oír** *(to hear)* follows a different pattern:

oigo, oyes, **oy**e, **oí**mos, **oy**en.

- Verbs ending in **-cer** and **-cir** add the letter **z** before the **c** in the **yo** form only.

parecer	*to seem*	pare**zco,** pareces, parece, parecemos, parecen
conocer	*to be acquainted with, to personally know people or places*	cono**zco,** conoces, conoce, conocemos, conocen
traducir	*to translate*	tradu**zco,** traduces, traduce, traducimos, traducen
producir	*to produce*	produ**zco,** produces, produce, producimos, producen
conducir	*to drive*	condu**zco,** conduces, conduce, conducimos, conducen

Ways of knowing: saber y conocer

Both **saber** and **conocer** have equivalents in English: *to know.*

- Use **saber** to indicate that someone knows facts, information, or, when followed by an infinitive, how to do something.

Yo **sé** el número de teléfono del consultorio.	*I know the medical office number.*
La enfermera **sabe poner** inyecciones.	*The nurse knows how to give injections.*

■ Use **conocer** to indicate that somebody is *personally familiar with a person or place.*

Yo **conozco** a un médico excelente.   *I know an excellent doctor.*
Yo no **conozco** este hospital.   *I am not familiar with this hospital.*

Para practicar

A. En la clase de anatomía.   As you sit in your anatomy class, you notice what other students are doing. Tell if you do the same things.

MODELO: Antonio trae una novela para leer.
            Yo no traigo una novela para leer.

  I.   Manuela es muy inteligente. *Sabe* todas las respuestas.
  2.   Aristeo *sale* de la clase para fumar.
  3.   Corina *hace* la lista de invitados a su graduación.
  4.   Marco *pone* los pies en la silla.
  5.   Carolina *oye* música en su Walkman.
  6.   Gregorio *hace* muchas preguntas para comprender mejor.
  7.   El profesor *sabe* los nombres de todas las partes del cuerpo.
  8.   Ana *trae* Fritos para comer en la clase.
  9.   Elena *hace* muchos dibujos *(doodles).*
  10.   La señorita de México *traduce* todas las notas al español.

B. En el consultorio.   It's the middle of flu season and the doctor is booked solid. But many of the staff are home sick, too. You have to take care of everything except what the patient has to do. Tell if you or the patient does the following tasks. If you will both do it, use the **nosotros/as** form.

MODELO: Limpiar la sala de espera
            Yo limpio la sala de espera.

  I.   Hacer las citas por teléfono
  2.   Traer un libro para leer en la sala de espera
  3.   Poner los instrumentos médicos en orden
  4.   Conducir hacia la oficina
  5.   Traer los resultados de las pruebas de sangre
  6.   Oír los síntomas de los pacientes
  7.   Oír música Muzak mientras espera
  8.   Salir de la oficina muy tarde

C. Estudiantes de medicina.   You and your classmate are student physicians going to the office for the first time. Take turns quizzing each other on the following illnesses that you might see today. Find out if your partner knows the symptoms, knows what to do, and knows anyone who has the disease. Take turns asking and answering.

MODELO: E1: ¿Sabes los síntomas de un dolor de oído?

E2: *Sé que hay dolor, fiebre y a veces náusea.*

E1: *¿Qué haces?*

E2: *Miro el oído con la luz, tomo la temperatura y ausculto los pulmones.*

E1: *¿Conoces a alguien con dolor de oído?*

E2: *No, no conozco a nadie con dolor de oído.*

1. La gripe **3.** Un ataque cardíaco

2. La varicela **4.** Una cruda o resaca *(hangover)*

Vocabulario Módulo 1

Sustantivos

el alivio	relief	**la lesión**	injury, lesion
el antibiótico	antibiotic	**la llaga**	sore
la aspirina	aspirin	**la medicina**	medicine,
el caldo	broth		medication
el catarro	cold	**el/la médico/a**	doctor
la cita	appointment	**la muerte**	death
la cobija	blanket	**la niñez**	childhood
la concusión	concussion	**el ojo morado**	black eye
el corte	cut	**el pañuelo**	handkerchief,
la dolencia	ailment, complaint		tissue, Kleenex
la enfermedad	illness	**el/la**	paramedic
el/la	trainer, coach	**paramédico/a**	
entrenador/a		**los primeros**	first aid
los escalofríos	chills	**auxilios**	
la escuela	school	**la pulmonía**	pneumonia
la farmacia	pharmacy	**la quemadura**	burn
la fractura	fracture	**la sala de**	emergency room
el golpe	blow	**emergencia**	
la herida	wound	**el termómetro**	thermometer
el hielo	ice	**la tos**	cough
la hinchazón	swelling	**el tranquilizante**	tranquilizer
el jarabe	syrup	**la voz**	voice
el jugo	juice		

Verbos

cerrar (ie)	to close	**poner (g)**	to put, place, turn on
dormir (ue)	to sleep	**recobrar**	regain
estornudar	to sneeze	**respirar**	to breathe
gritar	to shout	**subir**	to go up, climb
hacer (g)	to do, make	**temblar (ie)**	to tremble
ir	to go	**toser**	to cough
moverse (ue)	to move	**vacunarse**	to get vaccinated

Adjetivos

alto/a	*high, tall*	**quieto/a**	*still*
aturdido/a	*dazed*	**(estar) resfriado/a**	*(to have a) cold*
caliente	*hot*	**rico/a**	*rich, tasty*
consciente	*conscious*	**torcido/a**	*sprained*
grave	*serious*	**tranquilo/a**	*calm*
inconsciente	*unconscious*		

Otras expresiones

perder (ie) el conocimiento	*to lose consciousness*	**¡Socorro!**	*Help!*
		volver (ue) en sí	*to come to*

Módulo 2

Sustantivos

el aire	*air*	**la loción de calamina**	*calamine lotion*
la ampolla	*blister*	**la luz**	*light*
el asma	*asthma*	**el/la maestro/a**	*teacher*
la barriga	*belly, tummy*	**la mayoría**	*majority*
la cama	*bed*	**el mensaje**	*message*
la clínica	*clinic*	**la mitad**	*half*
la comezón	*itch*	**la primaria**	*elementary school*
la constricción	*constriction*	**la reacción**	*reaction*
el daño	*damage*	**la reunión**	*meeting*
la encefalitis	*encephalitis*	**la salud**	*health*
el enrojecimiento	*reddening*	**el sarampión**	*measles*
la erupción	*eruption*	**la secundaria**	*high school*
la falta	*lack*	**la sensación**	*sensation*
el flujo	*flow*	**la sensibilidad**	*sensitivity*
la gota	*drop*	**la vacuna**	*vaccination*
el humo	*smoke*	**la varicela**	*chicken pox*
el jardín de infantes	*kindergarten*	**las vías respiratorias**	*respiratory tract*
el/la joven	*young man, woman*	**el virus**	*virus*
la llamada	*call*		

Verbos

avisar	*to notify, warn about*	**inflamarse**	*to become inflamed*
causar	*to cause*	**levantar**	*to raise, lift*
conocer (zc)	*to know*	**picar**	*to itch, sting*
consultar	*to consult*	**proteger (j)**	*to protect*
deber	*to ought to, should*	**rascar**	*to scratch*
		recomendar (ie)	*to recommend*

recuperarse	*to recuperate*	**sentir (ie)**	*to feel*
reportar	*to report*	**traer (g)**	*to bring*
saber	*to know*	**venir (g) (ie)**	*to come*
salir (g)	*to leave*		

Adjetivos

acompañado/a	*accompanied*	**permanente**	*permanent*
adverso/a	*adverse*	**prolongado/a**	*prolonged*
caracterizado/a	*characterized*	**provocado/a**	*caused*
contagioso/a	*contagious*	**recurrente**	*recurring*
cualquier/a	*any*	**restringido/a**	*restricted*
desconocido/a	*unknown*	**seco/a**	*dry*
favorito/a	*favorite*	**segundo/a**	*second*
infectado/a	*infected*	**sensible**	*sensitive*
pálido/a	*pale*	**serio/a**	*serious*
peligroso/a	*dangerous*	**urgente**	*urgent*

Otras expresiones

algo	*something*	**nada**	*nothing*
antes	*before*	**nadie**	*nobody*
contra	*against*	**ocasionalmente**	*occasionally*
de vez en cuando	*from time to time*	**por completo**	*completely*
en este instante	*at this moment*	**probablemente**	*probably*
extremadamente	*extremely*	**raramente**	*rarely*
Lo siento.	*I'm sorry.*	**según**	*according to*
Me duele(n)…	*My … hurts.*	**siempre**	*always*
mientras	*while*		

Síntesis

A escuchar

Alicia está en casa muy enferma con la varicela. Su mejor amiga, Patricia, llama para saber cómo está.

Read the following questions before listening to the dialogue. Then, write your answers.

1. ¿Qué cree la maestra que tiene Alicia?
2. ¿Dónde está la erupción?
3. ¿Por qué no debe ir Patricia a la casa de Alicia?
4. ¿Qué cree la madre de Patricia?
5. ¿Qué trae Patricia a la casa de Alicia?

A conversar

In groups of four, discuss common childhood medical situations, including colds, minor accidents, illnesses such as chicken pox, and common reasons to be sent home from school that are related to health problems.

MODELO: E1: *Un niño resfriado tiene que regresar a casa.*
E2: *Hay accidentes a veces cuando juegan afuera (outside).*

A leer

Read the following informational brochure on asthma and then complete the activity by writing **Sí** or **No** before each statement. Correct any incorrect information.

¿Qué sabe usted del asma?

¿Sabe usted que el asma es la enfermedad crónica grave más común durante la infancia? Y además, afecta a millones de jóvenes y adultos.

El asma es una enfermedad respiratoria caracterizada por síntomas como tos, presión en el pecho, falta de aliento y silbidos al respirar *(wheezing)*. Durante un ataque de asma, el paciente respira con dificultad. La inflamación de los bronquios no deja pasar el aire y crea una sensación de ahogo. En el caso de algunos pacientes asmáticos, el ataque se produce como una reacción alérgica a algún irritante. En otros casos, una actividad en particular puede causar un ataque. Aquí se presentan algunas de las causas más comunes:

- Un olor fuerte o un spray (como para el pelo)
- Comida (como huevos) y medicinas (como la aspirina)
- Humo de tabaco o de otro tipo
- Polvo y polen
- Pelo o plumas de animales
- Moho *(mold)*
- Ejercicio

Las personas que sufren de asma deben evitar actividades o factores que desencadenan *(trigger)* los ataques, mantener al alcance los medicamentos indicados y ponerse en contacto con un profesional de la salud. Aunque el asma no se contagia, es común encontrar varios casos de asma en una misma familia.

1. _____ El asma es una enfermedad del corazón.

2. _____ Sólo el humo de tabaco es un problema para asmáticos.

3. _____ Durante un ataque de asma, el paciente no puede respirar.

4. _____ Una reacción alérgica puede causar un ataque de asma

5. _____ El pelo de animales, moho, un olor fuerte y el polvo son causas probables de un ataque.

6. _____ Una persona con asma puede tener familiares con la misma enfermedad.

A escribir

Summarize the information on asthma from the preceding article in three sentences, selecting only the important highlights. Compare your summary with a classmate's.

Algo más

Ventana cultural

BIENVENIDO A LA CLÍNICA INTERNACIONAL MARAVAL,

donde le ofrecemos servicios integrales de alta tecnología para evaluar la salud física, así como servicios de hotel y spa con tratamientos tradicionales para mejorar el bienestar general. Con una estancia de dos días usted recibirá un día entero de pruebas diagnósticas y otro día de servicios de spa, con la oportunidad de consultar a especialistas de renombre a cada paso. Déjenos cuidarlo física, espiritual y mentalmente.

DÍA UNO:

Examen físico: Este programa ayuda a detectar problemas médicos antes de que empeoren.

Incluye lo siguiente:
► Examen completo e historial clínico con su propio equipo médico
► Pruebas cardíacas

► Radiografías del tórax
► Exámenes de vista y audición
► Pruebas de laboratorio
  Cuadro químico
  Perfil completo de la sangre
  Perfil de lípidos
  Análisis del sistema digestivo y urinario
  Panel tiroideo

Además, para los hombres, se incluyen pruebas de próstata y para las damas, un examen ginecológico con prueba Papanicolau y un mamograma.

DÍA DOS:

Opción 1: Consulta médica adicional, según los resultados del día anterior.

Opción 2: Consultas y servicios de bienestar en el hotel y spa.
► Consulta sobre nutrición y cuidados preventivos

► Consulta de belleza *(makeover)* (opcional)
► Masaje terapéutico con piedras calientes
► Envolturas herbales
► Consulta con un entrenador personal
► Otros servicios de relajación y bienestar o deportivos

Durante su estancia, atendemos todas sus necesidades en un ambiente íntimo y lujoso. Nuestro hospital cuenta con médicos de renombre en todas las especialidades, quienes están dispuestos a brindarle el mejor cuidado médico y una atención inmediata. Para obtener más información o concertar una cita, llámenos a través de nuestra línea gratuita y nosotros nos encargamos de todos los detalles de su visita.

En mis propias palabras.   Write four sentences summarizing the article on the Maraval International Clinic. Describe the services briefly and mention why you might select this clinic.

A buscar

It is common in Hispanic countries for doctors to make home calls, and pharmacies have **practicantes,** pharmacists who can administer injections and prescribe medication. There are **farmacias de guardia,** pharmacies open 24 hours a day and listed in the local newspaper: Check these out for the current month at www.cmicor.net/guardias. But, once again, technology is changing the world by virtual consultations. Look up at least two websites that offer online "ask the expert" service. Try these: www.medspain.com/experto, www.buscasalud.com/directorio, and www.bemarnet.es/elianet/salud/practicantes. Plus find your own! Prepare a question regarding a specific illness and send it to the expert; bring the response to class and inform your classmates of the advice you received.

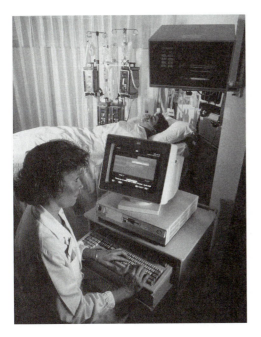

ℒECCIÓN 4

Las enfermedades graves

Módulo 1
- La diabetes
- Indicating relationships: *Los adjetivos posesivos*
- Problemas del corazón
- Describing daily activities: *Los verbos con cambios de raíz*

Módulo 2
- El cáncer
- Comparing and contrasting: *Los comparativos*
- El SIDA
- Comparing and contrasting: *Los superlativos*

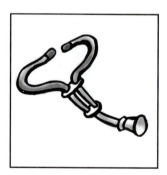

Síntesis
- A escuchar
- A conversar
- A leer
- A escribir

Algo más
- Ventana cultural: Los hispanos también contraen el SIDA
- A buscar

Módulo 1

La diabetes

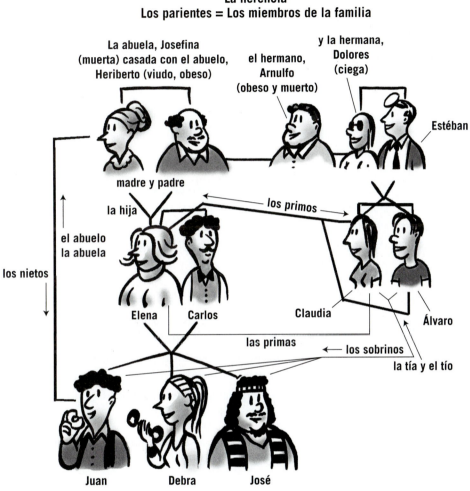

La herencia
Los parientes = Los miembros de la familia

A. ¿Recuerda usted?   Fill in the blank with the family member described.

1. El padre de mi padre es mi _____.

2. El hermano de mi madre es mi _____.

3. La hija de mi tío es mi _____.

4. Mi madre y mi padre son mis _____.

5. Todos los miembros de mi familia son mis _____.

B. Acciones. See if you can match the phrases in the left column with close equivalents in the right column.

1.	insistir en	**a.**	mover los músculos
2.	sanar la lesión	**b.**	no ver; quedar ciego
3.	perder la vista	**c.**	curar un corte o herida
4.	hacer ejercicio	**d.**	exigir

La diabetes es hereditaria

Juan y Lucía, our two medical students, are sitting in the cafeteria between classes having—you guessed it—doughnuts and coffee.

JUAN: ¿Qué sabes sobre la diabetes?

LUCÍA: Yo sé que si eres diabético, no debes comer tantos donuts. ¿Por qué preguntas?

JUAN: La pregunta no es por mí. Es por mi abuelo. Estoy preocupado por él. Tiene una lesión en la pierna que no sana. Cuando intento hablarle de la lesión, siempre responde que no es nada.

LUCÍA: ¿Tiene otros síntomas?

JUAN: Primero, es obeso y no hace ejercicio. Mi mamá últimamente nota que va con frecuencia al baño para orinar y su sed es casi insaciable. Yo creo que es un caso clásico de diabetes.

LUCÍA: ¿Hay historia de diabetes en tu familia?

JUAN: Sí, hay diabetes en la familia: su hermano Arnulfo, el tío de mi mamá, tenía la enfermedad. Y su hermana, Dolores, está casi ciega—creo que poco a poco pierde la vista porque es diabética también.

LUCÍA: Juan, tú sabes que la diabetes es hereditaria. Tienes que insistir en llevar a tu abuelo al médico. Y con tanta diabetes entre tus familiares, tú tienes que eliminar los donuts de tu dieta.

C. ¿Comprende usted? Indicate whether these statements are **Cierto (C)** o **Falso (F).** If the information is false, correct it.

1. _____ Juan está preocupado porque él tiene diabetes.

2. _____ La diabetes no es un problema genético.

3. _____ Uno de los síntomas es la sed constante.

4. _____ Su abuelo está ciego por causa de la diabetes.

5. _____ Los donuts son parte de una dieta excelente para las personas diabéticas.

D. El azúcar en la sangre. The items listed below represent symptoms, causes, or treatments reflecting the five blood sugar levels shown in the chart. Decide which category is described and compare your answers with a classmate's.

1. La víctima sufre convulsiones.
2. Toma alcohol sin comer.
3. Tiene olor a fruta en la boca.
4. Hay que seguir un plan de alimentación.
5. Ignora síntomas de hipoglucemia leve.

6. Pierde peso.
7. Debe llamar al 911.
8. Suda *(Sweats)* y tiene la piel fría.
9. Necesita orinar frecuentemente.
10. Se tambalea o titubea.

La guía rápida para reconocer los niveles de azúcar en la sangre

Hipoglucemia: nivel bajo de azúcar en la sangre Sucede rápidamente			Hiperglucemia: nivel alto de azúcar en la sangre Se desarrolla poco a poco	
MUY BAJO (bajo 40) Reacción severa de insulina	**BAJO** (40–65) Reacción media de insulina	**NORMAL** (65–140)	**ALTO** (250–350)	**MUY ALTO** (sobre 350)
Síntomas • Confusión • Cambios de personalidad • Tambalearse (titubear) *(to stagger/hesitate)* • Hablar con una pronunciación indistinta • Convulsiones • Pérdida de consciencia **Causas** • Ignorar el problema o un tratamiento inadecuado para hipoglucemia leve **Tratamiento** Si la persona está consciente, trátela como usted trataría una reacción de insulina. Si la persona está inconsciente… • Llame al 911, a los paramédicos • Frótele "Monogel", "Instaglucose" o "Cake Mate" entre las mejillas y las encías • Inyéctele glucagón	**Síntomas** • Nerviosidad y temblores • Pulso rápido • Perspiración y piel fría • Debilidad • Visión borrosa o doble • Estremecimiento *(shuddering, shivering)* de las manos, labios o lengua • Dolor de cabeza • Hambre repentina **Causas** • Poco alimento (tarde, no suficiente o falta de alimentos) • Muchas píldoras de insulina sin alimentos • Muchos ejercicios sin alimentos • Alcohol (especialmente en un estómago vacío) **Tratamiento** Azúcares simples tales como: • Jugo de naranja o manzana o soda normal (4–8 oz.) • 5 o 6 dulces *(jellybeans)* azúcar (cubitos) • 2 o 3 tabletas de azúcar • Repita si es necesario; si faltan más de 30 minutos para la comida, coma algo ligero (queso y galletas o medio sándwich)		**Síntomas** • Sed extrema • Orinar frecuentemente • Fatiga • Cambios de visión • Boca y piel secas **Causas** • Mucha comida • Alimentos inapropiados • Enfermedad, infección o herida • Tensión emocional • Poca medicina para la diabetes **Tratamiento** • Seguir plan de alimentación • Tomar medicamentos apropiados • Notificar al doctor para que trate la enfermedad o ajuste la cantidad de medicamentos	**Síntomas** Lo mismo que para el nivel alto de azúcar en la sangre y con la posibilidad de tener… • Náuseas • Dolor de estómago • Boca seca, deshidratación • Olor a fruta en la boca • Cetonas *(ketones)* en la orina • Pérdida de peso • Respiración profunda y rápida • Mareo • Pérdida de conocimiento **Causas** • Lo mismo que el nivel alto de azúcar en la sangre **Tratamiento** • Haga la prueba de cetona en la orina • Notifique al doctor; él le dirá cómo tratarse o dónde encontrar tratamiento rápido

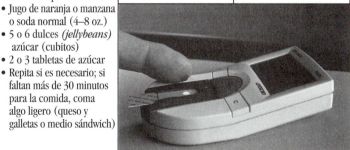

👥 E. La diabetes y los hispanoamericanos. If you are Hispanic American, you have a greater risk of developing diabetes than non-Hispanic Caucasians. In fact, statistics show that among people over 45, one in four Puerto Ricans and Mexican Americans, and one in six Cuban Americans have the disease. Go to this website and, with a partner, prepare an informational bulletin listing 10 specific items related to diabetes and Hispanics: www.preventdiabetes.com

MODELO: *Las tasas de diabetes son de un 110 a un 120 por ciento más altas en los mexicano-americanos y puertorriqueños que en las personas de raza blanca que no son de origen hispano.*

Estructuras   *Indicating relationships: Los adjetivos posesivos*

- Possessive adjectives describe relationships among people and their belongings.

Los adjetivos posesivos

	Singular			Plural	
yo	mi/s	*my*	nosotros	nuestro/a/os/as	*our*
tú	tu/s	*your, familiar*			
usted	su/s	*your, formal*	ustedes	su/s	*your*
él	su/s	*his*	ellos	su/s	*their*
ella	su/s	*her*	ellas	su/s	*their*

- Possessive adjectives agree in number with the noun that follows them. Only **nuestro/a** has additional forms for masculine and feminine.

Mi abue**lo** es diabétic**o**.	*My grandfather is diabetic.*
Mis abue**los** son diabético**s**.	*My grandparents are diabetic.*
Nuestra fami**lia** tiene historia de diabetes.	*Our family has a history of diabetes.*

- Since **su/s** can mean *his, her, your, their,* or *its,* the form **de + él, ella, usted, ellos, ellas** or **ustedes** is frequently substituted to ensure clarity.

The accented **él,** meaning *he,* does not contract to **del.** Only **de + el** (unaccented, meaning *the*) does.

sus amigos
{
los amigos **de él** — *his friends*
los amigos **de ella** — *her friends*
los amigos de **Ud./Uds.** — *your friends*
los amigos de **ellos/ellas** — *their friends*
}

Los resultados **de ella** están en la computadora. — *Her test results are on the computer.*

Los resultados **de él** están en el laboratorio. — *His test results are in the lab.*

■ Note that there is **no** apostrophe *s* ('s) in Spanish to show possession. Use the **definite article + noun + de** to show possession.

la familia de María — *María's family*
los resultados de Julio — *Julio's test results*

■ To find out to whom something belongs, ask **¿De quién es…?**

—**¿De quién es** el estetoscopio? — *Whose stethoscope is this?*
—**Es el estetoscopio del Dr. Mateo.** — *It's Dr. Mateo's stethoscope.*

Para practicar

A. Mi familia. Tell which of my relatives are described here.

MODELO: El otro hijo de mis padres
Mi hermano

1. Los hermanos de mi padre _____
2. Los padres de mi madre _____
3. Las hijas de mi tía _____
4. El padre de mis primas _____
5. La madre de mi padre _____
6. Todos los miembros de mi familia _____

B. Posesión. Give the correct form of the possessive adjectives **mi/s, tu/s, su/s, nuestro/a/as/os.**

MODELO: Yo tengo un buen médico. _____ médico trabaja en el Hospital San Juan.
Mi médico trabaja en el Hospital San Juan.

1. Usted tiene medicinas. _____ medicinas están en la farmacia.

2. Ustedes tienen dinero. _____ dinero está en la mesa.

3. Ella tiene un tumor grande.   _____ tumor está en el
                                            pulmón.

4. Nosotros tenemos una pregunta.   _____ pregunta es para el Dr.
                                            Suárez.

5. Ellos tienen un problema con   _____ problema es fácil de
    la digestión.   aliviar.

6. Ellos tienen problemas con la   _____ problemas no son graves.
    respiración.

7. Yo tengo flores para la paciente.   _____ flores están en la mesita.

8. Yo tengo tres parientes con   _____ parientes usan insulina.
    diabetes.

9. Ella tiene unas recetas del   _____ recetas son para
    médico.   antibióticos.

10. Él tiene un mensaje del doctor.   _____ mensaje está en la mesa.

C. La historia clínica de la familia.   What is your family's health
history? Tell if any members of your family have a history of these diseases. If
you don't know, make up an imaginary family! Then ask a classmate about the
prevalence of these diseases in his or her family.

el cáncer   la diabetes   las enfermedades del corazón   la obesidad

MODELO: el cáncer
                E1: *Mis tíos tienen cáncer. ¿Hay historia de cáncer en tu familia?*
                E2: *Mi primo tiene cáncer.*

Módulo 1

Problemas del corazón

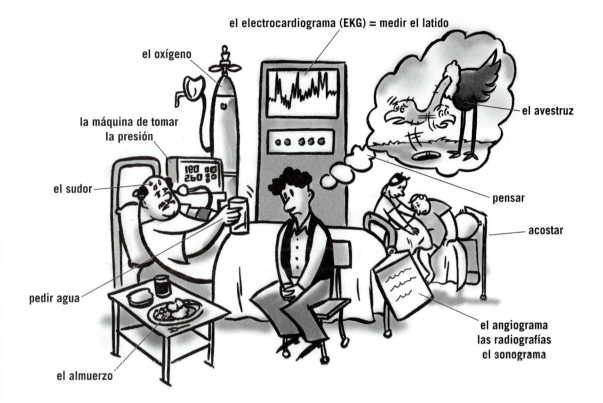

el electrocardiograma (EKG) = medir el latido

el oxígeno

la máquina de tomar la presión

el sudor

pedir agua

el almuerzo

el avestruz

pensar

acostar

el angiograma
las radiografías
el sonograma

A. ¿Cómo se dice?   Look for the correct vocabulary word to match the following.

1. Un pájaro grande de Australia que simboliza la "negación" *(denial)*

_____

2. Una comida al mediodía   _____

3. Una máquina que mide el ritmo del corazón   _____

4. Un examen que usa las ondas del sonido para "ver" el interior del cuerpo

_____

B. ¿Recuerda usted?   See if you can match the phrases in the left column with close equivalents in the right column.

1. Usar el cerebro y la imaginación
2. El ECG es para _____ los latidos o el golpeo del corazón.
3. Comunicar información
4. Solicitar una cosa de otra persona
5. Poner a una persona en la cama

a. medir
b. decir
c. acostar
d. pensar
e. pedir

¿Es su corazón?

Juan and Lucía are discussing the health of Juan's grandfather.

LUCÍA: Juan, ¿almorzamos hoy en la cafetería? Sirven comida italiana—¡tu favorita!

JUAN: No puedo almorzar hoy, Lucía. Quiero acompañar a mi abuelo al médico. Tiene cita a las doce y él prefiere no ir solo.

LUCÍA: ¿Por fin entiende tu abuelo el peligro de la diabetes?

JUAN: Sí, es más, empieza a mostrar otros síntomas: está bajando de peso. Tiene náuseas e indigestión y no come. Dice que no duerme bien porque cuando se acuesta, no puede respirar. Y con más frecuencia suda y siente presión y palpitaciones en el pecho. Él piensa que, por su edad, todo esto es natural. Pero mi mamá y yo pensamos que, en realidad, él entiende que va a morir si sigue reaccionando como un avestruz.

LUCÍA: Tiene todos los síntomas de un ataque al corazón. ¿A qué esperas? Debes llevarlo al médico inmediatamente. Si el médico recomienda la hospitalización—y es lo más probable—tú tienes que estar a su lado. Es urgente hacer los exámenes que miden todas las funciones del corazón. Tengo mi celular si hay noticias. Y, si estás en el hospital con él después de la clase de anatomía, ¡te sirvo—personalmente—un plato de la lasaña de la cafetería que te gusta tanto!

C. ¿Comprende usted?   Answer the questions based on the dialogue.

1. ¿Qué sirven en la cafetería hoy?
2. ¿Qué simboliza el avestruz?
3. ¿Qué síntomas presenta el abuelo?
4. ¿Por qué piensa Lucía que la hospitalización es importante?
5. ¿Cómo puede Juan comunicarse con Lucía?

D. El riesgo del primer infarto cardíaco.   Read the following to determine your risk for a heart attack. Then, with three other classmates, discuss your risk factors.

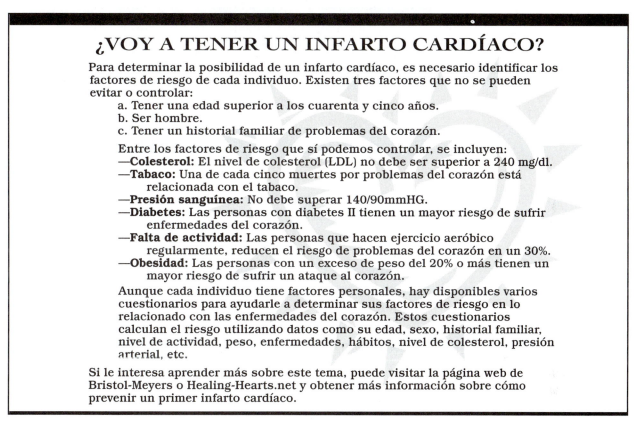

¿VOY A TENER UN INFARTO CARDÍACO?

Para determinar la posibilidad de un infarto cardíaco, es necesario identificar los factores de riesgo de cada individuo. Existen tres factores que no se pueden evitar o controlar:

    a. Tener una edad superior a los cuarenta y cinco años.
    b. Ser hombre.
    c. Tener un historial familiar de problemas del corazón.

Entre los factores de riesgo que sí podemos controlar, se incluyen:
—**Colesterol:** El nivel de colesterol (LDL) no debe ser superior a 240 mg/dl.
—**Tabaco:** Una de cada cinco muertes por problemas del corazón está relacionada con el tabaco.
—**Presión sanguínea:** No debe superar 140/90mmHG.
—**Diabetes:** Las personas con diabetes II tienen un mayor riesgo de sufrir enfermedades del corazón.
—**Falta de actividad:** Las personas que hacen ejercicio aeróbico regularmente, reducen el riesgo de problemas del corazón en un 30%.
—**Obesidad:** Las personas con un exceso de peso del 20% o más tienen un mayor riesgo de sufrir un ataque al corazón.

Aunque cada individuo tiene factores personales, hay disponibles varios cuestionarios para ayudarle a determinar sus factores de riesgo en lo relacionado con las enfermedades del corazón. Estos cuestionarios calculan el riesgo utilizando datos como su edad, sexo, historial familiar, nivel de actividad, peso, enfermedades, hábitos, nivel de colesterol, presión arterial, etc.

Si le interesa aprender más sobre este tema, puede visitar la página web de Bristol-Meyers o Healing-Hearts.net y obtener más información sobre cómo prevenir un primer infarto cardíaco.

E. Entrevista.   Interview a classmate about his lifestyle as related to the potential for heart disease. Ask at least six questions, then switch roles.

MODELO: *¿Fuma usted? ¿Hace ejercicios aeróbicos frecuentemente? ¿Come mucha carne roja?*

Estructuras   *Describing daily activities: Los verbos con cambios de raíz*

■ You have already seen an example of a verb that has a spelling change in the stem (main part of the verb) as well as in the endings:

tener > tengo, tienes, tiene, tenemos, tienen

Note that **nosotros/as** is the only form that is based on the spelling of the infinitive. That is what all stem-changing verbs have in common.

■ When stem-changing verbs are conjugated, the stressed **e** will become **i** or **ie,** and the stressed **o** will become **ue** in all forms *except* **nosotros.**

	recomendar (ie) to recommend	poder (ue) to be able	pedir (i) to ask for
yo	recomiendo	puedo	pido
tú	recomiendas	puedes	pides
él, ella, usted	recomienda	puede	pide
nosotros/as	recomendamos	podemos	pedimos
ellos, ellas, ustedes	recomiendan	pueden	piden

■ More stem-changing verbs are:

e > ie	o > ue	e > i
cerrar *to close*	**acostar(se)** *to go to bed*	**decir** *to say/tell*
comenzar *to begin*	**almorzar** *to eat lunch*	**elegir** *to opt/elect*
entender *to understand*	**contar** *to count*	**despedirse** *to say goodbye*
mentir *to lie*	**costar** *to cost*	**medir** *to measure*
pensar *to think*	**dormir** *to sleep*	**repetir** *to repeat*
perder *to lose*	**encontrar** *to meet*	**servir** *to serve*
preferir *to prefer*	**recordar** *to remember*	**seguir★** *to follow*
querer *to want*	**volver** *to return*	★**(yo sigo)**

■ The verb **jugar** *(to play)* is the only **u > ue** verb in Spanish.
j**ue**go, j**ue**gas, j**ue**ga, j**u**gamos, j**ue**gan

■ The verb **decir (i)** *(to tell or say)* has an additional spelling change in the **yo** form:
digo, d**i**ces, d**i**ce, d**e**cimos, d**i**cen
¡Recuerde! Stem-changing verbs, **e > i** or **ie** and **o > ue,** change in all forms except **nosotros/as.**

Para practicar

A. ¡Yo también!   Break time. You are on break from your nursing duties in a hospital cardiac unit and you overhear two colleagues discussing how they handle things. Tell if you do the same things.

MODELO: Nosotros almorzamos en el escritorio mientras trabajamos.
Yo almuerzo en la cafetería.

I.   Volvemos tarde al trabajo después del almuerzo.

2. Queremos ayudar a los pacientes.

3. Pensamos mucho en los pacientes.

4. Dormimos en la oficina.

5. Perdemos los papeles importantes con frecuencia.

6. Repetimos las instrucciones para la medicina con paciencia.

7. Mentimos mucho a las familias de los pacientes.

8. Servimos el almuerzo a los pacientes.

9. Pedimos muchos días libres. *(days off)*

10. Seguimos todas las recomendaciones del jefe.

11. No podemos pasar mucho tiempo hablando con los pacientes.

12. Preferimos trabajar en la sala de emergencias.

B. ¿Quién?   Tell if you, a nurse **(Yo),** your patient **(Mi paciente),** or both **(Nosotros)** would do the following things in the hospital.

MODELO: empezar un suero *(IV)*
          Yo empiezo un suero.

1. dormir mucho

2. almorzar en la cafetería

3. volver a casa todos los días

4. recomendar mucho descanso

5. despedir a las visitas

6. preferir la soledad *(solitude)*

7. servir el almuerzo

8. pedir agua

9. perder el conocimiento

10. medir las dosis de medicamentos

C. Con un amigo.   You and a classmate have just been hired into a new job at the hospital to ensure that long-term patients are as happy and comfortable as possible. The problem is that you and your friend have to make up the job description. Brainstorm a list of as many activities as possible for each of the actions below:

empezar   pedir   servir   medir   jugar

MODELO: **empezar**
          Empezamos una conversación.
          Empezamos una carta a la familia.

Módulo 2

El cáncer

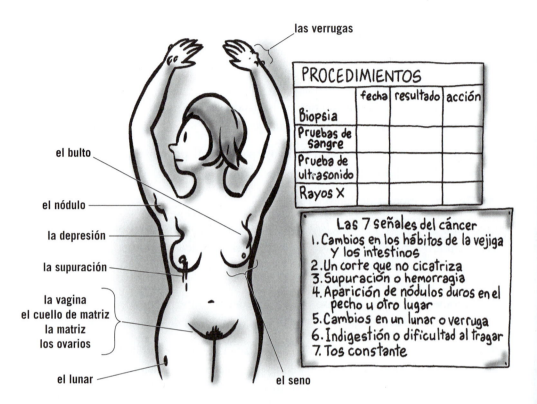

las verrugas

PROCEDIMIENTOS	fecha	resultado	acción
Biopsia			
Pruebas de sangre			
Prueba de ultrasonido			
Rayos X			

el bulto

el nódulo

la depresión

la supuración

la vagina
el cuello de matriz
la matriz
los ovarios

el lunar

el seno

Las 7 señales del cáncer
1. Cambios en los hábitos de la vejiga y los intestinos
2. Un corte que no cicatriza
3. Supuración o hemorragia
4. Aparición de nódulos duros en el pecho u otro lugar
5. Cambios en un lunar o verruga
6. Indigestión o dificultad al tragar
7. Tos constante

A. ¿Cómo se dice?   Can you identify the following descriptions with a single word or phrase from the drawing?

1. Conecta la vagina y la matriz.
2. Una masa debajo *(under)* de la piel—con frecuencia en el seno
3. Producen los óvulos en la mujer.
4. Una prueba para determinar, bajo microscopio, si una sección de una masa es benigna o maligna
5. Un bulto negro en la piel, a veces considerado señal de la belleza
6. Sinónimo de pechos

B. Acciones.   See if you can match the phrases in the left column with close equivalents in the right column.

1.   tragar   _____ encontrar algo inesperado *(unexpected)*

2.   autoexaminar   _____ buscar evidencia de una enfermedad en su propio cuerpo

3.   descubrir   _____ determinar si una cosa es más grande que otra

4.   comparar   _____ mover líquido o comida de la boca hacia el estómago

¿Es cáncer del seno?

A very upset María Luisa, 41, has just discovered a lump in her breast and is calling her physician, Dra. Celia Elías.

RECEPCIONISTA:	Centro del Seno. A sus órdenes.
MARÍA LUISA:	No sé qué hacer. Durante mi autoexamen del seno hoy, descubrí un bulto en el seno derecho. Quiero ver a la Dra. Elías tan pronto como sea posible, por favor. ¡Ay, Dios mío! Tengo cáncer.
RECEPCIONISTA:	Tranquila, María Luisa. No todos los bultos son malignos. Si puede venir inmediatamente, podemos hacerle un mamograma y en seguida la doctora puede atenderla.
MARÍA LUISA:	Bueno, ¿está bien si viene mi esposo? Él está tan preocupado como yo.
RECEPCIONISTA:	Claro que sí. María Luisa, ¿recuerda la fecha de su último ciclo mensual?
MARÍA LUISA:	Acabo de terminar la regla esta semana. ¿Qué van a hacer hoy?
RECEPCIONISTA:	Primero, la Dra. Elías tiene que palparle los senos y hacer un examen visual. También va a comparar el mamograma anterior con el de hoy. Si el bulto es nuevo o más grande que antes, puede hacer una prueba de ultrasonido o una biopsia.
MARÍA LUISA:	Si resulta ser cáncer, ¿voy a perder el seno?
RECEPCIONISTA:	Espere. Necesitamos más información. Hay tanta esperanza para las buenas noticias como para las malas. Y en el peor de los casos, los tratamientos de radiología y quimioterapia son más eficaces ahora que antes.

C. ¿Comprende usted?   Answer the following questions with information from the dialogue.

1.   ¿Qué descubre María Luisa?
2.   ¿Cuándo puede atenderla la Dra. Elías?
3.   ¿Qué va a hacer la doctora?
4.   ¿Por qué va el esposo de María Luisa?
5.   ¿Qué tratamientos son más eficaces ahora?

D. Cómo hacer un autoexamen de los senos. Read the informational brochure on breast self-examination and then, in your own words, write a summary of the six steps listed. Compare yours with a classmate's.

Cómo hacer un autoexamen de los senos

¿Por qué se debe hacer el autoexamen de los senos?

Hay muchas buenas razones para hacer un autoexamen de los senos todos los meses. Una de las razones consiste en que es fácil de hacer y cuanto más se hace, más se acostumbra uno y mejor se hace. Cuando se acostumbre a conocer la manera en que se sienten normalmente sus senos, podrá notar rápidamente cualquier cambio que se produzca y la detección temprana es la clave para el tratamiento con éxito.

Recuerde: El autoexamen del seno podrá salvar su seno—y salvarle la vida. La mayoría de los bultos del seno los encuentran las mismas mujeres, aunque, de hecho, la mayoría de los bultos existentes en el seno no acaban siendo cáncer.

Cuándo hacer el autoexamen de los senos

El mejor momento para hacerse un autoexamen de los senos es justo después del período, cuando los senos no están blandos ni hinchados. Si usted no tiene períodos regulares o a veces no tiene el período algún mes determinado, hágalo el mismo día todos los meses.

Cómo hacer el autoexamen de los senos

1. Acuéstese y coloque una almohada debajo de su hombro derecho. Coloque el brazo derecho detrás de la cabeza.
2. Utilice las yemas de los tres dedos medios *(fingertips)* de la mano izquierda para palpar el seno y ver si existen bultos o se ha producido un espesamiento.
3. Presione con suficiente firmeza para saber cómo se encuentra el seno. Si no está segura de cuánto debe presionar, pregunte a su proveedor de servicios médicos.
4. Mueva el seno de una forma concreta. Usted puede elegir el movimiento en círculo (A), el movimiento hacia arriba y hacia abajo (B), o apretando (C). Repita el mismo procedimiento cada vez que lo haga. Esto le ayudará a estar segura de haber examinado el área completa del seno y a recordar cómo es su seno.
5. Ahora examine su seno izquierdo utilizando las yemas de los dedos de la mano derecha.
6. Si encuentra cualquier cambio, acuda inmediatamente a su médico.

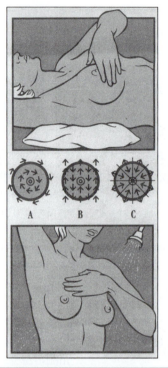

E. Junio: el mes de concienciación sobre el cáncer. June is Cancer Awareness Month. You and two classmates must design a poster urging people to remember that early detection means probable cure. Include at least four suggestions for your design, such as breast self exam, mammogram, prostrate checks for men, no smoking, etc.

Estructuras   *Comparing and contrasting: Los comparativos*

■ For comparisons of inequality (more than/less than), use **más…que** or **menos…que** with an adjective or adverb.

Su esposo está **más** preocupado **que** ella.   *Her husband is more worried than she is.*

Ella está **menos** preocupada **que** él.	*She is less worried than he.*
Este tratamiento es **más** eficaz **que** el otro.	*This treatment is more effective than the other.*

■ For comparisons of equality (the same as) use **tan… como** with adjectives and adverbs, and **tanto/a/os/as… como** with nouns.

Su esposo está **tan** preocupado **como** ella.	*Her husband is as worried as she is.*
El tumor es **tan** grande **como** antes.	*The tumor is as big as before.*
Yo tomo **tantas** medic**as como** mi mamá.	*I take as many medications as my mother.*
Las pruebas cuestan **tanto** diner**o como** un coche nuevo.	*The tests cost as much as a new car.*

■ **Más**, **menos,** and **tanto como** can all be used with verbs to compare actions.

Descanso **más** ahora.	*I rest more now.*
Él trabaja **menos** estos días.	*He works less these days.*
La doctora trabaja **tanto como** siempre.	*The doctor works as much as always.*

■ Use the following irregular comparisons to say *better, worse, older,* or *younger.*

Este hospital es **mejor que** la clínica.	*This hospital is better than the clinic.*
La clínica es **peor que** el hospital.	*The clinic is worse than the hospital.*
Ella es **mayor que** su hermana.	*She is older than her sister.*
Su hermana es **menor que** ella.	*Her sister is younger than she is.*

■ To say *more than* or *less than* with numbers, use **más de** or **menos de.**

Hay **más de 100** médicos aquí.	*There are more than 100 doctors here.*
Hay **menos de 12** cirujanos en el hospital.	*There are fewer than 12 surgeons in the hospital.*

Para practicar

A. ¿Es contagioso?   Use **más que** or **menos que** to tell which of the following pair of health problems is more contagious or less contagious. If they are equally contagious, use **tan** or **tanto como** to make your statement. Don't forget to make your adjectives match the nouns!

MODELO: la gripe/una herida
   ***La** gripe es más contagios**a** que una herida.*
   ***Una** herida es menos contagios**a** que la gripe.*

1. una fractura/el sarampión
2. el sarampión/la varicela

3. un dolor de garganta/un dolor de cabeza

4. la plaga bubónica/el cáncer del seno

5. un ataque al corazón/la hepatitis C

6. una infección de la vesícula/una infección intestinal

7. una sonrisa *(smile)*/un bostezo *(yawn)*

B. Las pruebas de la salud.   Tell if you think there is more evidence of the following health problems among men or women, or if they are equal among the sexes.

MODELO: 1. cáncer del seno

Hay más cáncer del seno entre las mujeres que entre los hombres.

2. varicela

Hay tanta varicela entre las mujeres como entre los hombres.

I. SIDA *(AIDS)*   **5.** osteoporosis

2. cáncer testicular   **6.** cáncer de próstata

3. cáncer del pulmón   **7.** diabetes

4. cáncer de la matriz   **8.** hepatitis

C. La nutrición.   All of the experts agree that a healthy diet is one of the best defenses against cancer and other life-threatening diseases. As one of the top experts in the field, your job is to help busy patients—who often rely on fast foods—to choose the best options. Using the information on the following table, help these clients to make the right choice for their needs. ¡OJO! There may be some surprises!

		Calorías	Grasa	Porcentaje de grasa
I.	Burger King Broiler Burger	550	29 gramos	47%
2.	Whataburger Whataburger Burger	823	42	46%
3.	Subway Roastbeef (6″)	312	5	15%
4.	McDonald's Grilled Chicken Deluxe	312	5	15%
5.	Arby's Roast Chicken Club	546	31	51%
6.	Arby's Light Roastbeef Deluxe	296	10	30%
7.	Subway Veggie Delite (6″)	237	3	11%
8.	Chick-fil-A Salad	320	5	13%
9.	Boston Market Chicken Salad	680	30	40%

MODELO: Un futbolista durante su entrenamiento: Burger King Broiler/Whataburger Whataburger.
El futbolista usa más calorías. El Whataburger Whataburger tiene más calorías y más grasa que el Burger King Broiler.

1. Un paciente cardíaco: Subway Veggie Delite/Boston Market Chicken Salad Sandwich
2. Un señor obeso a dieta: McDonald's Grilled Chicken Deluxe/Arby's Roast Chicken Club
3. Una señora que necesita aumentar de peso: Subway Roastbeef/Arby's Roastbeef
4. Un vegetariano: Chick-fil-A salad or Boston Market Chicken Salad Sandwich
5. Una modelo de Victoria's Secret: Subway Roastbeef/McDonald's Grilled Chicken Deluxe.
5. ¿Y usted? ¿Cuál prefiere? ¿Por qué?

Módulo 2

El SIDA

No compartir jeringas para inyectar drogas

VIH=virus de immunodeficiencia humana
SIDA=síndrome de immunodeficiencia adquirida

Seropositivo=presencia de anticuerpos de VIH en la sangre

Seronegativo=ausencia de anticuerpos de VIH en la sangre

Protegerse=sexo seguro= condones

Anticuerpos= defensas que produce el cuerpo humano contra bacterias y virus

Transmisión= el semen los flujos vaginales la sangre infectada la leche materna

Portador=una persona seropositiva que no tiene síntomas. Puede transmitir la enfermedad a otros.

Salón de charla

A. ¿Cómo se dice? Choose the words from the drawing that best fit the following descriptions.

1. Una cosa que se usa para inyectar drogas o medicinas en las venas

_____

2. Algo que cubre el pene para proteger durante las relaciones sexuales

_____

3. Resultado de una prueba que determina la presencia del VIH en la sangre

_____

4. Una persona que tiene el VIH, pero no presenta ningún síntoma

_____

5. Algo producido por el cuerpo para defenderse de los virus y las bacterias

_____

B. Acciones. By means of logical associations, match the actions in the left column with words or phrases in right column.

1. inyectar   _____ Conversar con otras personas

2. protegerse   _____ Transmitir enfermedades

3. infectar   _____ Usar una jeringa

4. probar   _____ Abstinencia de sexo o uso de un condón

5. charlar   _____ Examinar

Las salas de charla

Have you ever visited a "chat room" **(salón de charla)** on the Internet? It is a place where you can find information about nearly any subject in the world—and remain completely anonymous. HIV and AIDS chat rooms are very busy with questions from people who fear they are infected, who have just found out that they are, or have fears about loved ones. Let's look in on an HIV chat room.

SALA DE CHARLA: VIH/SIDA

SARM: MENSAJE: TENGO MIEDO, PIDO AYUDA Siempre practico "sexo seguro" pero el mes pasado durante una fiesta, había mucha gente y muchas drogas. Creo que tuve relaciones sexuales sin protección y creo que tomé drogas. Ahora, tengo muchos síntomas del SIDA: diarrea incontrolable, ganglios inflamados, fatiga general y fiebre. ¡Es la peor pesadilla de mi vida! Por favor, díganme: ¿voy a morir del SIDA?

AMIGO20:	Primero, es muy pronto para presentar síntomas. Y estos síntomas describen muchas enfermedades como una sencilla infección viral o la gripe. La mejor manera de saber si usted es seropositivo es por medio de la prueba de sangre "ELISA". No revela la presencia del virus, sino la presencia de anticuerpos en la sangre para combatir el virus. Pero durante los primeros seis meses, es posible tener un resultado negativo falso. Buena suerte. Si usted quiere charlar más conmigo, use el correo electrónico.
CHIQUITA: MENSAJE:	UNA PREGUNTA Mi ex-novio me dice que es un "portador" del VIH. Ni él ni yo comprendemos. Definición, por favor.
PORTADOR:	Yo sí lo comprendo, Chiquita. Yo soy portador del VIH. Un portador puede estar en buen estado de salud sin presentar ningún síntoma. Sin embargo, es seropositivo y puede transmitir el virus a otras personas. Usted necesita hacer cita con el médico para realizar una prueba de sangre.
VIDALOCA: MENSAJE:	CONFIDENCIALIDAD Tengo catorce años y soy la menor de mi grupo de amigos. Anoche un muchacho y yo nos besamos profundamente. Si su saliva está en mi boca, ¿es posible contraer el SIDA? No puedo hablar con mis padres.
AMIGO20:	Es imposible infectarse por medio de la saliva. El virus sólo puede vivir en la sangre, los flujos vaginales y el semen. Por favor, si empieza a experimentar sexualmente, use protección: un condón es la mejor protección. Usted necesita más información. Uno de los sitios más informativos en Internet es: www.cdc.gov. ¡Mucho cuidado, niña!

C. ¿Comprende usted? Tell if the following statements are **Cierto (C)** or **Falso (F).** If false, make the needed corrections.

1. _____ Para ser portador hay que estar muy enfermo.

2. _____ Un portador no puede infectar a otras personas.

3. _____ El sexo seguro incluye el uso de condones.

4. _____ La saliva de una persona infectada puede transmitir el virus.

5. _____ Es posible recibir resultados falsos en las pruebas ELISA si se hacen antes de que pasen seis meses desde el momento del contacto.

D. Los jóvenes y el VIH. Information is the best defense against sexually transmitted diseases, but there is tremendous ignorance out there. Read this brochure, then complete the statements on the following page.

No hay razón para arriesgarse

¿Qué es el VIH?

VIH significa Virus de Inmunodeficiencia Humana, y es el nombre con el que se conoce al virus que causa el SIDA. El SIDA es un síndrome, y por lo tanto, no discrimina. Es decir, que no es un problema exclusivo de homosexuales, prostitutas u otros grupos. ¡Cualquiera puede contraer el virus, no importa quién sea!

Para determinar si alguien tiene el VIH es necesario hacer un análisis de sangre. En algunos casos, el virus puede estar en el cuerpo por 10 años o más sin presentar ningún síntoma.

Si te infectas con el VIH, es probable que no tengas ninguna enfermedad inmediata, pero después de unos años puedes desarrollar cáncer, pulmonía u otras enfermedades relacionadas con el sistema inmunológico que pueden ser mortales. A pesar de los esfuerzos de laboratorios de todo el mundo, desgraciadamente aún no hay ninguna cura ni vacuna para este problema.

No quieres infectarte con este virus, ¿verdad?

Vías de transmisión del VIH

Aunque cualquier persona seropositiva, es decir, que esté infectada con el VIH, puede transmitir la infección, el contagio no es realmente tan fácil. El semen, las secreciones vaginales y la sangre son las únicas vías de transmisión del virus. Así que tranquilízate, y recuerda que no te vas a contagiar por mantener un contacto normal con una persona infectada.

NO se puede transmitir/contraer el VIH al:

- Beber agua en fuentes públicas
- Acariciar, besar o abrazar a otra persona
- Nadar en piscinas/albercas *(swimming pools)*, o utilizar duchas o baños públicos
- Estornudar o toser
- Donar sangre
- Mantenerse físicamente cercano a alguien con SIDA

SÍ se puede transmitir/contraer el VIH:

1. Si tienes relaciones sexuales con una persona infectada.
2. Si entras en contacto con semen, secreciones vaginales o sangre de una persona infectada.
3. Si compartes jeringas con una persona infectada con el VIH.
4. Si compartes agujas para perforar orejas, hacer tatuajes, etc. con una persona infectada.
5. Si tu sangre, saliva, semen o secreciones vaginales entran en contacto con la sangre, saliva, semen o secreciones vaginales de una persona infectada, ya sea a través de un cepillo de dientes, una cuchilla para afeitarse, etc.

Aunque no debes obsesionarte con el VIH, es importante que te protejas y que evites la posibilidad de infectarte.

Es posible que pienses que no te puede ocurrir a ti, pero todos corremos el mismo riesgo y es importante que te eduques y aprendas más sobre este tema para proteger tu cuerpo.

Recuerda, tu vida es lo más importante... ¡PROTÉGELA!

I. Las iniciales VIH representan las palabras _____.

2. El virus se transmite por medio de _____, _____ y _____.

3. No puedes contraer el VIH por: _____, _____, _____, _____, _____ o _____.

4. Sí puedes contraer el VIH por: _____ y _____.

5. Para determinar si alguien tiene el VIH es necesario hacer _____.

6. Es importante no compartir _____.

E. Superviviente. With three classmates, form a survival group. Each one must say one fact about AIDS or HIV. The first student who cannot think of another statement, is voted off the "island." The last one remaining has immunity!

MODELO: E1: *No puedes contraer del VIH en baños públicos.*
E2: *Al intercambiar semen puedes contraer el virus del SIDA.*

Estructuras   *Comparing and contrasting: Los superlativos*

- Use a superlative to express *the most* or *the least* when comparing more than two things.
- The superlative in Spanish uses the definite article (**el, la, los,** or **las**) with the comparative form of the adjective.

Adjetivo:	Yo estoy **enferma.**	*I am sick.*
Comparativo:	Usted está **más enferma.**	*You are sicker.*
Superlativo:	Elena es **la más enferma.**	*Elena is the sickest.*

- Adjectives that have irregular forms in the comparative use the same forms in the superlative.

bueno > mejor   viejo > mayor
malo > peor   joven > menor

Adjetivo:	Mario es un **buen** médico.	*Mario is a good doctor.*
Comparativo:	Enrique es un **mejor** médico.	*Enrique is a better doctor.*
Superlativo:	Miguel es **el mejor** médico de todos.	*Miguel is the best doctor of all.*

■ Another way to give an adjective the superlative meaning of *extremely* or *very* is to add one of the forms (**-o, -os, -a, -as**) of the suffix **-ísimo/a** to the adjective. If the adjective ends in a vowel, drop the final vowel and then add **-ísimo/a.**

El virus es peligros**o.**	*The virus is dangerous.*
El VIH es peligros**ísimo.**	*The HIV is extremely dangerous.*

■ If the adjective ends in a consonant, add the suffix directly to the stem.

La prevención de las ETS (enfermedades de transmisión sexual) es facil**ísima.**	*Prevention of sexually transmitted diseases is very easy.*
La cura de las ETS es dificil**ísima.**	*The cure of sexually transmitted diseases is extremely difficult.*

Para practicar

A. Asociaciones. Write down the names of the people, things, or places you associate with these descriptions and then compare your answers with a classmate's.

1. el médico más popular de la televisión
2. el hospital más famoso del mundo
3. la enfermedad más peligrosa de esta época
4. la enfermera más famosa de la historia
5. la droga ilegal más adictiva
6. el descubrimiento más importante de la medicina
7. la medicina más popular en este momento

B. Extremísimo. Anything you can do, I can do better. . . . You and a friend are having a discussion about personal traits and health issues. For every statement that your friend makes, use an **-ísimo/a** adjective to show that you and yours are even more so!

MODELO: E1: Estoy cansado.
E2: *Yo estoy cansadísimo/a.*

1. Soy inteligente.
2. Soy un/a médico/a excelente.
3. Tengo un paciente difícil.
4. Tengo un examen importante de anatomía.
5. Mis pacientes son contagiosas.
6. Mis enfermeros son buenos.
7. Mi sitio web es popular.
8. Mis pacientes están contentos con el tratamiento.

C. En pareja. You and your partner are working in triage and determining who gets treated first. As you look at each of these groups of three, put them into priority order according to the adjective given.

MODELO: serio: un accidente de bicicleta
un accidente de automóvil
un corte en el dedo

El corte es serio.
El accidente de bicicleta es más serio.
El accidente de automóvil es el más serio.

1. Urgente: la señora con un problema cardíaco
el señor con tos
el niño con la pierna fracturada

2. Fácil: enyesar una fractura
poner puntos en una herida
tomar la presión de la sangre

3. Interesante: la medicina de pediatría
la medicina de emergencia
la medicina de dermatología

4. Grave: la paciente con cáncer
el paciente con varicela
la paciente con gripe

Vocabulario Módulo 1

Sustantivos

el/la abuelo/a	*grandfather, grandmother*	**el electrocar-diograma**	*EKG*
el agua (f.)	*water*	**el/la familiar**	*family member*
el alimento	*food*	**la fatiga**	*fatigue*
el almuerzo	*lunch*	**la guía**	*guide*
el angiograma	*angiogram*	**la herencia**	*heredity*
el ataque	*attack*	**el/la hermano/a**	*brother, sister*
el avestruz	*ostrich*	**la hiperglucemia**	*hyperglycemia*
la cafetería	*cafeteria*	**la hipoglucemia**	*hypoglycemia*
el cambio	*change*	**el/la hispano-americano/a**	*Hispanic American*
la cantidad	*quantity*		
la comida	*food, meal*	**la indigestión**	*indigestion*
la convulsión	*convulsion*	**el infarto**	*heart attack*
la debilidad	*weakness*	**la insulina**	*insulin*
la diabetes	*diabetes*	**el lado**	*side*
el dulce	*candy*	**el latido**	*heartbeat*

la madre	mother	la personalidad	personality
la máquina	machine	la píldora	pill, birth control
el/la miembro	member		pill
la náusea	nausea	el/la primo/a	cousin
el/la nieto/a	grandson,	la prueba	test
	granddaughter	la radiografía	X-ray
las noticias	news	el/la sobrino/a	nephew, niece
el olor	smell	el sonograma	sonogram
el oxígeno	oxygen	el sudor	sweat
el padre	father	la tasa	rate
el/la pariente	relative	el/la tío/a	uncle, aunt
la pérdida	loss	la vista	sight

Verbos

acostar(se) (ue)	to put to bed, go to bed	llevar	to take (along), to carry
ajustar	to adjust	medir (i)	to measure
almorzar (ue)	to have lunch	mentir (ie)	to lie
contar (ue)	to count	morir (ue)	to die
costar (ue)	to cost	notar	to notice
curar	to cure	notificar	to notify
decir (i) (g)	to say, tell	pedir (i)	to ask for, order
demostrar (ue)	to demonstrate	pensar (ie)	to think, plan
despedir(se) (i)	to dismiss, say farewell	poder (ue)	to be able, can
elegir (i) (j)	to elect	preferir (ie)	to prefer
eliminar	to eliminate	reaccionar	to react
empezar (ie)	to begin	reconocer (zc)	to recognize
encontrar (ue)	to find, meet	repetir (i)	to repeat
entender (ie)	to understand	responder	to respond
exigir (j)	to call for, demand	sanar	to heal
ignorar	to ignore	seguir (i)	to continue, follow
intentar	to try	servir (i)	to serve
inyectar	to inject	suceder	to happen
jugar (ue)	to play (games, sports)	volver (ue)	to return

Adjetivos

borroso/a	blurry	inadecuado/a	inadequate
cardíaco/a	cardiac	indistinto/a	indistinct
ciego/a	blind	insaciable	insatiable
clásico/a	classic	irregular	irregular
doble	double	mediano/a	medium
hereditario/a	hereditary	mi	my

muerto/a	*dead, deceased*	**su**	*his/her/your (formal and plural)*	
obeso/a	*obese*			
rápido/a	*rapid*			
repentino/a	*sudden*	**tembloroso/a**	*trembling*	
severo/a	*severe*	**tu**	*your (familiar)*	
		vacío/a	*empty*	

Otras expresiones

casi	*almost*	**sin**	*without*
después	*after*	**últimamente**	*lately*
poco a poco	*little by little*		

Módulo 2

Sustantivos

la acción	*action*	**la pesadilla**	*nightmare*
el anticuerpo	*antibody*	**el/la portador/a**	*carrier*
la ausencia	*absence*	**la pregunta**	*question*
la ayuda	*help*	**la presencia**	*presence*
la biopsia	*biopsy*	**el procedimiento**	*procedure*
el cáncer	*cancer*	**la protección**	*protection*
el ciclo mensual	*menstrual cycle*	**la quimioterapia**	*chemotherapy*
el condón	*condom*	**la radiología**	*radiology*
el correo electrónico	*e-mail*	**los rayos X**	*X-rays*
		la regla	*menstrual period*
el cuello de matriz	*cervix*	**el resultado**	*result*
		la saliva	*saliva*
la diarrea	*diarrhea*	**el semen**	*semen*
la depresión	*depression*	**el seno**	*breast*
la droga	*drug*	**la señal**	*sign*
la esperanza	*hope*	**el SIDA**	*AIDS*
el ganglio	*gland*	**la supuración**	*suppuration, drainage*
la jeringa	*syringe*		
el lunar	*mole*	**el ultrasonido**	*ultrasound*
el mamograma	*mammogram*	**la verruga**	*wart*
la matriz	*womb*	**el VIH**	*HIV*
el nódulo	*nodule*		

Verbos

acabar (de)	*to have just*	**combatir**	*to combat*
atender a (ie)	*to pay attention to*	**comparar**	*to compare*
autoexaminar	*to self-examine*	**compartir**	*to share*
besar	*to kiss*	**descubrir**	*to discover*
charlar	*to chat*	**infectar**	*to infect*

recordar (ue)	*to remember*	**terminar**	*to end*
resultar	*to result*	**tragar**	*to swallow*
revelar	*to reveal*	**transmitir**	*to transmit*

Adjetivos

benigno/a	*benign*	**pasado/a**	*past, last*
derecho/a	*right*	**peor**	*worse*
duro/a	*hard*	**propio/a**	*own, self*
eficaz	*effective, efficient*	**seguro/a**	*safe*
maligno/a	*malignant*	**seronegativo/a**	*seronegative*
mayor	*older*	**seropositivo/a**	*seropositive*
menor	*younger*	**viral**	*viral*
nuevo/a	*new*		

Otras expresiones

ahora	*now*	**sin embargo**	*nevertheless*
anoche	*last night*	**tan… como**	*as … as*
¡Dios mío!	*My God!*	**tanto/a… como**	*as much … as*
durante	*during*	**tantos/as… como**	*as many … as*
en seguida	*right away*	**tarde**	*late*
fuera	*out, outside*	**temprano**	*early*
profundamente	*deeply*		

Síntesis

A escuchar

Listen to the information on prostate cancer.

Mark the following statements **Cierto (C)** or **Falso (F)** based on the article you just heard.

1. _____ El cáncer de próstata afecta a los hombres y a las mujeres.

2. _____ Hay más probabilidad de cáncer de próstata entre los hombres de raza negra que entre los blancos.

3. _____ Dos síntomas son: sangre en la orina y dificultad con las funciones sexuales.

4. _____ La diagnosis incluye una revisión de los ojos y la garganta.

5. _____ La dieta y la nutrición no tienen influencia sobre el cáncer de próstata.

A conversar

AIDS is a modern-day plague. Discuss risky behavior and safety precautions with three classmates, mentioning as many real-life scenarios as possible.

MODELO: E1: *Juana siempre usa guantes de látex con sus pacientes.*

A leer

Read the following information regarding diabetes, type 1 and type 2. Then decide if the following statements are **Cierto (C)** or **Falso (F),** correcting any that are false.

¿Cuál es la diferencia entre la diabetes tipo 1 y la diabetes tipo 2?

Más de 16 millones de personas en Estados Unidos padecen de diabetes. Sin embargo, más del 50% de las personas con diabetes tipo 2, no saben que tienen la enfermedad ni han sido diagnosticadas por un médico.

Los dos tipos de diabetes están relacionados con el nivel de azúcar en la sangre. El cuerpo, por una razón u otra, no puede controlar el nivel de azúcar en la sangre eficientemente. Para ayudarle a saber un poco más sobre esta enfermedad, aquí presentamos un cuadro con las diferencias más importantes entre los dos tipos.

DIABETES TIPO 1:
El cuerpo poco a poco destruye las células que producen insulina. El páncreas deja de producirla y es necesario inyectar insulina para mantener el nivel de azúcar en la sangre.

DIABETES TIPO 2:
El cuerpo produce insulina en suficientes cantidades, pero no puede

utilizarla eficientemente. A veces, el páncreas no produce bastante insulina, o ésta no puede llegar hasta las células.

DIABETES TIPO 1:
Puede ocurrir a cualquier edad, pero es más común en niños y jóvenes.

DIABETES TIPO 2:
Suele aparecer en personas mayores de cuarenta y cinco años, particularmente en las obesas.

DIABETES TIPO 1:
Las personas de raza blanca tienen un

riesgo mayor que las de otras razas, y aquellas personas que tienen un familiar cercano con diabetes, también tienen un riesgo mayor.

DIABETES TIPO 2:
Entre los factores de riesgo para este tipo de diabetes se incluyen: presencia de diabetes en otros familiares, vida sedentaria y presión sanguínea elevada. Además, las personas de descendencia africana, hispana, asiática o de las tribus indígenas de Estados Unidos, tienen un riesgo mayor que las de otras razas.

DIABETES TIPO 1:
En la actualidad, el único tratamiento para esta enfermedad incluye una dieta especial, ejercicio e inyecciones de insulina para mantener el nivel de azúcar en la sangre.

DIABETES TIPO 2:
Aunque el tratamiento de este tipo de diabetes varía, suele incluir una dieta especial, ejercicio y ciertas medicaciones (orales o inyectadas).

1. _____ Hay solamente un millón de personas en Estados Unidos con diabetes.

2. _____ La diabetes se relaciona con el nivel de azúcar en la sangre.

3. _____ Con diabetes tipo 2 el cuerpo no produce insulina.

4. _____ Los niños y personas jóvenes sufren más de diabetes tipo 1.

5. _____ Las personas con un familiar cercano con diabetes corren un riesgo mayor.

6. _____ El único tratamiento para la diabetes tipo 2 es la insulina inyectada.

A escribir

Prepare a chart of appropriate foods for someone concerned about healthy heart care. Include foods from each of the four main food groups. ¡OJO! You might need a dictionary to look up some new vocabulary words. Share your suggestions with a classmate.

Grupo lácteo	Grupo de carne	Grupo de frutas y vegetales	Grupo de pan y cereales

Algo más

Ventana cultural

Los hispanos también contraen el SIDA

Lo que usted debe saber acerca del SIDA

El SIDA no es una enfermedad solamente de los anglos homosexuales. Cualquiera puede contraerla, hombres, mujeres, anglos, negros, asiáticos, así como los hispanos. Muchos de nosotros estamos expuestos al virus del SIDA porque vivimos en áreas donde las drogas son más comunes, específicamente las drogas que se inyectan con agujas y jeringas.

Muchos hispanos tienen SIDA. A nuestras familias se les hace difícil aceptar la homosexualidad, la bisexualidad o el uso de las drogas. Pero, estas prácticas existen en nuestra comunidad.

El SIDA mata. No se le conoce cura, pero se puede prevenir. El riesgo depende de usted. Los hispanos constituyen el 12% de la población de los Estados Unidos; sin embargo, el 21% de los casos del país se presenta en ellos.

Cómo pueden protegerse su familia y usted

1. No se inyecte drogas, medicinas o vitaminas con agujas y jeringas de otras personas. Recuerde que una persona con el virus del SIDA no siempre muestra síntomas.
2. Cuando tenga relaciones sexuales, use un condón. Éste es el medio preventivo más eficaz contra el SIDA. El único medio de prevención alternativo es no tener contacto sexual.

El virus del SIDA no se transmite por un saludo de mano, la ropa de cama o el contacto normal. Nadie ha contraido el SIDA por un mosquito u otro insecto.

Ahora se puede identificar la sangre que puede contener el virus. Por lo tanto, el riesgo de ser infectado al recibir una transfusión es mínimo.

En mis propias palabras. Write a one-paragraph summary of the article, exchanging papers with a classmate. Compare your summaries to see if you included the same points.

A buscar

The National AIDS Hotline has a Spanish Access number: 1-800-344-SIDA. Are you ready to try your Spanish at a new level? This toll-free service provides confidential information, referrals, and educational materials 24 hours a day, seven days a week. Rehearse a specific question to ask regarding how HIV is transmitted, how people can reduce their risks, how to find support groups, legal and financial help, testing issues, and treatment information. You may also request a brochure in Spanish or obtain the website address for further research. If all else fails, call the English language number at 1-800-342-AIDS with your question—the goal is to gain more information about this disease.

LECCIÓN 5

¡Emergencia!

Módulo 1
- Una llamada al 911
- Making requests: *Los mandatos formales*
- En la ambulancia
- Los mandatos irregulares/con cambios ortográficos/con pronombres de objeto indirecto

Módulo 2
- En la sala de urgencias
- Expressing negative ideas: *Las expresiones afirmativas y negativas*
- Algunos efectos secundarios
- Más sobre las expresiones negativas

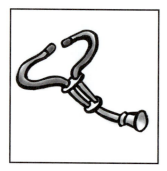

Síntesis
- A escuchar
- A conversar
- A leer
- A escribir

Algo más
- Ventana cultural: SAM Urgencias Médicas
- A buscar

Módulo 1

Una llamada al 911

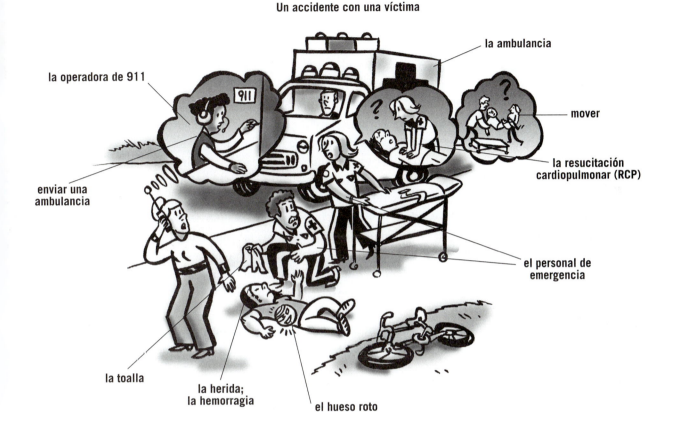

Un accidente con una víctima

- la operadora de 911
- la ambulancia
- mover
- la resucitación cardiopulmonar (RCP)
- enviar una ambulancia
- el personal de emergencia
- la toalla
- la herida; la hemorragia
- el hueso roto

A. ¿Cómo se dice?   Choose the correct Spanish word defined by the following. ¡OJO! You may need to use vocabulary from previous lessons.

1. Persona que contesta el teléfono en una emergencia
2. Medio de transporte para el hospital
3. Líquido esencial perdido a través de una herida
4. Pérdida de mucho fluido vital
5. Hueso roto
6. Para mantener la temperatura de la víctima de un accidente

B. ¡Hay un accidente!   Complete the following statements with the correct verb.

1. Cuando hay un accidente, es importante _____ al 911 inmediatamente.

2. El operador del 911 necesita _____ una ambulancia rápidamente al lugar del accidente.

3. Para mantener la temperatura, es buena idea _____ una cobija sobre la víctima.

4. Si hay una fractura en el hueso, es difícil _____ la pierna.

¡Auxilio! ¡Emergencia!

Sarita Suárez, 11, has just been hit by a car while riding her bicycle in the street. The driver of the car, Juanita Gutiérrez, is calling 911. Here's the conversation.

OPERADORA: 911. ¿Cuál es la emergencia?

JUANITA: Acabo de atropellar a una niña en bicicleta. Está herida. Por favor, mande una ambulancia rápidamente. Estamos en la calle 7 con la 36. ¡Ay! Por favor, mande una ambulancia rápidamente.

OPERADORA: ¿Está respirando la niña? ¿Está consciente?

JUANITA: Sí, está llorando por su mamá. ¿Qué hago?

OPERADORA: Primero, cálmese. Voy a enviar la ambulancia inmediatamente. ¿Hay otras personas allí con ustedes?

JUANITA: Sí, hay dos. Un señor que está moviendo a la pobrecita lejos del tráfico y otro que le está preguntando su nombre y número de teléfono. Pero la niña no responde a sus preguntas.

OPERADORA: ¡No mueva a la muchacha! Busque su identificación entre sus cosas personales. Si encuentra su número de teléfono, llame inmediatamente a su familia.

JUANITA: Señorita, hay mucha sangre. Parece que hay una herida profunda en la cara, cerca del ojo. No puedo verla bien.

OPERADORA: Pare la hemorragia con un poco de presión, pero tenga mucho cuidado si no puede ver la herida. ¿Tiene algo para cubrirla?

JUANITA: Sí, tengo una cobija en mi maletero. La niña está gritando que le duele la espalda. ¡Por favor! Dígales a los paramédicos que se apuren.

OPERADORA: Póngale la cobija a la niña y asegúrele que la ambulancia está muy cerca.

C. ¿Comprende usted? Answer the following based on the dialogue.

1. ¿Quién llama al 911?

2. ¿Dónde ocurrió el accidente?

3. ¿Qué problemas tiene la niña?

4. Tres acciones que debe hacer Juanita son:

a.

b.

c.

5. ¿Qué está en camino?

D. ¡Socorro! ¡Auxilio! You've just happened on the scene of a terrible accident. You must organize the first aid assistance from other passersby until professional help arrives. Place these commands in order of importance.

Cubra a la persona muerta con una cobija.	No mueva a la víctima.
Pregunte si hay un médico presente.	Busque un teléfono.
Llame al 911.	Espere con la víctima.

E. Cómo buscar asistencia médica de inmediato. After reading the following article, make up six questions a dispatcher might ask a caller to 911. Compare your questions with those of a partner.

Cómo buscar asistencia médica de inmediato

Los primeros auxilios y la RCP (resucitación cardiopulmonar) salvan vidas. Mientras una persona está proporcionando cuidados de emergencia a un enfermo o herido, otra debe ir en busca de asistencia médica.

Marque el 911 o el número para emergencias que corresponda a su zona. Esté preparado para responder a preguntas y dar información importante; a saber:

La dirección del lugar de la emergencia, incluyendo el cruce de calles, el piso, el número de la habitación y el número de teléfono de donde llama.

Lo que sucedió. Tenga el mayor número de datos posibles respecto al accidente, las heridas sufridas o la enfermedad.

El número de personas que necesitan ayuda. ¿Hay alguien con hemorragia, inconsciente o sin pulsaciones? ¿Qué tipo de primeros auxilios se le están dando? Tome nota de cualquier instrucción que le den.

No sea el primero en colgar. Asegúrese de haber dado toda la información necesaria. Espere a que cuelgue primero la persona que atendió su llamada de emergencia.

MODELO: *¿Cuántas personas necesitan ayuda?*

F. Un accidente. Your partner and you will each make up the details of an emergency based on the following information. One of you will call 911 to request help and the other will be the dispatcher asking the questions you formulated in exercise E. After finishing the scenario, switch roles.

Información:
accidente de tráfico
2 víctimas—un adulto
y un niño
mucha sangre
uno no está consciente

Estructuras   *Making requests: Introducción a los mandatos formales*

- Culturally, the formal command may be one of the most important grammatical structures you will learn. By using this form with all individuals you would address with **usted,** you will show courtesy and respect as you tell or order them to do something. To form the command, drop the final **-o** of the **yo** form of the verb in the present tense (the **yo** form will give you the necessary spelling changes) and add these endings:

For -ar verbs, add -e:

| hablar | hablo | ⇒ | **¡Hable** más despacio, por favor! |
| llamar | llamo | ⇒ | **¡Llame** al 911 inmediatamente! |

For -er and -ir verbs, add -a:

| cubrir | cubro | ⇒ | **¡Cubra** la herida con una toalla! |
| mover | muevo | ⇒ | ¡No **mueva** a su esposa! |

(Note: for the **ustedes** form of the command, add an **-n**).

| venir | **vengo** | ⇒ | **¡Vengan** directamente aquí! |

Para practicar

A. Preguntas urgentes. You are working at the switchboard of a hospital and have to answer the caller's questions. For each question the caller asks, respond with the appropriate command.

MODELO: ¿Hablo con el policía?
Sí, hable con el policía.

1. ¿Vengo al hospital después?
2. ¿Pongo una toalla húmeda en la herida?
3. ¿Escribo un reporte?
4. ¿Espero con el paciente?
5. ¿Salgo a la calle?
6. ¿Tomo el pulso de la víctima?
7. ¿Pido una ambulancia?
8. ¿Preparo un té con limón?

B. Una madre desesperada. You have just received an emergency phone call from a panicky mother. Use the following cues to tell her what to do:

MODELO: Hablar despacio
¡Hable despacio!

1. Esperar mis instrucciones
2. Escuchar a la enfermera
3. Pedir una ambulancia
4. No respirar rápidamente
5. Poner presión en la herida
6. Cubrir la herida
7. Escribir este número de teléfono
8. No comer nada
9. No llorar
10. Tener paciencia

C. Consejos. You are on duty when a distressed family comes into the emergency room. Use formal commands to help those who. . . .

MODELO: no hablan claramente
Hablen claramente.

1. no contestan las preguntas
2. no recuerdan los detalles del accidente
3. no dicen la verdad
4. conversan en voz alta por el teléfono celular
5. pelean *(fight)* con otros miembros de la familia
6. lloran mucho
7. no comprenden que la situación es grave
8. escriben grafiti en las paredes

Módulo 1

En la ambulancia

A. ¿Cómo se dice?   Choose the correct Spanish word defined by the following. ¡OJO! You may need to use vocabulary from previous lessons.

1.   Líquido que inyectan los paramédicos a una persona herida
2.   Medicina en forma sólida
3.   Una sensación física horrible
4.   Una clase de mesa portátil donde descansa el paciente durante su transporte en ambulancia
5.   Clínica donde el personal médico ayuda a los pacientes

B. ¿Qué hace?   Complete the following statements with the correct verb. ¡OJO! You may need to use vocabulary from previous lessons.

1.   El chofer de la ambulancia necesita _____ rápidamente a la escena de un accidente.

2.   Si hay posibilidad de una fractura, es importante _____ el cuello antes de mover al paciente.

3.   El personal médico debe _____ primero a las personas más graves.

4. El paramédico necesita _____ la herida con una solución desinfectante.

5. Los paramédicos tienen que _____ al paciente en la camilla con mucho cuidado.

Primeros auxilios

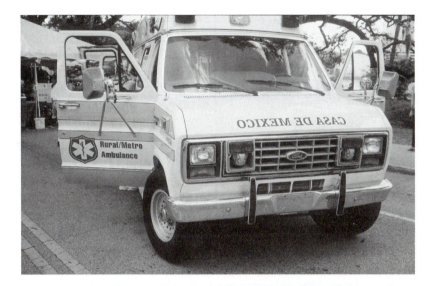

The paramedics and the police have arrived at the scene of the accident. The victim, 11-year-old Sarita Suárez, is in a great deal of pain.

EDUARDO: Sarita, soy Eduardo Brito y ésta es Joyce García. Somos paramédicos y estamos aquí para ayudarte. ¿Qué te duele?

SARITA: Me duele la espalda. Quiero ver a mi mamá. No me gusta faltar a la escuela.

JOYCE: Tranquila, Sarita. Le contamos la situación a tu mamá y va a estar aquí muy pronto. Tienes una herida profunda en la cara y una posible fractura en una costilla o en la espalda. También hay posibilidad de una hemorragia interna. Tenemos que llevarte al hospital para hacer un examen completo. La escuela tiene que esperar.

EDUARDO: Enfermera García, inmovilice el cuello, por favor, y después tómele la presión. Yo voy a la ambulancia por la camilla.

JOYCE: Un momento, Eduardo. La herida de la cara es profunda y Sarita está perdiendo mucha sangre. Le voy a poner un suero y luego voy por la camilla. Limpiamos la herida con una solución desinfectante después.

EDUARDO: Cuento tres y colocamos a Sarita en la camilla. Quiero ir cuanto antes al hospital. Uno. . . dos. . . tres. No llores, Sarita. Aquí está tu mamá.

C. ¿Comprende usted? Decide whether the following statements refer to Sarita **(S),** Eduardo **(E),** or Joyce **(J).**

1. _____ Le duele la espalda.

2. _____ Le va a poner suero.

3. _____ Está preocupada por las clases.

4. _____ Va a inmovilizar el cuello.

5. _____ Maneja la ambulancia.

6. _____ Va a limpiarle la herida de la cara.

D. ¿Qué parte del cuerpo? Complete the following sentences with a logical body part according to the description of the patient.

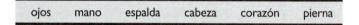

| ojos | mano | espalda | cabeza | corazón | pierna |

1. La víctima recibe resucitación cardiopulmonar porque su _____ se paró *(stopped)*.

2. Mi tía toma aspirina porque tiene dolor de _____ y no puede pensar claramente después del accidente.

3. Mi primo no puede caminar porque tiene dolor de _____ como resultado del accidente.

4. Yo necesito ir al médico porque no puedo ver bien. ¿Hay algún problema con mis _____?

5. Mi esposo dice que tiene dolor de _____ por levantar el carro de la víctima.

6. El corte del dedo me causa dolor en toda la _____.

E. ¿Llamar al 911 o no? Many calls come into an emergency operator that are not life-threatening. In groups of four, discuss the following situations, decide whether or not it may be an emergency, and tell the caller what to do next.

MODELO: *Llamada: No sé donde está mi gato.*
Operador/a: No es una emergencia. Camine por la calle y llámelo por su nombre.

1. Mi amigo tiene dolor en el pecho.
2. Hay un accidente de una bicicleta y un carro.
3. Hay un niño que tiene una herida en la cabeza.
4. Mi coche no tiene gasolina.
5. Los estudiantes de la casa de al lado tienen su estéreo muy alto.
6. Tengo un corte en el dedo.
7. Tengo dolor de cabeza por la música de los estudiantes.
8. Mi compañero de cuarto tomó muchas pastillas para dormir.
9. Tomamos mucha cerveza y tequila.

F. Los servicios de urgencia. Sometimes an urgent care center is needed for basic first aid instead of heading for the emergency room of your local hospital. Prepare a list of five reasons why you would go to such a facility. Compare your list with a classmate's.

MODELO: *Para un corte en un dedo*

1. _____
2. _____
3. _____
4. _____
5. _____

ℬienvenidos al Sistema Médico del Condado de Ventura
Acceso a: Servicios de Urgencia
- Personal bilingüe
- Medi-Cal
- Seguro médico
- Compensación de trabajadores

Durante la hora de su visita, puede hacer arreglos para posponer sus pagos.

Las Islas
Grupo Médico Familiar
325 Isla Vista
Santa Bárbara
Teléfono: **817 996-4111**
Horario: De lunes a jueves
de 8 A.M. a 7 P.M.
Viernes de 8 A.M. a 5 P.M.
Sábado de 8 A.M. a 12 P.M.

Santa Paula
Clínica Familiar
1334 Conejo Ave.
Santa Paula
Teléfono: **805 944-8335**
Horario: De lunes a viernes
de 8 A.M. a 5 P.M.
Sábado de 9 A.M. a 3 P.M.

Sierra Vista
Clínica Familiar
4531 Álamo St.
Ventura
Teléfono: **805 584-8445**
Horario: De lunes a viernes
de 9 A.M. a 7 P.M.
Sábado de 9 A.M. a 5 P.M.
Domingo de 12 P.M. a 5 P.M.

Estructuras   *Los mandatos irregulares/con cambios ortográficos/con pronombres de objeto indirecto*

The following verbs have irregular **Ud.** command forms:

ser	⇒	sea(n)	saber	⇒	sepa(n)
estar	⇒	esté(n)	dar	⇒	dé/den
ir	⇒	vaya(n)		

In order to preserve the original pronunciation of the verb, formal commands for verbs ending in **-car**, **-gar**, and **-zar** have the following spelling changes:

bus**car**	⇒	bus**que**	**Busquen** una farmacia cerca de aquí.
pa**gar**	⇒	pa**gue**	**Pague** al taxista, por favor.
empe**zar**	⇒	emp**iece**	**Empiecen** los primeros auxilios ahora.

(Don't forget the steps to forming a command: 1) go to the **yo** form, 2) take off the **-o,** and 3) add the opposite ending.)

Commands and Indirect Object Pronouns

Use the pronouns **me** to mean *me, for me,* or *to me;* **te** to mean *you* (familiar), *for you,* or *to you;* and **nos** to mean *us, to us,* or *for us.* These pronouns are attached to the end of a command if it is affirmative (a "yes" command). When adding a pronoun to the end of affirmative commands of two or more syllables, be sure to place an accent mark above the stressed vowel in order to preserve the original pronunciation. If the command is negative, put the pronoun in front of the verb.

¡Explíque**me** el problema!	*Explain the problem to **me.***
¡**No me** explique el problema!	*Don't explain the problem to **me.***
¡Díga**nos** la verdad!	*Tell **us** the truth.*
¡**No nos** atienda Ud. primero! Hay otros más graves.	*Don't tend to **us** first. There are others in worse condition.*

Use the pronoun **le** to mean *to* or *for you, him,* or *her* and **les** to mean *to* or *for you* (plural) or *them.* Put it before negative commands and after affirmative ones. You may clarify any ambiguity by adding **a** + the person's name.

¡Ponga**le** un suero!	*Give him (or her) an IV.*
¡Ponga**le** un suero **a Roberto!**	*Give Roberto an IV.*
¡No **les** dé pastillas!	*Don't give them any pills.*
¡No **les** dé pastillas **a los pacientes.**	*Don't give the patients any pills.*

Para practicar

A. ¡Los teléfonos otra vez!   You are back on phone duty and must respond to the following statements or questions with polite commands. ¡Tenga Ud. cuidado!

MODELO: Paciente: ¡Estoy nervioso!
Ud: *¡Esté tranquilo!*

1. ¿Busco al policía?
2. ¿Voy por ayuda?
3. ¿Doy mi nombre?
4. ¿Empiezo la resucitación cardiopulmonar?
5. ¿Vuelvo al hospital?
6. ¡Tengo miedo!
7. ¿Pago la ambulancia?
8. ¿Inmovilizo la pierna?
9. ¿Le toco la herida con las manos sucias?
10. ¿Les explico el problema ahora?

B. Un accidente.   You are the first on the scene of a car accident. Many people want to help. Use the following list of verbs to give appropriate commands to the bystanders. Add any words necessary to complete the thought.

MODELO: Buscar…
Busque un teléfono.

1.	Llamar…	6.	Hablar…
2.	Poner…	7.	Esperar…
3.	Ir…	8.	Preguntar…
4.	Cubrir…	9.	Dar…
5.	Venir…	10.	Estar…

C. Con un amigo.   Role-play the following situations with a friend. One of you will be a nurse on duty and the other will call about the emergencies listed below. The nurse will give three suggestions to the caller. Do two situations and change roles for the next two.

MODELO: Una señora llama porque tiene dolor en el pecho.
E1: *Necesito ayuda. Tengo dolor en el pecho.*
E2: *1. Tome aspirina.*
    2. Pida una ambulancia.
    3. No hable.

1. Un taxista llama porque una señora va a tener un bebé en un taxi.
2. Una maestra llama porque un niño de ocho años tiene la pierna fracturada.
3. Una señora llama porque su marido está muy borracho.
4. Un hombre hipocondríaco llama porque tiene la gripe.

Módulo 2

En la sala de urgencias

A. ¿Cómo se dice?   Choose the correct Spanish word to complete the following.

1. La marca visible—años después—de una herida profunda en la piel: _____

2. El médico que opera para crear la belleza personal: _____

3. La parte del hospital donde están las víctimas del trauma: _____

4. El médico cierra una herida profunda con éstos: _____

5. Ésta normalmente es buena para los niños y mala para los médicos: _____

B. ¿Qué hace?   Complete the following statements with the correct verb. ¡OJO! Some verbs may be from previous lessons.

1. El paramédico _____ a la paciente al hospital en la ambulancia.

2. Es importante _____ muchas radiografías para saber que no hay fracturas.

3. El médico necesita _____ la verdad a la familia.

4. Para _____ la herida, el cirujano plástico va a poner más de 100 puntos.

5. En la radiografía, el médico puede _____ si hay una fractura.

6. La enfermera dice que hay una emergencia y el médico tiene que _____ al hospital.

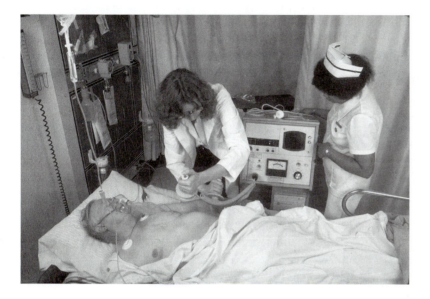

Sarita en la sala de urgencias

La doctora Abril y el enfermero Durán atienden a Sarita.

DRA. ABRIL: ¿Hay alguien aquí con Ud., Sarita?

SARITA: No, no hay nadie aquí ahora. Mi mamá está hablando con el policía y va a regresar pronto.

DRA. ABRIL: Está bien. En este momento no veo nada grave, pero no quiero ninguna sorpresa. Vamos a sacar algunas radiografías de la cabeza y de la espalda. Si no veo nada más, vamos a ponerle unos puntos para cerrar la herida de la cara.

SARITA: ¿Voy a tener una cicatriz fea?

DRA. ABRIL: No, a mí tampoco me gustan las cicatrices. No se preocupe por
nada. Yo soy una buena cirujana plástica. En unos meses, sus amigos
no van a creer que tenía una herida tan profunda. Enfermero
Durán, por favor, lleve a Sarita al Departamento de Radiología.
Dígales que no tenemos tiempo para perder porque quiero
examinar la herida lo más pronto posible y ver la condición de la
fractura de las costillas.

C. ¿Comprende usted?   Read the following sentences based on the dialogue
and decide whether each is Cierta **(C)** or Falsa **(F).** If you find incorrect
information, correct it.

1. _____ La madre de la paciente está hablando con el policía.

2. _____ Sarita tiene una fractura en el cráneo.

3. _____ Van a sacar radiografías de los brazos.

4. _____ Va a tener una cicatriz fea.

5. _____ A la doctora le gustan las sorpresas.

6. _____ La doctora no ve nada grave en ese momento.

D. ¿Eso pasa?   Decide how often you or someone you know does the
activities listed—always, sometimes, or never. Use the words in the box in
your answer.

alguien	nadie	siempre	nunca	algunas veces

1. Toma penicilina en caso de infección.
2. Va en ambulancia a la escuela todos los días.
3. Habla con el médico por teléfono una vez al año.
4. Va al hospital para hacerse una radiografía después de un accidente de
moto.
5. Necesita puntos para cerrarle la herida.
6. Tiene un brazo fracturado después de jugar a básquetbol.

E. ¡Un terremoto!   Read the instructions from the Red Cross on how to survive an earthquake. Have you ever experienced one? Decide which suggestions you followed or would follow in such a circumstance. Compare your choices with a classmate.

MODELO: *Es importante no usar el teléfono, excepto para una emergencia real.*

✔ ➕ **CRUZ ROJA AMERICANA**

LISTA DE SUPERVIVENCIA
PARA TERREMOTOS Y DESASTRES

Durante un terremoto:
1. Si usted está adentro, colóquese debajo de una mesa o escritorio. Tenga cuidado de las cosas que caen y de los objetos que vuelan por el aire. Permanezca lejos de las ventanas.
2. Si usted está afuera, muévase a un área amplia, lejos de edificios, árboles, postes de luz, paredes de ladrillo o de bloques y otros objetos que puedan caer.
3. Si usted está en un automóvil, pare y permanezca en él hasta que la sacudida pase. Evite parar debajo o cerca de árboles y líneas de la luz o bajo pasos a desnivel *(overpasses)*.
4. Si usted está en un edificio alto, colóquese debajo de un escritorio. No use el ascensor para salir—use las escaleras.
5. Si usted está en un almacén, busque protección debajo de una mesa o de cualquier objeto pesado. Evite pararse debajo de cualquier cosa que pueda caer.

Después de un terremoto:
1. Use zapatos fuertes para evitar heridas al caminar sobre vidrios y deshechos.
2. Busque heridos y dé primeros auxilios.
3. Protéjase contra posibles incendios y sus peligros:
   • Si huele a gas o sospecha un escape, cierre la válvula principal, abra las ventanas y salga de la casa.
   • Si sospecha escapes de agua, cierre la llave principal.
   • Si sospecha de daños en el sistema de electricidad, cierre el circuito principal o retire los fusibles.
4. Prenda el radio y escuche las instrucciones.
5. No toque líneas caídas de la luz.
6. Haga limpieza de todo material potencialmente peligroso.
7. Inspeccione las tuberías antes de usar los baños.
8. Chequee la casa por daños en el techo, chimenea, etc.
9. No use el teléfono, excepto para una emergencia real.
10. Esté preparado para temblores recurrentes.
11. Abra los armarios cuidadosamente.
12. Coopere con las autoridades de seguridad pública.

Si usted tiene que evacuar:
1. Ponga en sitio visible un mensaje haciendo saber el lugar donde usted puede ser localizado.
2. Lleve con usted lo siguiente:
   • medicina y equipo de primeros auxilios
   • linterna, radio y baterías
   • papeles importantes y dinero
   • comida, sacos para dormir, cobijas y ropa extra

F. El programa *ER*. You and two classmates are writers for the popular television show *ER*. The next episode will be patients arriving at the emergency room following an earthquake. Prepare orders for the hospital staff to treat each patient.

Nombre del paciente: Yolanda González
Sexo: F **Edad:** 47
Síntomas: mucho dolor en el brazo derecho
Instrucciones: Inmovilice el brazo.
Dele una inyección para el dolor.
Llévela al Departamento de Radiología.

Nombre del paciente: Arturito Sandford
Sexo: M **Edad:** 8
Síntomas: corte en la cabeza con mucha sangre
Instrucciones:

Nombre del paciente: Roberto Arce
Sexo: M **Edad:** 60
Síntomas: corazón late rápidamente, le duele el pecho
Instrucciones:

Estructuras   *Expressing negative ideas: Las expresiones afirmativas y negativas*

- In Spanish, sentences are made negative by placing either **no** or a negative expression before the verb. The following affirmative expressions must be changed to their negative equivalents if one part of the sentence is negative:

alguien	*somebody*	**nadie**	*nobody*
algo	*something*	**nada**	*nothing*
también	*also*	**tampoco**	*neither*
siempre	*always*	**nunca**	*never*

—¿Ve Ud. **algo** grave en la radiografía?	*Do you see anything serious in the X-ray?*
—**No** veo **nada** grave.	*I don't see anything serious.*
—¿Ve **algo** en la radiografía de la cabeza?	*Do you see anything in the X-ray of her head?*
—No, **no** veo **nada** allí **tampoco**.	*No, I don't see anything there either.*
—¿Hay **alguien de** su familia a quien yo pueda llamar?	*Is there someone in your family I can call?*
—**No** hay **nadie** en casa ahora.	*No one is at home now.*
—Si **no** hay **nadie** ahora, puedo llamar más tarde.	*If nobody is there now, I can call later.*

Para practicar

A. Siempre, a veces, nunca…   Tell how often you do the following:

MODELO: Ver accidentes en la calle
A veces veo accidentes en la calle.

1.   Ir al hospital con un corte en el dedo
2.   Pedir una ambulancia para ir a la escuela
3.   Dar primeros auxilios a las víctimas de un accidente
4.   Tomar la presión y la temperatura de una persona
5.   Llamar al 911
6.   Comer en la cafetería del hospital

B. La paciente impaciente.   Nurse Esquivel has his hands full with this patient. How will he respond to her complaints?

MODELO: —**Nunca** está cuando necesito algo.
   —**Siempre** *estoy cuando necesita algo.*

1.   *Nunca* hay *nadie* para contestar mis preguntas.
2.   Los enfermeros *siempre* son antipáticos.
3.   *Nunca* hay *nada* bueno para comer.
4.   *Siempre* hay insectos en mi comida.
5.   *También* hay insectos en el agua.
6.   *Alguien* necesita estar en mi cuarto 24 horas al día.
7.   Hay *algo* en la camilla.
8.   *Nadie* sabe dónde estoy.

C. Siempre o nunca. . .   With a partner, create a list of five commands for things that people should always do to help victims and five things that they should never do.

MODELO: *Siempre llame al 911.*
   Nunca mueva a la víctima.

Módulo 2

Algunos efectos secundarios

A. ¿Cómo se dice?   Choose the correct Spanish word to complete the following.

1. ¿Cómo se siente una persona que toma cinco cervezas, siete margaritas y una botella de ron *(rum)?* _____

2. La diagnosis: pierna fracturada. Ahora la pierna está _____.

3. Éstas se usan para ayudar a una persona herida a caminar: _____.

4. Éste es un buen transporte para una persona que no debe caminar: _____.

5. El médico le da esto al paciente antes de la cirugía: _____.

B. ¿Cómo se siente? Complete these statements with the most logical verb. ¡OJO! Some of the verbs will be used in the infinitive form; others must be conjugated.

1. Cuando uso la computadora todo el día me _____ los ojos.

2. Me duele mucho la pierna. No puedo _____ sin las muletas.

3. Cuando una persona _____, primero abre los ojos.

4. Si la prognosis es buena y no hay complicaciones, el paciente sabe que todo _____.

5. Los pacientes necesitan _____ bien cuando el médico les da instrucciones.

Después de la cirugía

The orthopedic surgeon is talking to Sarita's mother, señora Suárez, after the surgery on Sarita's leg.

DR. ALCARAZ: Señora, las noticias son buenas. Sarita está descansando en la sala de recuperación hasta despertar de la anestesia. Va a estar mareada y desorientada, pero está muy bien.

SRA. SUÁREZ: ¡Qué alivio! ¿Qué tiene, doctor?

DR. ALCARAZ: Además de la costilla fracturada, hay un hueso fracturado en la pierna. La pierna ya está enyesada para inmovilizarla.

SRA. SUÁREZ: ¿Es posible verla? Quiero estar a su lado cuando se despierte. ¿Cuándo puede volver a casa?

DR. ALCARAZ: Claro que puede esperar con ella. A veces la anestesia tiene algunos efectos secundarios. Vamos a observarla esta noche y mañana, si no hay ninguna complicación, puede ir a casa.

SRA. SUÁREZ: ¿Y usted no ve ningún problema permanente?

DR. ALCARAZ: En este momento, no—si se conforma con estas cuatro condiciones: Una, guardar cama por lo menos una semana; dos, usar una silla de ruedas por un par de semanas; tres, caminar con muletas por unas seis semanas; y cuatro, no jugar al fútbol por dos meses.

C. ¿Comprende usted? Answer the following questions based on the dialogue.

1. ¿Con quién habla la señora Suárez?

2. ¿Dónde está Sarita?

3. ¿Hay algunos efectos secundarios por la anestesia?

4. ¿Por qué no va Sarita a la casa hasta mañana?

5. ¿Hay algunos problemas permanentes?

6. ¿Cuáles son las cuatro condiciones que pone el Dr. Alcaraz?

D. El médico dice... Match the doctor's recommendation to the medical situation indicated.

1.	Use una silla de ruedas.	**a.**	Tiene la pierna fracturada.
2.	Tome penicilina.	**b.**	Se siente mareado.
3.	Llame al 911.	**c.**	Tiene dolor en el pie.
4.	Haga los ejercicios todos los días.	**d.**	Hay un señor inconsciente en su carro.
5.	Presione para parar la hemorragia.		
6.	No mueva al herido.	**e.**	Tiene una infección de oído.
7.	Camine con muletas.	**f.**	Necesita terapia física.
8.	Siéntese.	**g.**	Sale sangre por una herida en la cabeza.

E. Cómo usar muletas. Have you ever had to use crutches? Read the information and discuss with a classmate which activities caused you the greatest difficulty. If you've never used crutches, base your opinions on imagination or on what you've observed.

CÓMO USAR MULETAS

Precauciones
1. No recueste las axilas sobre las muletas.
2. Asegúrese de que las muletas estén firmes en el piso antes de mover los pies.
3. Tenga cuidado con superficies irregulares. Evite superficies resbaladizas. Recoja alfombras *(carpets)* y tapetes sueltos *(throw rugs)* del piso.
4. Camine despacio. Gire lentamente.
5. Sostenga el peso de su pierna accidentada/operada como le indicó su médico.

Pararse y sentarse
1. Mueva la pierna accidentada hacia el frente.
2. Ponga las muletas a un lado agarrándolas por el mango.
3. Con la mano libre, empújese de la silla o cama para pararse y agárrese de la silla o cama para sentarse.

Caminar
1. Para mantener el balance, mantenga su posición en forma de trípode, con cada muleta seis pulgadas hacia el frente y seis pulgadas hacia afuera.
2. Mueva ambas muletas hacia el frente.
3. Mueva la pierna accidentada hacia el frente.
4. Empuje hacia abajo en los mangos de las muletas, apretando las muletas hacia su costado a la vez que avanza la pierna fuerte.

Escaleras
1. Ponga los pies y las muletas cerca del primer escalón.
2. Empuje hacia abajo en los mangos de las muletas y mueva la pierna fuerte sobre el escalón.
3. Mueva las muletas y la pierna accidentada sobre el escalón.
4. Para bajar el escalón, ponga su pierna fuerte cerca de la orilla del escalón.
5. Ponga las muletas y la pierna accidentada abajo, en el próximo escalón.
6. Empuje hacia abajo en los mangos de las muletas, con la pierna fuerte sobre el escalón.

F. Entrevista. Interview a classmate about his/her symptoms using the following questions.

1. ¿Dónde tiene Ud. dolor? ¿Le duele la cabeza? ¿El estómago?
2. ¿Este problema es algo nuevo para Ud.? ¿Siempre tiene los mismos *(same)* síntomas?
3. ¿Cuál es la recomendación de su doctor en este caso? ¿Necesita medicamentos? ¿Ud. es alérgico/a a alguna medicina?
4. ¿Siempre hace ejercicios? ¿Algunas veces está resfriado/a o con gripe?

Estructuras   *Más sobre las expresiones negativas*

- **Alguno** and **ninguno** are usually used before a noun and must agree in number and gender with the noun they describe. **Ningún/ninguno/a** literally means *not even one.* To indicate "there aren't any…" both the noun and **ningún/ninguno/a** become singular.

Hay algun**os** herid**os**.	*There are some injured persons.*
No hay ning**ún** herid**o**.	*There are no injured people. (There's not even one injured person.)*

- **Algún** and **ningún** are used before masculine singular nouns. **Ninguno/a** is not used in the plural unless no singular form of the noun exists: (e.g. **pantalones, tijeras***)*

Algunos miembros de la familia están en la cafetería.	*Some family members are in the cafeteria.*
No hay **ningún miembro** de la familia aquí.	*There are no family members here. (not even one)*
Le voy a sacar **algunas radiografías** de la fractura.	*I'm going to take a few X-rays of the fracture.*
No le voy a sacar **ninguna radiografía.**	*I'm not going to take a single X-ray.*
Necesito **unas tijeras** *(scissors).*	*I need some scissors.*
No veo **ningunas tijeras.**	*I don't see any scissors.*

Para practicar

A. ¿Tiene usted?   Tell whether or not you have any of the following right now.

MODELO: alguna herida profunda…
No tengo ninguna herida profunda.

1. algunos amigos con problemas del corazón
2. algunas medicinas para el dolor
3. algún amigo en el hospital

4. algunos pacientes que no hablan inglés

5. algo importante que hacer mañana

6. algunos puntos para cerrar una herida

B. En el hospital. Change the italicized words to describe the opposite situation.

MODELO: Voy a tener *algunas* cicatrices feas.
No voy a tener ninguna cicatriz fea.

I. Yo *siempre* voy al hospital cuando tengo dolor de cabeza.

2. Tengo *algunos amigos* que toman drogas ilegales.

3. *Algunas enfermeras* les gritan *(yell)* a los pacientes.

4. *Nunca* comemos en la cafetería del hospital.

5. Los médicos tienen *algunas pastillas* para el dolor.

6. *Nunca* hay *nada* para leer en la sala de espera.

7. *Siempre* hay champaña con las comidas.

8. *Siempre* hay cerveza *también*.

9. No tengo *ninguna radiografía* de las fracturas. (¡OJO!)

10. Necesito *unas tijeras* para cortar los pantalones.

C. En la sala de urgencias. A nurse and you are in the emergency room treating a patient with multiple injuries. The pressure is on and there is no time to lose. The nurse will ask you if you need the first five items to perform your medical magic, and you will answer in the affirmative or in the negative. Switch roles for the next five.

MODELO: radiografías
Enfermero/a: *¿Necesita alguna radiografía?*
Doctor/a: *No, no necesito ninguna radiografía.*

I. muletas

2. tijeras

3. gatos

4. inyecciones

5. instrucciones

6. refrescos

7. aspirinas

8. antibióticos

9. problemas

10. pacientes borrachos

Vocabulario Módulo I

Sustantivos

el accidente	*accident*	**el/la chofer**	*driver*
la bicicleta	*bicycle*	**la cosa**	*thing*
la calle	*street*	**la costilla**	*rib*
la camilla	*stretcher*	**la emergencia**	*emergency*
el carro	*car*	**la familia**	*family*

el fluido	fluid	la persona	person
la forma	form	el personal	personnel
la hemorragia	hemorrhage	la presión	pressure
la herida	wound	la resucitación	
el hueso	bone	cardiopulmonar	CPR
la identificación	identification	el suero	saline solution
el maletero	trunk	la toalla	towel
el medio	half	el transporte	transportation
el/la niño/a	child	la vena	vein
el/la operador/a	operator	la víctima	victim
la pastilla	pill		

Verbos

asegurar	to assure	faltar	to lack, be missing
atropellar	to run over	inmovilizar	to immobilize
colocar	to place	mandar	to send, order
contestar	to answer	manejar	to drive
cubrir	to cover	mantener (ie) (g)	to maintain
doler (ue)	to hurt, cause pain	ocurrir	to occur
		parecer (zc)	to seem
enviar	to send	preguntar	to ask
estar en camino	to be on the way	presionar	to apply pressure

Adjetivos

completo/a	complete	interno/a	internal
desinfectante	disinfectant	personal	personal
difícil	difficult	primero/a	first
físico/a	physical	roto/a	broken
herido/a	injured	sólido/a	solid
horrible	horrible	vital	vital
húmedo/a	damp, humid		

Otras expresiones

ahora mismo	right now	hubo	there was, were
allí	there	por medio de	by means of
¡Auxilio!	Help!	rápidamente	rapidly
cerca (de)	near	¡Socorro!	Help!
cuanto antes	as soon as possible	tener cuidado	to be careful
frente a	in front of	todavía	still, yet

Módulo 2

Sustantivos

el alivio	relief	las muletas	crutches
el almacén	department store, warehouse	el peligro	danger
		la penicilina	penicillin
la anestesia	anesthesia	las pesas	free weights
el ascensor	elevator	la piel	skin
la belleza	beauty	el piso	floor
la botella	bottle	el (la mujer) policía	police officer
la cerveza	beer		
la cicatriz	scar	la precaución	precaution
la cirugía	surgery	el punto	stitch
el/la cirujano/a	surgeon	la recuperación	recuperation
la complicación	complication	la ropa	clothing
la computadora	computer	la sacudida	shaking
el costado	side	la sala de urgencias	emergency room
el cráneo	cranium		
el cuarto	room	la salida	exit
el desagüe	drainage system	la seguridad	safety
el desastre	disaster	la silla	chair
la diagnosis	diagnosis	la silla de ruedas	wheelchair
el dinero	money	la sorpresa	surprise
el efecto	effect	la supervivencia	survival
el escritorio	desk	el techo	ceiling, roof
el frente	front	la terapia física	physical therapy
el fútbol	soccer	el terremoto	earthquake
el incendio	fire	el tiempo	time
la infección	infection	el trauma	trauma
el insecto	insect	la ventana	window
la instrucción	instruction	la verdad	truth
la luz	light	la vez	time, occasion
el mango	handle	el vidrio	glass
la mesa	table	el zapato	shoe
la molestia	discomfort	el yeso	plaster
la moto(cicleta)	motorcycle		

Verbos

abrir	to open	**girar**	to turn
agarrar	to grab onto	**lastimar**	to injure
apretar (ie)	to squeeze	**latir**	to beat
avanzar	to advance, move forward	**oler (ue)**	to smell
		operar	to operate
caer (ig)	to fall	**parar**	to stop
chequear	to check	**permanecer (zc)**	to remain
crear	to create	**quitar**	to remove
cuidar	to take care of	**recoger (j)**	to pick up
deslizar	to slide	**recostar (ue)**	to lean
despertarse (ie)	to wake up	**revisar**	to check
doblar	to bend	**sacar**	to take, take out
empujar	to push	**sentarse (ie)**	to sit down
evacuar	to evacuate	**sostener (ie) (g)**	to sustain
evitar	to avoid	**volar (ue)**	to fly

Adjetivos

bueno/a	good	**ortopédico/a**	orthopedic
deshecho/a	shattered	**pesado/a**	heavy
desorientado/a	disoriented	**plástico/a**	plastic
enyesado/a	plastered, in a cast	**profundo/a**	deep
feo/a	ugly	**público/a**	public
firme	solid	**secundario/a**	secondary
izquierdo/a	left	**visible**	visible
mareado/a	dizzy		

Otras expresiones

abajo	down	**lo siguiente**	the following
además	besides	**mañana**	tomorrow
adentro	inside	**nada**	nothing
afuera	outside	**nadie**	nobody
alguien	someone	**ningún, ninguno/a**	none
algún, alguno/a	some		
claro	of course	**nunca**	never
cuidadosamente	carefully	**por fortuna**	fortunately
debajo (de)	underneath	**pronto**	soon
despacio	slow	**salir bien**	to come out fine
en caso de	in case of	**también**	also, too
entonces	then	**tampoco**	neither, either
guardar cama	to stay in bed	**todos los días**	every day
lejos (de)	far (from)	**un par de…**	a pair, couple of …
lentamente	slowly		

Síntesis

A escuchar

Sarita Suárez se está recuperando de su accidente en casa por dos días cuando la doctora Abril llama para ver cómo está. La mamá de Sarita contesta el teléfono.

Tell whether the following statements based on the listening are Cierto **(C)** or Falso **(F).**

I. _____ La madre de Sarita llama a la Dra. Abril.

2. _____ Sarita está contenta y se siente bien.

3. _____ A Sarita le duele la parte de cara donde tiene los puntos.

4. _____ Sarita tiene buen apetito. Quiere comer mucho.

5. _____ La doctora desea visitar a Sarita en casa.

A conversar

Role-play an accident scene with a classmate in which one of you is a nurse, the other a wounded motorist. Discuss the injuries and decide whether an ambulance should be called or whether the patient is able to drive himself/herself to the hospital. Does he/she need to see a doctor?

A leer

LOS PELIGROS DE UN TERREMOTO

En un terremoto, el movimiento de la tierra en sí raramente es la causa directa de muertos y heridos. La mayoría de las víctimas se debe a la caída de diversidad de escombros *(rubble)*, pues los temblores pueden sacudir, dañar o demoler edificios y otras estructuras. Los terremotos también pueden causar derrumbes, al igual que generar maremotos (olas sísmicas) que pueden causar graves daños.

Los accidentes personales comúnmente son causados por:

1. Derrumbes parciales de edificios: caída de chimeneas, ladrillos, cornisas, paredes, cielos rasos, avisos luminosos, etc.
2. Caída de vidrios rotos de ventanas, que especialmente cuando vienen de edificios altos, son peligrosos.
3. Caída de bibliotecas, muebles y otros objetos colocados en partes altas.
4. Incendios causados por chimeneas rotas, tuberías de gas en malas condiciones, cables de la luz expuestos a cortocircuitos. El peligro puede ser más grave por falta de agua a causa de daños en las tuberías principales.
5. Cables de la luz y de líneas de teléfono caídos.
6. Desórdenes provocados por el pánico.

¿Comprende usted? Prepare a list of five causes of accidents following an earthquake. Use your own words to explain; don't just copy from the reading selection. Does the actual earthquake usually cause death or injury?

MODELO: *1. El vidrio de ventanas rotas puede causar heridas.*

A escribir

You are a physical therapist. Prepare a list of five commands for your patient who is suffering from whiplash caused by a rear-end collision. Compare your list with a partner's.

Algo más

Consultas Transporte Artículos médicos SAMUEM
Urgencias Crónicos Favoritos Buscar
Cursos Agenda

SAM Urgencias Médicas

Principal — Arriba — Contenido — Buscar — Contactos — Bolsa de trabajo

SAM ha finalizado el año con 35.000 actos de urgencia médica y con 25.000 actos de enfermería

Disponemos de un equipo de 45 médicos, ocho enfermeros especializados y cuatro bases en extrarradio compuestas por 50 médicos más, que ofrecen un servicio permanente en el área de Urgencias y Emergencias en la provincia de Barcelona y en el resto de Cataluña.

Nuestro tiempo de respuesta en Urgencias en nuestra área de cobertura es de unos 45 minutos y en el supuesto de necesitar un vehículo de transporte, les proporcionamos una ambulancia en menos de diez minutos.

Nuestros médicos están **altamente especializados en la atención urgente y de emergencia**. La atención a domicilio incluye exploración, orientación diagnóstica e inicio del tratamiento en el mismo domicilio con la administración de medicamentos y posterior prescripción para su mantenimiento.

Nuestro equipo de Enfermería está especializado en la atención domiciliaria y presta sus cuidados en la administración de inyectables, curas complejas y sondas de todo tipo. Su presencia dentro de nuestra área de cobertura está garantizada también las 24 horas.

Transporte medicalizado de pacientes críticos

Nuestro *Call Center* recibe llamadas de los centros hospitalarios para el traslado de pacientes graves y/o críticos de un hospital a otro, o de un domicilio hasta el hospital (infartos, accidentes vasculares cerebrales, politraumatizados, patologías médicas agudas, etc.).

Nuestros equipos asistenciales están formados por un médico especializado y una enfermera.

Antes de realizar un transporte medicalizado por unidad móvil de cuidados intensivos, helicóptero o avión medicalizado, se garantiza la estabilidad del paciente durante el traslado.

Este tipo de servicios los puede pedir tanto un particular como un centro hospitalario siendo condición indispensable establecer, de manera previa al traslado, una identificación de la patología y su estabilidad por medio de contacto con el médico del paciente.
En 1998 efectuamos 675 transportes medicalizados

Formulario de petición de información
Si está interesado en este servicio, no dude en solicitar más información.

En mis propias palabras. Discuss the differences in medical treatment commonly found in the United States and in this emergency article from Spain. Are house calls common? When a patient is admitted to a hospital emergency room, who generally accompanies him/her? Does the extended family, including aunts, uncles, and cousins, usually arrive also? How is the patient transported to the medical facility?

A buscar

Search for information on the Internet in Spanish about emergency care. Can you find airborne ambulance service that will transport you back to the United States should you be injured in a foreign country? What other information was found? Print a copy of an interesting piece and bring it to class. Be prepared to briefly discuss your find. Has anyone in class required medical care while traveling abroad? If so, what was the outcome of the emergency?

$\mathcal{L}$ECCIÓN 6

Repaso I

Lección 1: Una visita al médico
- La hora
- **Ser** + adjetivos
- Los artículos
- Las preguntas

Lección 2: El cuerpo humano
- Más sobre los adjetivos
- Los verbos que terminan en **-ar**
- Los verbos que terminan en **-er, -ir**
- Expresiones con **tener** y **estar**

Lección 3: Las dolencias
- El presente progresivo
- **Ser** vs. **estar**
- El verbo **ir** y el futuro inmediato
- Verbos irregulares en el presente

Lección 4: Las enfermedades graves
- Los adjetivos posesivos
- Los verbos con cambios de raíz
- Los comparativos
- Los superlativos

Lección 5: ¡Emergencia!
- Los mandatos formales
- Los mandatos irregulares/con cambios ortográficos/con pronombres de objeto indirecto
- Las expresiones afirmativas y negativas
- Más sobre las expresiones negativas

Lección 1

Una visita al médico

Módulo I

A. El/La interno/a. You're interning with a physician who feels that it is essential for you to know all facets of office routine. So, you're now charged with obtaining basic patient history. Write the question you would ask in order to get the information provided.

MODELO: 37 años

¿Cuántos años tiene Ud.?

1. 5 pies, 2 pulgadas (1.66 metros)
2. 110 libras (50 kilos)
3. 115/85
4. normal, 75; después de hacer ejercicio aeróbico, 120
5. 98.6°
6. sí, a la penicilina
7. Mi papá es diabético.
8. No fumo ni tomo alcohol.

B. ¡Hola! You are a nurse in a large hospital. It is your job to give patients 15 minutes advance notice before their next test. As you go into each room, greet the patient with the appropriate greeting for the time of day, tell what time it is now, and what time the test will be.

MODELO: 10:05 A.M.

Buenos días. Son las diez y cinco de la mañana. La prueba es a las diez y veinte.

1. 1:05 P.M.
2. 6:15 P.M.
3. 7:00 A.M. on the dot
4. 12 noon
5. 8:30 A.M.
6. 9:55 P.M.

C. En la sala de espera. While anxiously awaiting your turn in the doctor's office, you make the following observations. Use the verb **ser** to link the subjects and verbs, and don't forget to match nouns and adjectives!

MODELO: La sala de espera/moderno

La sala de espera es moderna.

1. Las revistas/viejo
2. Las recepcionistas/simpático
3. Los médicos/eficiente
4. El enfermero/guapo
5. Las pinturas/interesante
6. El café/fuerte
7. El sistema telefónico/complicado
8. La espera/largo

D. Problemas, problemas.   You are the receptionist in a busy doctor's office and you've scheduled two patients for the same time slot. Help sort out the confusion by completing the information on each—interview two classmates to fill in the form.

Apellido(s)_____

Nombre_____

Dirección_____

Ciudad_____   Código postal_____

Estado_____

Teléfono_____

Estado civil_____   Edad_____

Fecha de nacimiento_____   Sexo_____

Profesión_____

Compañía de seguros_____

Número de póliza_____

Número de Seguro Social _____-_____-_____

Apellido(s)_____

Nombre_____

Dirección_____

Ciudad_____

Estado_____   Código postal_____

Teléfono_____

Estado civil_____

Fecha de nacimiento_____   Edad_____

Profesión_____   Sexo_____

Compañía de seguros_____

Número de póliza_____

Número de Seguro Social _____-_____-_____

Módulo 2

A. Otra vez la anatomía.   Your little sister has agreed to quiz you on the vocabulary for body parts. First, she points to a part on her favorite Barbie doll; then she describes a part that you must identify. Can you?

1.   Al comer, la comida entra en la _____, pasa por la _____ y

   termina en el _____.

2.   En una silla, me siento en las _____.

3.   Pongo mis lentes de contacto en los _____.

4.   Un jugador de fútbol tiene muchos _____ fuertes en las _____ y

   usa los _____ para patear la pelota *(kick the ball)*.

5.   Excedrin es una marca popular de medicamento para migrañas, dolores

   severos de _____.

6. Los _____ son necesarios para levantar cosas o jugar al básquetbol.

7. Es común ver a jóvenes hoy en día con varios aretes *(earrings)* en las

_____ .

B. Una consulta virtual. You provide e-mail diagnoses in your community and received a request from a patient to assess his condition. Act as if this were a live, on-line conversation and fill in the question you would ask to get the response provided by the patient.

MODELO: Estoy enfermo.
> *¿Tiene algún síntoma? ¿Tiene fiebre? ¿Dónde tiene dolor?*

1. No tengo apetito.
2. Estoy vomitando.
3. Los síntomas son fiebre y dolor de cabeza.
4. Mis hijos sufren de gripe.
5. Creo que voy a morir del problema.
6. Mi problema es grave.
7. Hay sangre en mis heces *(feces)*.
8. ¡Necesita examinarme!

C. Estudiantes de medicina. It's time for a vocabulary test in your first-year medical class. Can you define the following objects associated with your studies—in Spanish, of course! Be sure to start the definition with the definite article.

MODELO: termómetro
> *El termómetro es para tomar la temperatura.*

1. seguro   **4.** signos vitales
2. profesión   **5.** radiografía
3. apellido   **6.** síntoma

D. La diagnosis. To make a proper diagnosis, you have to ask many questions. Tell what question you would have asked to elicit the following answers—*Jeopardy!* style.

MODELO: Hoy estoy mejor.
> *¿Cómo está usted hoy?*

1. El dolor dura *(lasts)* dos o tres minutos.
2. El dolor está en las piernas.
3. Mis padres saben mi historia clínica.
4. Me duele la garganta.
5. Me duele la garganta más por la mañana.
6. Quiero ver al médico porque estoy enferma.

Lección 2

El cuerpo humano

Módulo I

A. El verdugo (hangman). Remember playing *Hangman?* Can you identify these body parts by their description? Complete each vocabulary word.

1. Se usa el desodorante en esta parte: __ X __ __ __
2. Las huellas *(fingerprints)* son de éstos: __ __ D __ __
3. La parte mas grande de la pierna: M __ __ __ __
4. Una pulsera se pone aquí: __ __ __ __ C __
5. La conexión en el centro del brazo: __ __ __ O
6. El órgano sexual masculino: P __ __ __
7. Une el pecho con el brazo: __ __ __ B __ __
8. Está entre la cabeza y el pecho: __ __ __ LL __
9. Muchas personas van al quiropráctico por problemas aquí:
   __ __ P __ __ D __
10. Otro nombre del estómago: __ __ __ __ M __ N
11. El "botón" de la barriga: O __ __ __ __ G __
12. La conexión entre el pie y la pierna: T __ B __ __ __ __
13. Muchas personas mayores reciben cirugía para reemplazar ésta:
    C __ __ __ __ A
14. Los accidentes de esquí pueden causar problemas con éstas:
    __ __ DI __ __ A __

B. La belleza. As a new receptionist for a cosmetic specialist, you need to be knowledgeable for the clients. Which part of the body would you use these items on?

MODELO: L'Oréal Excellence Crème
   El pelo

1. Maquillaje Clinique
2. Calvin Klein Eternity
3. Acondicionador Infusium 23
4. Laca de uñas Sally Hansen Teflon Tuff
5. Colorete Max Factor "Puro rojo"
6. Delineador de ojos Avon "Negro oscuro"
7. Pasta dental Crest "Puro blanco"
8. Reductor de arrugas *(wrinkles)* St. Ives
9. Pedicura Dr. Scholl's
10. Crema suave Gillette para piel sensible

C. Descripciones.   Supply a logical adjective to complete the symptoms for the following diseases or injuries. There may be more than one possible answer for each.

MODELO: La gripe:

nariz _____

garganta _____

la nariz congestionada; la garganta roja

1. Accidente de bicicleta

tobillo _____

corte _____ en la cara

2. Ataque al corazón

pulso _____

presión de la sangre _____

3. La bronquitis

tos _____

respiración _____

4. La gastritis

estómago _____

fiebre _____

D. La división del trabajo.   You are a nurse making rounds with a team of two doctors. Look at the following list of tasks and tell who does it: **yo (el/la enfermero/a), los médicos, el paciente,** or all of us, **nosotros.**

MODELO: examinar al paciente

Los médicos examinan al paciente.

1. _____ tomar la temperatura

2. _____ escuchar las instrucciones del médico

3. _____ vomitar mucho

4. _____ palpar las glándulas

5. _____ preparar la inyección

6. _____ mirar la radiografía

7. _____ contestar muchas preguntas

8. _____ auscultar el corazón

9. _____ presentar los resultados de las pruebas de sangre

10. _____ mirar la televisión

Módulo 2

A. El verdugo.   Let's play *Hangman* again. Complete these words, all related to internal body parts, or you'll be "hanged."

1.   C _ _ E B _ O
2.   P U _ M Ó _
3.   C _ R A Z _ _
4.   H _ G _ D O
5.   V _ G _ _ A
6.   T E _ T _ C U _ O
7.   O _ A R _ _
8.   I N T _ _ T _ _ O
9.   U T _ R _
10. P _ _ C R E A _
11. V _ J _ G A
12. R _ Ñ _ _

B. ¡¿Otro examen?!   OK, this is the midterm, a timed quiz in anatomy. In five minutes, you must provide as many vocabulary words in Spanish as possible in five minutes that relate to each body system listed. **Uno, dos, tres…¡YA!**

DIGESTIVO	REPRODUCTIVO	NERVIOSO	CIRCULATORIO	RESPIRATORIO
colon				

C. ¿Qué hacen?   Turn the following subjects and verbs into complete sentences by supplying a logical ending.

MODELO: Los médicos/escribir
            Los médicos escriben recetas.

1.   Una persona con gripe/comer
2.   La recepcionista en el consultorio/recibir
3.   En la sala de espera, yo/leer
4.   Mi médico y yo/ver
5.   En el formulario de información personal, los pacientes/escribir
6.   Cuando tenemos el estómago delicado, nosotros/beber

D. Expresiones. Simplify the following situations for the doctor by using a logical **tener** expression.

MODELO: La paciente necesita más cobijas.
Tiene frío.

1. Después de no recibir alimentos por dos días, los pacientes quieren comer.
2. Los cirujanos sudan mucho y piden más aire acondicionado.
3. Los estudiantes de anatomía llevan tres días sin dormir.
4. El paciente nació *(was born)* en 1940. (su edad)
5. Al despertar de la anestesia, la niña llora porque quiere agua.
6. En la sala de emergencias, el médico corre para atender al nuevo paciente y no tiene tiempo para charlar.

Lección 3

Las dolencias

Módulo 1

A. Identificación. Can you complete each line with a logical vocabulary word related to ailments?

1. Una persona que tiene frío y está temblando sufre de _____.

2. La aspirina es una posibilidad para _____ un dolor de cabeza.

3. Una infección grave de los pulmones es _____.

4. La penicilina es un tipo de _____.

5. Contact es popular para aliviar los síntomas de _____.

6. Robitussin es un _____ (líquido) que se usa para curar una

_____.

7. Estoy resfriado y tengo frío, ¿hay más _____ para la cama?

B. Emparejar. Match the columns to achieve logical pairs as related to first-aid situations.

1.	hinchazón	**a.**	Valium
2.	ojo morado	**b.**	Me golpeó. *(He hit me.)*
3.	lesión	**c.**	una venda Band-Aid
4.	tranquilizante	**d.**	mareado
5.	aturdido	**e.**	volver en sí
6.	torcido	**f.**	hielo
7.	fractura	**g.**	enyesar
8.	corte	**h.**	cigarrillos
9.	quemadura	**i.**	rasurarse *(shave)*
10.	inconsciente	**j.**	el tobillo después de caminar con zapatos de tacón alto *(high heels)*

C. Modelo de conducta. It is career day at the local high school, and all of the physicians in your practice are being shadowed by future doctors. Your student is particularly curious and wants to know exactly what you are doing at every moment. Answer all of the following questions with a logical response and the present progressive tense.

MODELO: ¿Qué lee usted?
Estoy leyendo la historia clínica de un paciente.

1.	¿Qué escribe?	**5.**	¿Por qué toma aspirina?
2.	¿Qué mira?	**6.**	¿Qué busca en Internet?
3.	¿Qué estudia?	**7.**	¿Dónde pone los instrumentos?
4.	¿Por qué duerme?	**8.**	¿Con quién habla por teléfono?

D. Centro de información. As the assistant to a pediatrician who is also a medical professor at a busy teaching hospital, you are often called on to give information about your boss. Use the correct form of **ser** or **estar** to complete the following answers.

MODELO: El Dr. López. . . en México con su familia.
El Dr. López está en México con su familia.

1. El Dr. . . . de la Argentina.
2. El Dr. y sus estudiantes. . . en la clínica.
3. El Dr. López. . . especialista en medicina para niños.
4. El Dr. López. . . muy cansado después de estar con un paciente toda la noche.
5. Este estetoscopio. . . del Dr. López.
6. La clase del Dr. López. . . a las ocho de la mañana.
7. Los pacientes del Dr. López. . . muy contentos de verlo.
8. El Dr. López y los padres del niño enfermo. . . hablando en el consultorio.

Módulo 2

A. En la sala de urgencia. You have a patient in emergency and you suspect an asthma attack. Write five questions to verify your diagnosis, using some of the vocabulary listed below.

MODELO: *¿Es Ud. alérgico/a a algo?*

alérgico/a	pálido/a	constricción	sensibilidad	recurrente
prolongado/a	humo	asma	me duele(n)...	recuperarse

B. Enfermedades de la niñez.   As an elementary school health assistant, you frequently see cases of measles and chicken pox, not to mention common illnesses such as flu and colds. You're giving an orientation talk to parents about symptoms to look for and are organizing your thoughts. Brainstorm key vocabulary words to start your preparation.

Varicela	Sarampión
ampollas	comezón

Gripe	Catarro

C. ¿Qué va a hacer?   Tell what you are going to do to help in the following situations.

MODELO: Hay un examen mañana en su clase de anatomía. (estudiar)
  Voy a estudiar mucho.

1. No hay aspirina en la casa.
2. El consultorio está sucio.
3. Su hijo necesita permiso médico para jugar al fútbol.
4. Usted tiene la gripe y fiebre.
5. Su mamá tiene un dolor de muelas *(molars)* terrible.
6. Todos los médicos están en una conferencia en otra ciudad y ustedes están solos en la oficina.
7. Ustedes tienen hambre.
8. Hay una emergencia en el hospital, pero es su día libre.

D. ¿Quién o quiénes?   You are a paramedic in an ambulance on the way to the scene of a pedestrian accident. Tell if you **(yo = ambulance driver),** the people on the street **(ellos),** or all of us **(nosotros)** do the following things.

MODELO: oír los gritos de la víctima.
Ellos oyen los gritos de la víctima.

1. conducir rápidamente al lugar del accidente
2. hacer la llamada al 911
3. traer una camilla
4. salir inmediatamente en la ambulancia
5. poner una cobija sobre la víctima
6. saber la ruta más rápida al lugar del accidente
7. poner presión en la herida
8. oír la llamada de la operadora por radio

Lección 4

Las enfermedades graves

Módulo 1

A. La diabetes.   As a health-care provider with a large Hispanic patient base, you're concerned about the prevalence of diabetes in that population, so you've decided to give informational chats in the community. Begin organizing your notes by writing down topics you want to include.

MODELO: *parientes con diabetes*
orinar frecuentemente

B. La fortuna.   You're into astrology and have consulted a fortuneteller to look in her crystal ball and offer advice regarding a heart-healthy lifestyle. The problem is her comments aren't separated as to whether they're good **(Bueno)** or bad **(Malo)** for your heart! Read each one and decide if she's offering good or bad advice. Then, add two examples each of your thoughts to help this poor woman learn more.

1. Sentarse en el sofá y no hacer ejercicio
2. Comer frutas y vegetales
3. Caminar todos los días
4. Ser obeso
5. Comer carne roja, comida frita y mucha mantequilla *(butter)*
6. Tener historia familiar de problemas de corazón

7. Sufrir un infarto cardíaco anterior

8. Fumar

9. …

10. …

C. Posesión.   Use the appropriate form of the possessive adjectives **mi(s),** **tu(s), su(s),** or **nuestro/a/os/as** to describe the relationships that follow.

MODELO: Tengo un tío con diabetes.   _Mi_ tío tiene diabetes.

1. Ustedes tienen un abuelo viejo.   _____ abuelo es viejo.

2. Nosotros tenemos dos amigas   _____ amigas son obesas.
obesas.

3. Elena tiene varios parientes que   _____ parientes son médicos.
son médicos.

4. Tú tienes un hermano con SIDA.   _____ hermano tiene SIDA.

5. Ellos tienen una clínica en México.   _____ clínica está en México.

6. Ellos tienen dos clínicas en México.   _____ clínicas están en México.

7. Usted tiene una clínica en   _____ clínica está en Guadalajara.
Guadalajara.

8. Usted tiene dos clínicas en   _____ clínicas están en Guadalajara.
Guadalajara.

D. Personas diferentes.   You and your friend Eduardo are just the opposite of our two medical students, Juan and Lucía. Explain how by finishing the following sentences.

MODELO: dormir mucho.
        Eduardo y yo dormimos mucho. Juan y Lucía duermen poco.

1. preferir los donuts a las ensaladas
2. volver tarde de la biblioteca
3. siempre perder las notas de clase
4. almorzar en la casa
5. empezar el día temprano
6. pedir dinero
7. querer ser médicos
8. decir siempre la verdad

Módulo 2

A. La detección temprana.   Health experts agree that most cancers can be cured if detected early. You are responsible for a publicity campaign through the local public health clinics to increase awareness. Prepare a poster to be posted at each facility using these types of cancer. Provide at least two information items for each type.

Cáncer de colon y recto	Cáncer de piel	Cáncer de próstata	Cáncer de pulmón	Cáncer de los testículos	Cáncer de los senos
				Este tipo de cáncer afecta a los órganos de reproducción masculinos. Examine sus testículos una vez al mes.	

B. El SIDA.   AIDS is a disease that has specific vocabulary related to it. Can you complete these words?

1. C _ _ D Ó _

2. J _ _ _ _ G A

3. _ I R _ _

4. H _ M _ S _ X _ A _

5. V _ _

6. S _ _ O   S _ _ _ R O

7. D _ _ G _

8. S _ M _ N

9. C O N T _ _ _ R

10. _ _ _ T E G _ _ _ _

C. Los centros médicos.   In my city, there are two excellent medical facilities. One is a large university teaching hospital; the other is a small, exclusive clinic. Using the following list, make at least three comparative statements of equality **(tan/tanto… como)** and three statements of inequality **(más… que, menos… que).**

El Hospital Universitario	**La Clínica de los Milagros**
100 pacientes con cáncer moderno	50 pacientes con cáncer moderno ·
500 camas	300 camas
300 empleados	300 empleados
sala de emergencias grande	sala de emergencias pequeña
cafetería mala	restaurante excelente
50 estudiantes de medicina	2 estudiantes de medicina
2 cirujanos plásticos	2 cirujanos plásticos

MODELO: estudiantes de medicina
El Hospital Universitario tiene más estudiantes de medicina que la Clínica de los Milagros.

D. La mejor medicina de la ciudad.   Using the chart above, draw three conclusions about the best and worst medical service in town. Then use a sentence with **–ísimo/a/os/as** to explain.

MODELO: *La Clínica de los Milagros tiene la mejor comida de la ciudad. La comida es buenísima.*

Lección 5

¡Emergencia!

Módulo 1

A. El/La nuevo/a paramédico/a.   This is your first emergency call as a newly certified paramedic, and you have to respond to the situation in Spanish! Your mentor, the ambulance driver, will give you commands—can you interpret them? Match the commands on page 174 with their English equivalents.

1. Cubra a la víctima con una cobija.	**a.** Look for his identification.
2. Presione con la toalla en la herida de la cara.	**b.** Call the hospital to tell them of our arrival.
3. Tome la presión arterial.	**c.** Bring the stretcher.
4. Empiece un suero.	**d.** Cover the victim with a blanket.
5. Ausculte el corazón.	
6. No mueva a la víctima.	**e.** Start an IV.
7. Traiga la camilla.	**f.** Administer CPR.
8. Busque su identificación.	**g.** Apply pressure with a towel to the facial wound.
9. Administre resucitación cardiopulmonar.	**h.** Don't move the victim.
10. Llame al hospital para avisarles de nuestra llegada.	**i.** Take his blood pressure.
	j. Listen to his heart.

B. Un niño ahogado *(drowned).* As the emergency operator you've just received a 911 call regarding a child in the swimming pool at an apartment complex. Ask five pertinent questions regarding the condition of the victim and assure the caller that emergency personnel are on the way. You might want to inquire about whether there are any visible bruises **(moretones).**

MODELO: *¿El niño está inconsciente?*

C. Los consejos médicos. As a doctor, you frequently give medical advice. Make certain that you give the following advice as politely as possible by using formal commands.

MODELO: no tomar alcohol
No tome usted alcohol.

1. beber mucha agua
2. no fumar
3. practicar el sexo seguro
4. no conducir bajo la influencia del alcohol
5. venir cada año para hacerse un mamograma
6. no mover a la víctima de un accidente
7. poner loción de calamina en una erupción de la piel
8. llamar al 911 en caso de emergencia

D. El accidente. You are a 911 operator, and a witness to a terrible accident is on the line. Give these instructions to the caller in the form of commands.

MODELO: Hablar claramente
Hable claramente.

1. decir la verdad a la policía
2. recordar todos los detalles

3. ir en la ambulancia si es necesario
4. cubrir a la víctima
5. estar tranquilo
6. dar la dirección exacta
7. seguir las instrucciones del paramédico
8. hacer una declaración al policía
9. saber el nombre de la víctima
10. no llorar

Módulo 2

A. En la sala de emergencia. The ambulance has arrived with a man who fell from a cliff, possibly suffering fractures and a concussion, not to mention bruises and lesions. Prepare a six-step action plan for the ER staff to follow for this patient's care.

Armando García-Martínez

MODELO: *Mueva a la víctima a esta cama.*

B. Los efectos secundarios.   Armando is about to be sent home, still bruised and with a broken collar bone. He needs advice on what he should do to continue his recuperation. Read the following, deciding if each is good **(Bueno)** or bad **(Malo).** If the advice is bad, change it to an appropriate suggestion.

1. _____ Juegue a básquetbol con sus amigos.

2. _____ Descanse una semana más antes de volver al trabajo.

3. _____ Lleve un casco *(helmet)* al caminar en las montañas en el futuro.

4. _____ Haga ejercicio aeróbico dos veces al día, empezando hoy.

5. _____ Lleve un teléfono celular en caso de emergencia.

6. _____Vaya siempre con otras personas.

7. _____ Tenga cuidado con las culebras *(snakes)*.

8. _____ Compre mucha cerveza y tequila para sus excursiones.

C. Los dos paramédicos enemigos.   Ernesto and Paloma are two paramedics who are always disagreeing. For every statement that Ernesto makes, give the opposite one that Paloma would make.

MODELO: Siempre llegas tarde al trabajo.
Nunca llego tarde al trabajo.

1. Siempre conduces muy lentamente.
2. Nunca tienes la ambulancia lista para las emergencias.
3. Nunca tienes nada interesante que decir.
4. Algún día vas a ser médico.
5. Todos los días alguien llama con problemas personales.
6. Con frecuencia hay algo irritante en tu voz.

D. ¿Y usted?   Answer these questions from your own point of view.

1. ¿Tiene algunos problemas graves de salud?
2. ¿Necesita algo de la farmacia?
3. ¿Siempre toma toda la medicina que receta el médico?
4. ¿Tiene algo que preguntarle al/a la médico/a?
5. ¿Tiene alguna duda sobre el estado de salud de algún pariente?
6. ¿Hay alguien en la clase con licencia para practicar medicina?

$\mathcal{L}$ECCIÓN 7

La comida y la nutrición

Módulo 1
- ¿Qué debo comer para estar en forma?
- Expressing generalizations, expectations, and passive voice: *Se impersonal*
- ¿Necesito vitaminas?
- The recent past: *Acabar de + infinitivo*

Módulo 2
- ¡No me gusta hacer ejercicio!
- Expressing likes and dislikes: *Gustar*
- Una vida sana
- Numbers: *De cien a millones*

Síntesis
- A escuchar
- A conversar
- A leer
- A escribir

Algo más
- Ventana cultural: El hambre infantil
- A buscar

Módulo 1

¿Qué debo comer para estar en forma?

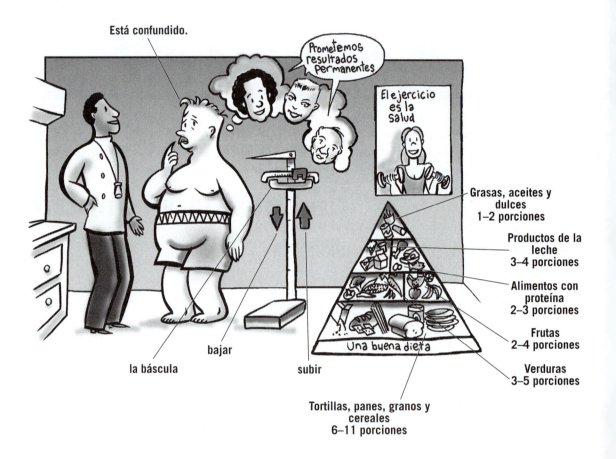

Está confundido.

Prometemos resultados permanentes

El ejercicio es la salud

Grasas, aceites y dulces
1–2 porciones

Productos de la leche
3–4 porciones

Alimentos con proteína
2–3 porciones

Frutas
2–4 porciones

Verduras
3–5 porciones

bajar

la báscula

subir

Una buena dieta

Tortillas, panes, granos y cereales
6–11 porciones

A. ¿Cómo se dice? Escriba la palabra que corresponda a cada una de las definiciones.

1. Un programa de comida seleccionado para remediar un problema médico (o para controlar el peso) es una _____.

2. Un programa de movimiento físico para acelerar el metabolismo, reforzar los músculos y los huesos y llevar oxígeno a los órganos se llama _____.

3. La manteca, la mantequilla y el aceite son tipos de _____.

4. Las pastas, el pan y las papas son ricos en _____.

5. Si usted necesita más _____ en su dieta, puede comer carnes, quesos y huevos.

B. Acciones. Escriba el verbo que corresponda a cada una de estas definiciones.

1. Moverse hacia arriba (⇑)
2. Moverse hacia abajo (⇓)
3. Recibir mucha información contradictoria
4. Hacer promesas de que algo va a suceder y decirlo

Una buena dieta es importante

El señor González habla con su médico, el Dr. García, sobre su bienestar general. El médico acaba de notar que el peso del paciente sigue subiendo.

SR. GONZÁLEZ: Yo sé que necesito controlar mi peso. Es una lucha constante. Ahora peso cinco kilos más, después de seguir la dieta "Zeno" por un mes. Se dice que con la dieta Atkins se baja de peso rápidamente. ¿Qué opina usted?

DR. GARCÍA: No hay una respuesta fácil. Uno se confunde mucho con todas las dietas que se anuncian en los "infomerciales", las revistas y los libros. Se prometen milagros que no pueden ocurrir. Además, muchas de estas dietas son peligrosas si se siguen por mucho tiempo.

SR. GONZÁLEZ: Pues, ¿qué puedo hacer?

DR. GARCÍA: Con el ejercicio diario a veces se elimina la necesidad de seguir una dieta. Y si se combina el ejercicio con comida baja en grasas y proteínas y rica en carbohidratos complejos y verduras, se baja de peso. No se baja rápidamente, sino poco a poco. Así se consiguen resultados que se pueden mantener por mucho tiempo. ¿Le interesa empezar un programa ahora?

C. ¿Comprende usted? Conteste las siguientes preguntas según la información del diálogo.

1. ¿Qué problema tiene el Sr. González?
2. ¿Cuál es el resultado de la dieta "Zeno"?
3. Según el médico, ¿cómo es posible eliminar la necesidad de seguir una dieta?
4. ¿Cuál es el problema con muchas de las dietas que se anuncian en los infomerciales?

D. Consejos fáciles.   Lea los consejos siguientes y después escriba un párrafo de resumen *(summary)* indicando lo más importante del artículo. Incluya por lo menos tres oraciones completas.

MODELO: *Usted debe reducir la cantidad de grasas totales en su dieta, especialmente las grasas saturadas que están relacionadas con altos niveles de colesterol en la sangre.*

¡SU DIETA ES LA CLAVE DE UNA VIDA SALUDABLE!

*T*odos sabemos que es importante mantener una vida saludable, para prolongar la vida y mantener el cuerpo en óptimas condiciones.

Aquí están algunos consejos para mantener una dieta equilibrada y una vida saludable:

• Seleccione carnes magras, blancas, sin grasa y a ser posible, sin piel. Mantenga las raciones adecuadas, sin sobrepasar 6 onzas diarias de carne, pollo o pescado.

• Reduzca el nivel de grasa en general, y en particular la grasa saturada, de su dieta diaria. Este pequeño cambio puede ayudarle a reducir su riesgo de enfermedades cardiovasculares y a controlar los niveles de colesterol en la sangre.

• Escoja productos lácteos con un bajo contenido en grasa. Por ejemplo, yogur descremado en lugar de helado; queso descremado en lugar de mantequilla o leche desnatada en lugar de leche entera.

• Recuerde incluir 5 o 6 raciones de frutas y verduras en su dieta diaria.

• Siempre que sea posible, cocine los alimentos sin utilizar grasas. Es decir, utilice el horno tradicional o el de microondas, ase a la parrilla o utilice pequeñas cantidades de aceite vegetal. Recuerde que el porcentaje total diario de grasas saturadas no debe ser superior al 30% del total de calorías.

E. La mesa redonda.   En grupos de cuatro, hablen de la dieta "perfecta". Cada estudiante debe estar a favor de una dieta diferente para ofrecer un poco de SABOR a la conversación. Es posible que necesiten buscar algunas palabras relacionadas con la comida para presentar bastante información.

MODELO: E1: *Me gusta la dieta del doctor Atkins porque como mucha carne: bistec, tocino, chuletas de cerdo, costillas, pollo frito...*

Estructuras

Expressing generalizations, expectations, and passive voice: *Se impersonal*

■ Use **se** to state generalizations about what is or is not done. Phrases with **se** are expressed in the following ways in English.

Se habla español en aquel hospital.	*They speak Spanish at that hospital.*
	One speaks Spanish at that hospital.
	Spanish is spoken at that hospital.
¿Se toma aspirina para una jaqueca?	*Does one take aspirin for a migraine?*
	Do people take aspirin for a migraine?
	Is aspirin taken for a migraine?
¿Cómo **se dice** "migraña" en inglés?	*How is "migraña" said in English?*
	How do you say "migraña" in English?
	How does one say "migraña" in English?

■ With **se**, use the third person form (**él, ella, ellos, ellas, usted, ustedes**) of the verb. It may be singular or plural, depending on the subject. To make it plural, simply add **–n** to the verb.

Se vende medicina en la farmacia.	*Medicine is sold at the pharmacy.*
Se venden medicinas en la farmacia.	*Medicines are sold at the pharmacy.*
Se come fruta porque tiene vitaminas.	*Fruit is eaten because it contains vitamins.*
Se comen bananas porque tienen potasio.	*Bananas are eaten for the potassium.*

■ Use a singular verb with people introduced by the personal **a** and with infinitive verbs used as subjects, even if referring to more than one person or action.

Se ve a muchas personas haciendo ejercicio en el gimnasio.	*You see many people exercising at the gym.*
Se puede consultar a un dietista por Internet.	*One can consult with a nutritionist on the Internet.*

Para practicar

A. ¿Adónde se va?   Identifique un sitio en su ciudad donde se venden las siguientes cosas.

MODELO: vitaminas
    Se venden vitaminas en la farmacia.

1. aspirina
2. productos dietéticos
3. leche
4. libros con información sobre alimentación
5. termómetros
6. equipo para hacer ejercicio
7. productos de Richard Simmons
8. ropa para hacer ejercicio

B. El extraterrestre.   Usted tiene un visitante de otro planeta que no comprende nuestras costumbres. Explíquele lo que hacemos en este planeta con las siguientes cosas. ¡OJO! Recuerde que puede poner el sujeto antes o después del verbo.

MODELO: el agua
    El agua se toma o *Se toma el agua.*

1. las aspirinas
2. los dietistas
3. las pesas *(free weights)*
4. el termómetro
5. las ensaladas y las frutas
6. la sopa de pollo

C. ¿Qué se hace con...?   Escriba una oración usando **se** para explicar qué se hace con lo siguiente.

MODELO: *Tylenol*
    Se curan los dolores con Tylenol.

1. Crest
2. La dieta Atkins
3. Kleenex
4. Band-Aids
5. Vitamina C
6. Dr. Scholl's
7. Dove
8. Sominex

Módulo 1

¿Necesito vitaminas?

Apoyo para el sistema sanador: vitaminas y minerales que protegen

Vitaminas:
Estos suplementos, apoyados por una dieta sana y ejercicios frecuentes ayudan al cuerpo a combatir las fuerzas destructivas del estrés, de la contaminación ambiental y del proceso natural de envejecimiento.

Vitamina C: para reforzar el sistema inmunológico; ayudar a resistir los resfriados; mejorar la absorción del hierro; antioxidante, para proteger las células contra reacciones a los químicos tóxicos.

Vitamina E: para reforzar el sistema inmunológico; reducir el colesterol; atacar los radicales libres; reducir los riesgos de problemas cardiovasculares; cataratas; cáncer del seno y más.

Vitamina A (betacarotena): para reforzar el sistema inmunológico; mejorar la vista; resistir infecciones respiratorias.

Minerales:
Calcio: con fósforo, para mantener los huesos y los dientes; disminuir el insomnio; controlar la hipertensión.

Selenio: para mantener la elasticidad de los tejidos; proteger la salud de la próstata; mejorar la función del corazón.

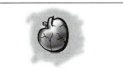

A. ¿Cómo se dice? Escriba la(s) palabra(s) que corresponda(n) a cada una de las definiciones.

1. Dos categorías de suplementos que protegen el cuerpo son las _____ y los _____.

2. El sistema "sanador" es otra manera de nombrar el _____ _____.

3. Para mantener la salud de los huesos y los dientes, el _____ es un mineral importante.

4. Los hombres que quieren proteger la salud de la próstata deben tomar _____.

5. La vitamina que ayuda a proteger la vista es _____.

B. Acciones. Empareje cada acción de la columna A con el sinónimo correspondiente de la columna B.

A   **B**

1. _____ proteger   **a.** conservar

2. _____ mantener   **b.** cuidar

3. _____ reducir   **c.** elevar

4. _____ aumentar   **d.** disminuir

¿Necesito tomar vitaminas?

El Dr. García tiene los resultados de las pruebas del Sr. Héctor González. Las noticias son buenas, pero. . .

DR. GARCÍA: Buenas tardes, Héctor. Acabo de leer los resultados de sus pruebas y todo se ve muy bien. El colesterol está un poco elevado y, como ya sabe, usted tiene que controlar su peso, pero afortunadamente, su estado de salud en general es muy positivo.

SR. GONZÁLEZ: ¡Qué buenas noticias! Acabo de cumplir 50 años y creo que estoy exagerando cada malestar físico hasta imaginar una crisis de salud. Usted, Dr. García, acaba de aliviar mis preocupaciones. Pero a partir de ahora, estoy decidido a cuidarme mucho mejor. ¿Qué puedo hacer para protegerme en el futuro?

DR. GARCÍA: Usted acaba de tomar una decisión importante. Le voy a dar la mejor receta para proteger su salud: 1) organizar un programa sano de comidas, 2) aumentar la frecuencia del ejercicio y 3) reducir el estrés. A su edad también es importante suplementar la comida con varias vitaminas y minerales para fortalecer el sistema sanador. Lea este folleto. Explica lo que debe saber sobre los suplementos claves.

C. ¿Comprende usted?   Conteste las preguntas según la información del diálogo.

1. ¿Cómo es el estado general de salud de Héctor?
2. ¿Qué problemas tiene?
3. ¿Por qué está nervioso Héctor sobre el estado de su salud?
4. ¿Qué decisión toma?
5. ¿Cuáles son las tres recomendaciones que ofrece el Dr. García para proteger la salud?

D. Mi clase de salud.   Tiene que preparar un informe breve, de diez líneas, sobre el valor de ciertas hierbas y medicinas. Escriba su informe usando algunas de las hierbas que siguen, pero también incluya por lo menos cinco que Ud. conoce. Comparta su información con un/a compañero/a.

MODELO: *La vitamina C es excelente para un resfriado.*

Folleto informativo sobre el té y las hierbas medicinales

*E*xisten más de 2.000 plantas medicinales que se usan hoy en día en el mundo. Todos sabemos que el té y las hierbas son importantes para la salud. En México se han usado desde los tiempos de los indígenas y se usan hoy también. Los curanderos conocen sus usos muy bien y este folleto informativo es para servir de referencia en su casa. Si tiene dudas sobre el uso de alguna de estas hierbas, consulte con su médico.

ANÍS—gases, digestión
AZAHAR *(orange blossom)*—nervios, insomnio
COLA DE CABALLO *(horsetail)*—cambio de vida, menopausia
EPAZOTE—parásitos intestinales
EUCALIPTO—asma, angina de pecho
GORDOLOBO—tos, bronquios
JAMAICA—riñones
MANZANILLA *(camomile)*—cstómago
ROMERO *(rosemary)*—dolor de cabeza
YERBABUENA *(mint)*—dolor estomacal

E. La medicina alternativa. Ud. es detective—busque información sobre cómo se usan las hierbas y las vitaminas en la medicina de hoy. Puede entrevistar *(interview)* a un/a amigo/a o pariente, visitar una tienda de comida saludable *(health food store)* o buscar datos escritos. Luego, hable con dos compañeros/as de lo que acaba de averiguar.

MODELO: E1: *Para el dolor de estómago, mi abuela se toma un té de manzanilla.*

Estructuras   The recent past: Acabar de + infinitivo

- To say what you have just done, use the phrase **acabar de** + *infinitive*. Conjugate **acabar** as a regular **-ar** verb.

Yo acabo de hablar con el médico.   *I have just spoken with the doctor.*
El médico acaba de recibir los resultados.   *The doctor has just received the test results.*

Nosotros acabamos de empezar una dieta.   *We have just started a diet.*

Ellos acaban de recibir malas noticias.   *They have just received bad news.*

■ When talking about recently completed acts, you may find it useful to establish "how long ago" the event took place. Use **hace** + *a period of time* to tell how long ago the action happened.

Acabo de hablar con el médico.   *I have just spoken with the doctor.*
¿Cuándo?   *When?*
Hace una hora.   *An hour ago.*

■ Additional time phrases to tell how long ago something happened are:

hace dos días   *two days ago*
hace una semana   *a week ago*

■ The following time phrases express specific moments in time rather than *ago*. **Hacer** is not used with these phrases.

ayer   *yesterday*
anoche   *last night*
anteayer   *the day before yesterday*
la semana pasada   *last week*

Para practicar

A. Los quehaceres.   El Dr. García, su jefe, está muy nervioso hoy. Quiere saber cuándo van a hacer las siguientes tareas *(tasks)* usted y sus compañeros de trabajo. Ustedes son muy eficientes. Use **acabar de** para decirle que todo está bajo control.

MODELO: ¿María va a ir al banco?
María acaba de ir al banco.

1.   ¿José y Pedro van a limpiar la sala de espera?
2.   ¿Usted va a llamar a los pacientes para mañana?
3.   ¿Nosotros vamos a hacer una contribución para el United Way?
4.   ¿Las enfermeras van a preparar las inyecciones?
5.   ¿Los pacientes de ayer van a recibir los resultados de las pruebas de sangre?
6.   ¿La compañía de seguros va a pagar la cuenta del señor González?
7.   ¿La compañía farmacéutica va a mandar las medicinas experimentales?
8.   ¿Los técnicos van a arreglar *(fix)* la computadora?

B. ¿Cuándo?   Acaban de suceder *(happen)* los siguientes eventos. Primero explique lo que pasó usando **acabar de,** y después indique **cuándo.**

MODELO: yo/tomar la medicina/media hora
Yo acabo de tomar la medicina.
¿Cuándo?
Hace media hora.

1. Ellos/ir al médico/dos horas
2. Nosotros/comprar las vitaminas/ayer
3. Elena/visitar a su abuela enferma/anteayer
4. El médico/dar las buenas noticias a la familia/media hora
5. Los padres del niño enfermo/llegar/cinco minutos
6. Los pacientes/salir del gimnasio/un cuarto de hora

C. ¿Y usted?   Escriba cinco actividades que usted acaba de hacer.

MODELO: *Acabo de tomar un café.*

Módulo 2

¡No me gusta hacer ejercicio!

A. ¿Cómo se dice?   Escriba la palabra que corresponda a cada una de las definiciones.

1. Un profesional en ciencias de ejercicio y nutrición que ayuda a las personas a ponerse en forma es un _____.

2. Los ejercicios preliminares para calentar y extender los músculos son parte de un programa de _____.

3. Los movimientos que aceleran la acción del corazón para una mejor distribución del oxígeno en el cuerpo son ejercicios _____.

4. Los ejercicios con pesas para aislar y tonificar diferentes músculos son parte de un programa de _____.

B. Acciones.   Escriba el verbo apropiado para cada una de las siguientes oraciones.

1. "Extender" los músculos antes de hacer ejercicio: _____

2. Los ejercicios aeróbicos que no requieren gimnasio, entrenador ni equipo—sólo las piernas y la calle—son: _____.

3. Aspirar y expulsar aire por la nariz o la boca: _____

En el gimnasio

Después de hablar con el Dr. García, Héctor González va directamente a un gimnasio para hablar con un entrenador personal, Ricardo. Durante la primera entrevista, Héctor se entera (finds out) de otro malestar que sufre. Escuchemos. . .

HÉCTOR: Acabo de hablar con mi médico y estoy listo para empezar un programa de ejercicio diario.

RICARDO: ¡Excelente! Sobre todo si tiene el permiso de su médico. ¿Qué recomienda él?

HÉCTOR: Al Dr. García le gustan mucho las caminatas. Pero yo quiero resultados rápidos. Quiero un programa más agresivo.

RICARDO: Aquí en el Gimnasio Fanático tenemos muchos programas, productos y ropa para alcanzar resultados rápidos. Por ejemplo, ofrecemos 30 clases a la semana de ejercicio aeróbico. Con cinco o seis clases a la semana, va a estar en buena forma casi inmediatamente. . .

HÉCTOR: Bueno, *sí, pero, no* me gustan los ejercicios aeróbicos. Es difícil respirar. . . y las rodillas. . .

RICARDO: Está bien. Podemos empezar entonces con un programa de fortalecimiento. Tenemos las máquinas de pesas más modernas. Levantar pesas es un ejercicio óptimo.

HÉCTOR: *Sí, pero, no* me gusta levantar pesas. Duelen mucho los músculos después. No me gusta el dolor.

RICARDO: Yo siempre les digo a mis clientes: "Sin dolor, sin valor". Pero si a usted no le gusta levantar pesas, podemos empezar con unos ejercicios que a mí me gustan mucho: los ejercicios de estiramiento, como el yoga.

HÉCTOR: Bueno, *sí,* me gusta la idea de hacer yoga, *pero* las posiciones de yoga son ridículas. ¿Qué más hay?

RICARDO: Usted tiene buena salud, pero sufre de un malestar muy común: ¡el *sí-pero-no-ismo!* ¡No le gusta nada! Estoy de acuerdo con su médico. Haga un programa de caminatas. Son gratis. Por lo menos, si usted decide: "sí-pero-hoy-no", no pierde el dinero.

C. ¿Comprende usted?   Conteste las siguientes preguntas con información del diálogo.

1. ¿Por qué visita Héctor a Ricardo?

2. ¿Por qué no quiere seguir la recomendación del médico y hacer caminatas?

3. ¿Cuáles son dos programas de ejercicio que Héctor rechaza *(rejects)*?

4. ¿Por qué no le gusta hacer yoga?

D. El ejercicio es la salud. Lea el artículo sobre la importancia del ejercicio y escriba cinco "ingredientes" del valor del ejercicio o sobre cómo hacerlo.

Hay que hacer ejercicio

Cuando se quiere reducir de peso, se cree que con un poco de magia se puede bajar; en realidad lo que se requiere es disciplina para lograr resultados duraderos y no de unos cuantos días o semanas. Para conseguir los efectos adelgazantes se necesita una dieta equilibrada y ejercicio.

El programa debe tener tres características muy importantes que no debemos olvidar a la hora de hacer ejercicio: debe ser habitual, prolongado y moderado. Todos los días se debe realizar alguna actividad física.

Debe ser prolongado: si caminamos no debemos parar, porque en caso contrario el gasto energético no es igual.

Debe ser moderado: los esfuerzos maratónicos y esporádicos sólo sirven para machacar *(crush)* la musculatura del organismo con una eliminación de agua y glucógeno importante.

A veces se cree que sudar demasiado es "quemar grasa", pero en realidad la perspiración es sinónimo de deshidratación. La única manera de eliminar grasa al sudar es con el ejercicio aeróbico diario, con una intensidad moderada durante 45 minutos. Los ejercicios aeróbicos como montar en bicicleta, caminar, bailar, patinar *(skate)*, nadar o la práctica de deportes en equipo, son los mejores porque se utiliza mucha energía. Además sirven para relajar, tonificar y moldear la musculatura.

Cuando se realiza una dieta de reducción de peso sin ejercicio se corre el gran riesgo de formación de arrugas y estrías en la piel y de que la musculatura quede floja. Hay que comenzar a hacer ejercicio por lo menos 15 minutos diariamente y después aumentar la cantidad de tiempo. Es importante comenzar con una rutina de calentamiento para evitar fracturas, dolor o alguna tensión muscular. Se ve en diversos estudios científicos que el hacer ejercicio es un factor protector contra enfermedades del corazón y la diabetes, entre otras. Lleve una dieta equilibrada con alimentos de todo tipo sin exagerar en la cantidad, tome mucha agua—más de dos litros al día—y no se desespere. Recuerde que el ejercicio es uno de los mejores seguros de vida.

1. _____
2. _____
3. _____
4. _____
5. _____

E. Mi programa de ejercicio. En grupos de tres, hablen de sus programas personales para mantenerse en forma. Cada persona debe mencionar cinco actividades que hace todas las semanas. Es posible imaginar su programa ideal si no hace mucho ejercicio.

MODELO: E1: *Yo voy a una clase de ejercicios aeróbicos los martes y los jueves en el gimnasio.*

Estructuras   *Expressing likes and dislikes: Gustar*

- While the most convenient English translations of **me gusta** and **le gusta** are *I like* and *you/he/she likes,* they literally mean (it) *is pleasing to me* and (it) *is pleasing to you/him/her.*

- Use the following forms to tell if people are pleased or displeased by something.

Me gusta hacer ejercicio.	*I like to do exercise.*
Te gusta caminar.	*You (familiar) like to walk.*
Le gusta levantar pesas.	*You (formal) /he/ she likes to lift weights.*
Nos gusta estirar los músculos.	*We like to stretch our muscles.*
Les gusta hacer yoga.	*You (plural)/they like to do yoga.*

- If the noun following the verb is plural, or if the verb is followed by a series of items, use **gustan.** If the verb is followed by one infinitive or a series of infinitives, use **gusta.**

Me gustan los ejercicios aeróbicos.	*I like aerobic exercises.*
Me gusta caminar, bailar y levantar pesas.	*I like to walk, dance, and lift weights.*

- To tell or ask the name of the person who is pleased or displeased by something, use **a** before the name. The use of **a** + *personal pronoun* before **me gusta, le gusta**, etc. is optional and can be used to emphasize the person who is pleased or displeased or to clarify any ambiguity.

A Héctor no le gusta hacer ejercicio.	*Hector does not like to exercise.*
(A mí) me gustan las caminatas.	*I like to take walks.*
(A ti) te gusta bailar.	*You like to dance.*
(A él/a ella/a usted) le gusta comer.	*He/she/you like to eat.*
(A nosotros/as) nos gustan las máquinas de pesas.	*We like weight machines.*
(A ellos/a ellas/a ustedes) les gusta nadar *(swim).*	*They/You (plural) like to swim.*

Para practicar

A. A usted, ¿qué le gusta más?   Diga cuál de estas opciones le gusta más.

MODELO: ¿el yoga o los ejercicios aeróbicos?
Me gusta el yoga. o *Me gustan los ejercicios aeróbicos.*

1. nadar o levantar pesas
2. mirar deportes o practicar deportes
3. los deportes o la actividad mental
4. el agua o los refrescos
5. las dietas o el ejercicio

6. los músculos flácidos o los músculos fuertes

7. un "sundae hot fudge" o unos vegetales

8. un entrenador personal o clases con muchas personas

B. ¿Le gusta o no le gusta?   Empareje a las siguientes personas con la cosa que les gusta y escriba una oración completa.

MODELO: Suzanne Somers/el ejercicio de fortalecimiento

A Suzanne Somers le gusta el ejercicio de fortalecimiento.

I. Bill Clinton/hamburguesas

2. El señor Universo/levantar pesas

3. Kobe Bryant y Brian Grant/jugar baloncesto

4. Venus y Serena Williams/los partidos de tenis

5. Mis amigos y yo/programas de hospitales en la televisión

6. Deepak Chopra/los ejercicios de yoga

C. El entrenador personal.   Pregúnteles a tres de sus amigos o familiares las comidas y las actividades que les gustan. Después, escriba un reporte con recomendaciones para una vida más sana.

MODELO: USTED: *¿Qué te gusta comer? ¿Qué actividades te gustan?*

AMIGO 1: *Me gusta comer hamburguesas. Me gusta mirar la televisión.*

USTED: *A Roberto le gustan las hamburguesas y le gusta mirar la televisión. Él necesita hacer más ejercicio y comer menos grasa.*

Módulo 2

Una vida sana

medir la presión

folletos

A. ¿Cómo se dice?   Explique en sus propias palabras el significado de cada
una de estas expresiones.

1.   La feria de la salud   **3.**   Gratis
2.   Una prueba de sangre   **4.**   El colesterol

B. Acciones.   Lea estas definiciones y busque el verbo indicado en el dibujo.

1.   Observar las dimensiones o la cantidad de algo
2.   Defenderse contra riesgos y peligros
3.   Estar muy consciente de algo

La numerología de una vida sana

Tres veces al año, los estudiantes de medicina van al centro comercial para ofrecer al público unas pruebas gratis de salud. Este año, Juan, Lucía y Daniel explican el significado de los números importantes para proteger la salud. Hay muchas personas en la cola.

LUCÍA: Buenos días, señores. ¿Saben ustedes cómo tienen la presión arterial? ¿el pulso? ¿el nivel de colesterol? ¿qué valor nutritivo tienen sus alimentos favoritos? Nosotros estamos aquí para "tomar sus medidas" de salud y explicar el significado de los números. Hay tres mesas. En la primera, le tomamos la presión y el pulso. En la segunda, medimos su nivel de colesterol y en la tercera recomendamos cambios en la dieta para proteger su salud.

JUAN: ¡Siéntese, señora! Primero, voy a tomarle el pulso y la presión. ¡Quédese tranquila un momento! ¿Cuántos años tiene usted?

SEÑORA: Tengo 59 años. Normalmente no tengo ningún problema con la presión, pero, ¡ustedes están aquí y es gratis!

JUAN: Bueno, señora. Usted hace muy bien en vigilar la presión. Es el número más importante para proteger la vida. Hoy está un poco elevada—130/90. El pulso está en 80. Para una señora de su edad, esto aumenta el riesgo de un derrame cerebral o de un ataque al corazón. Vaya a la segunda mesa y le vamos a medir el nivel del colesterol antes de hacer recomendaciones. Aquí tiene su tarjeta con los números de hoy.

DANIEL: Buenos días, señora. ¿Tiene su tarjeta con la presión y el pulso? Primero voy a tomar una gotita de sangre, medir el colesterol y en seguida puede ir a la tercera mesa donde le explicamos los resultados.

LUCÍA: Señora, su nivel de colesterol es de 310. Para una señora de su edad y con la presión elevada, este nivel de colesterol es peligroso. Usted tiene que reducir la grasa saturada en su dieta a menos de 200 miligramos por día y el sodio a 2400 miligramos por día. Yo creo que también es importante hacer una cita con su médico para evaluar mejor su situación.

C. ¿Comprende usted? Estas oraciones son incorrectas. Corríjalas según la información en el diálogo.

1. Los estudiantes de medicina ofrecen Ferias de la Salud cinco veces al año.
2. La presión arterial de ciento treinta sobre noventa es normal.
3. La señora debe aumentar el sodio y el colesterol en su dieta.
4. La señora tiene una salud excelente para una persona de su edad.

D. Una dieta saludable.   Después de leer los consejos de la abuela, llene la información adecuada en el formulario.

Ya me lo decía mi abuelita...

Aunque el cáncer puede presentarse por muchas razones, las investigaciones en este campo han descubierto una clara conexión entre una dieta saludable y la prevención de esta enfermedad. Aunque la dieta correcta no puede, por sí sola, evitar todo tipo de cáncer, los estudios han demostrado que puede resultar muy efectiva.

Por ejemplo, si usted mantiene un peso adecuado y hace ejercicio regularmente, puede reducir el riesgo de cáncer en un 30 o 40 por ciento. O mejor todavía, si mantiene una dieta equilibrada y no fuma, ¡puede reducir el riesgo hasta en un 60 o 70 por ciento!

Por esta razón, hemos incluido aquí una pequeña lista para ayudarle a seleccionar los alimentos adecuados para mantener una dieta que además de ser buena para su salud general, le ayude a protegerse contra el cáncer.

Cinco recomendaciones para la prevención del cáncer

1. Seleccione alimentos naturales, como vegetales, legumbres y frutas, o alimentos que no hayan sido procesados de forma artificial. Coma al menos 5 raciones de estos alimentos cada día.

2. Mantenga el peso adecuado, e intente evitar pérdidas o aumentos de peso que sobrepasen 5 kilogramos (11 libras).

3. Limite el consumo de alcohol y azúcares refinados al mínimo posible.

4. Elimine las grasas saturadas de su dieta siempre que sea posible. Evite comer alimentos con grasas animales y utilice siempre aceites vegetales para cocinar.

5. No fume ni utilice ningún producto relacionado con el tabaco.

Aunque estas recomendaciones no incluyen todos los métodos posibles para mantener una dieta sana, pueden servir como guía para todas aquellas personas que estén interesadas en prevenir esta terrible enfermedad, tanto en ellos mismos como en su familia. Recuerde los consejos de la abuelita... en este caso prevenir, es mejor que curar.

E. Entrevista.   Hable con un/a compañero/a sobre su dieta. Hágale seis preguntas para saber qué come diariamente. Luego, haga dos recomendaciones para mejorar su dieta. Finalmente, cambien de papel.

Estructuras   *Numbers: De cien a millones*

- Use the following numbers to count from 100 to 999.

100	**cien**	500	**quinientos**
101	**ciento uno**	600	**seiscientos**
102	**ciento dos**	700	**setecientos**
200	**doscientos**	800	**ochocientos**
300	**trescientos**	900	**novecientos**
400	**cuatrocientos**	1000	**mil**

- Use **cien** to say *one hundred* exactly and if a larger number such as **mil** or **millón** follows **(cien mil),** but use **ciento** in 101 to 199 **(ciento doce).** Never use the word **un** before **cien** or **ciento** or **mil.** Although **cien** is used before both masculine and feminine nouns, multiples of one hundred (200, 300, etc.) agree in gender with the nouns they modify.

trescient**os** miligramos
trescient**as** calorías

- Most Spanish-speaking countries use a period **(.)** to designate numbers in the thousands and a comma **(,)** to designate decimal points.

Spanish: **1.543** (English **1, 543**)   mil quinientos cuarenta y tres
Spanish: **1,5** (English **1.5**)   uno con cinco *or* uno coma cinco

- The word for *thousand* is **mil. Mil** is not pluralized when counting.

1.543   **mil** quinientos cuarenta y tres
2.002   **dos mil** dos
7.033   **siete mil** treinta y tres

- When expressing years, use **mil.**

2001   **dos mil uno**
1999   **mil novecientos noventa y nueve**

- When counting in the millions, use **un millón, dos millones, tres millones,** etc. Use **de** before a noun that directly follows **millón** or **millones.** If another number is between the word **millón** or **millones** and the noun, omit the **de.**

un millón de dólares   **un millón trescientos mil** dólares

- To express numerical order in Spanish, use ordinal numbers:

⋆ **primer/o/a**	*first*	**sexto/a**	*sixth*
segundo/a	*second*	**séptimo/a**	*seventh*
⋆ **tercer/o/a**	*third*	**octavo/a**	*eighth*
cuarto/a	*fourth*	**noveno/a**	*ninth*
quinto/a	*fifth*	**décimo/a**	*tenth*

■ The ordinal numbers have masculine and feminine forms, depending on the noun that follows them.

★ Drop the **-o** of **primero** and **tercero** before masculine singular nouns.

el prime**r** paciente	*the first (male) patient*
la primer**a** paciente	*the first (female) patient*
el segund**o** examen	*the second exam*
la segund**a** prueba	*the second test*

Para practicar

A. La calculadora de la nutrición. Un amigo va todos los días a un restaurante famoso de comida rápida. Cinco días a la semana come un "sundae hot fudge". Explíquele usted cuántas calorías, gramos de grasa, gramos de proteína, etc. hay en cada "sundae hot fudge". Diga y escriba los números.

MODELO: 72 mg. de colesterol
Hay setenta y dos miligramos de colesterol en el "sundae hot fudge".

1.	780 calorías	**5.**	106 gramos de carbohidratos
2.	38 gramos de grasa	**6.**	3 gramos de fibra
3.	25 gramos de grasa saturada	**7.**	51 gramos de azúcar
4.	333 miligramos de sodio	**8.**	10 gramos de proteína

B. ¿Sube de peso? Ahora, calcule los valores de nutrición en el "sundae hot fudge" si come uno cada día por diez días. Compare sus resultados con los de un/a compañero/a.

MODELO: *Hay 30 gramos de fibra.*

C. ¡Muchos pacientes! Los primeros diez pacientes que participan en la Feria de la Salud reciben premios fabulosos. Ponga en orden numérico a los siguientes pacientes.

MODELO: 1. Patricia Ramírez
La primera paciente es Patricia Ramírez

1.	Roberto González	**6.**	Eduardo Gallego
2.	Mariana Rivera	**7.**	Consuelo Bermúdez
3.	Héctor Gómez	**8.**	Alicia Cabrera
4.	Daniel Russo	**9.**	Jorge Vergeli
5.	Jaime Ferrán	**10.**	Evita Pérez

Vocabulario Módulo I

Sustantivos

el aceite	oil	el malestar	discomfort
el apoyo	support	la manteca	lard
la báscula	scale	la mantequilla	butter
el bienestar	well-being	la merienda	snack (afternoon or evening)
el bistec	steak		
el calcio	calcium	la migraña	migraine
la caloría	calorie	el milagro	miracle
la carne	meat	el movimiento	movement
la catarata	cataract	el pan	bread
el cerdo	pork	la papa	potato
la chuleta	chop	el pastel	cake, pastry
el colesterol	cholesterol	la pesa	weight (lifting)
el comestible	food (edible)	el pescado	fish
el consejo	advice	el pollo	chicken
la contaminación	pollution	el postre	dessert
el contenido	content	la preocupación	worry
la crema	cream	el programa	program
el/la curandero/a	healer	la próstata	prostate
la dieta	diet	la proteína	protein
el ejercicio	exercise	el queso	cheese
la elasticidad	elasticity	el químico	chemical
el envejecimiento	old age	la ración	serving
el estrés	stress	el radical	radical
la etiqueta	label	la respuesta	answer
el folleto	pamphlet	el resumen	summary
el fósforo	phosphorus	la revista	magazine
la fruta	fruit	el riesgo	risk
el gramo	gram	la rutina	routine
el grano	grain	el sabor	flavor
la grasa	fat	el selenio	selenium
el helado	ice cream	el té	tea
la hierba	herb	el tejido	tissue (body)
el hierro	iron	la tienda	store
la hipertensión	hypertension	el tipo	type
el huevo	egg	el tocino	bacon
el insomnio	insomnia	el vegetal	vegetable
la jalea	jelly	la verdura	vegetable
la jaqueca	migraine	la vida	life
el libro	book	el yogur	yogurt
la lucha	fight		

Verbos

acelerar	*to accelerate*	**probar (ue)**	*to try*
aliviar	*to relieve*	**prometer**	*to promise*
asar	*to roast*	**realizar**	*to carry out*
atacar	*to attack*	**reducir (zc)**	*to reduce*
aumentar	*to increase*	**reforzar (ue)**	*to reinforce*
bajar	*to lower*	**remediar**	*to remedy, fix*
cocinar	*to cook*	**resistir**	*to resist*
cumplir	*to fulfill*	**subir**	*to go up*
escoger (j)	*to choose*	**sustituir**	*to substitute*
freír (í)	*to fry*	**verificar**	*to verify*
hornear	*to bake*	**vigilar**	*to watch, keep an eye on*
iniciar	*to initiate, begin*		
integrar	*to integrate*		
opinar	*to express an opinion*		

Adjetivos

agrio/a	*sour*	**inmunológico/a**	*immunological*
ambiental	*environmental*	**lácteo/a**	*lacteal*
antioxidante	*antioxidant*	**libre**	*free*
apetitoso/a	*appetizing*	**magro/a**	*lean*
clave	*key*	**médico/a**	*medical*
complejo/a	*complex*	**nutritivo/a**	*nutritious*
contradictorio/a	*contradictory*	**sanador/a**	*healing*
descremado/a	*non-fat*	**sano/a**	*healthy*
diario/a	*daily*	**sencillo/a**	*simple*
fácil	*easy*		
fresco/a	*fresh*		

Otras expresiones

afortunadamente	*fortunately*	**hacia**	*toward*
al vapor	*steamed*	**para**	*for, in order to*
arriba	*up*	**por naturaleza**	*naturally*
en lugar de	*in place of*	**si**	*if*
estar en forma	*to be in shape*	**sobre**	*about*

¡OJO! Es importante estudiar las expresiones de tiempo con la explicación de
acabar de + infinitivo.

Módulo 2

Sustantivos

la alimentación	*diet*	**el gasto**	*expense*
el aliño	*dressing*	**el gimnasio**	*gym*
el arroz	*rice*	**el hábito**	*habit*
la arruga	*wrinkle*	**la hamburguesa**	*hamburger*
la avena	*oatmeal*	**la harina**	*flour*
el caldo	*broth*	**la hoja**	*leaf*
el calentamiento	*warm-up*	**la lechuga**	*lettuce*
la caminata	*long walk, hike*	**la legumbre**	*vegetable*
el carbohidrato	*carbohydrate*	**la magia**	*magic*
el centeno	*rye*	**el maíz**	*corn*
el centro comercial	*shopping center*	**la medida**	*measure*
		el mercado	*market*
el chícharo	*pea*	**el miligramo**	*milligram*
la ciencia	*science*	**la mostaza**	*mustard*
la cola	*line*	**la musculatura**	*musculature*
el consumo	*consumption*	**el nivel**	*level*
la cucharada	*spoonful*	**el palmito**	*heart of palm*
el derrame	*hemorrhage*	**el perejil**	*parsley*
la deshidratación	*dehydration*	**la pimienta**	*pepper (black)*
la disciplina	*discipline*	**el pimiento**	*pepper*
la entrevista	*interview*	**la pizca**	*pinch*
el equipo	*team, equipment*	**la sal**	*salt*
la especia	*spice*	**el significado**	*meaning*
la estría	*stretch mark*	**el sodio**	*sodium*
la feria	*fair*	**el tamaño**	*size*
la fibra	*fiber*	**el tarro**	*jar*
el fortalecimiento	*strengthening*	**la taza**	*cup*
el frijol	*bean*	**el trigo**	*wheat*
la fuente	*dish, bowl*		

Verbos

bailar	*to dance*	**nadar**	*to swim*
calentar (ie)	*to warm up*	**olvidar**	*to forget*
colar (ue)	*to drain*	**patinar**	*to skate*
desarrollar	*to develop*	**quemar**	*to burn*
esparcir (z)	*to spread*	**relajar**	*to relax*
expulsar	*to expel*	**revolver (ue)**	*to stir*
extender (ie)	*to extend*	**sazonar**	*to season*
mezclar	*to mix*	**sudar**	*to sweat*

Adjetivos

adelgazante	*slenderizing*	**noveno/a**	*ninth*
cuarto/a	*fourth*	**octavo/a**	*eighth*
décimo/a	*tenth*	**picado/a**	*chopped*
duradero/a	*lasting*	**quinto/a**	*fifth*
equilibrado/a	*balanced*	**sabroso/a**	*flavorful*
esporádico/a	*sporadic*	**séptimo/a**	*seventh*
flojo/a	*lazy, flabby*	**sexto/a**	*sixth*
frito/a	*fried*	**tercer/o/a**	*third*
gratis	*free*	**único/a**	*only*

Otras expresiones

demasiado/a	*too much*	**sobre todo**	*above all*
estar de acuerdo	*to agree*	**suavemente**	*lightly, softly*
hacer una campaña	*to campaign*		

¡OJO! Es importante estudiar los números de **cien a millones.**

Síntesis

A escuchar

Pascual acaba de comer una hamburguesa doble y nos habla de su valor nutritivo.
Escriba los números indicados.

1. _____ calorías

2. _____ gramos de grasa

3. _____ miligramos de colesterol

4. _____ de sodio

5. _____ gramos de carbohidratos

6. _____ gramos de fibra

7. _____ gramos de azúcar

8. _____ gramos de proteína

A conversar

Muchos niños miran demasiado la televisión, comen comida rápida y no hacen ejercicio. Ustedes, los médicos de mañana, hacen una campaña en las escuelas primarias sobre la importancia de las actividades físicas y de una buena dieta. En grupos de cuatro, hablen de diez reglas *(rules)* importantes para una vida sana.

A leer

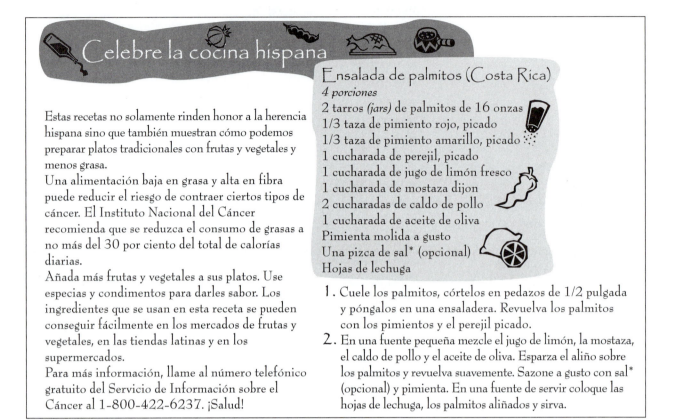

Celebre la cocina hispana

Estas recetas no solamente rinden honor a la herencia hispana sino que también muestran cómo podemos preparar platos tradicionales con frutas y vegetales y menos grasa.

Una alimentación baja en grasa y alta en fibra puede reducir el riesgo de contraer ciertos tipos de cáncer. El Instituto Nacional del Cáncer recomienda que se reduzca el consumo de grasas a no más del 30 por ciento del total de calorías diarias.

Añada más frutas y vegetales a sus platos. Use especias y condimentos para darles sabor. Los ingredientes que se usan en esta receta se pueden conseguir fácilmente en los mercados de frutas y vegetales, en las tiendas latinas y en los supermercados.

Para más información, llame al número telefónico gratuito del Servicio de Información sobre el Cáncer al 1-800-422-6237. ¡Salud!

Ensalada de palmitos (Costa Rica)

4 porciones

2 tarros *(jars)* de palmitos de 16 onzas
1/3 taza de pimiento rojo, picado
1/3 taza de pimiento amarillo, picado
1 cucharada de perejil, picado
1 cucharada de jugo de limón fresco
1 cucharada de mostaza dijon
2 cucharadas de caldo de pollo
1 cucharada de aceite de oliva
Pimienta molida a gusto
Una pizca de sal* (opcional)
Hojas de lechuga

1. Cuele los palmitos, córtelos en pedazos de 1/2 pulgada y póngalos en una ensaladera. Revuelva los palmitos con los pimientos y el perejil picado.
2. En una fuente pequeña mezcle el jugo de limón, la mostaza, el caldo de pollo y el aceite de oliva. Esparza el aliño sobre los palmitos y revuelva suavemente. Sazone a gusto con sal* (opcional) y pimienta. En una fuente de servir coloque las hojas de lechuga, los palmitos aliñados y sirva.

¿Comprende usted?   Conteste las preguntas según la receta.

1. ¿De dónde viene esta receta?
2. ¿Cuál es el ingrediente más importante?
3. ¿Se usa mantequilla?
4. ¿Qué recomienda el Instituto Nacional del Cáncer?
5. ¿Cómo es posible prepararla con menos sodio?
6. ¿Por qué no tiene mucho colesterol?

A escribir

Escriba su receta favorita, incluyendo los ingredientes, la cantidad, la manera de prepararla y su valor nutritivo. ¡Escoja algo saludable!

Algo más

Ventana cultural

EL HAMBRE INFANTIL

Veinticuatro niños menores de 5 años mueren cada minuto...

Se puede decir que vivimos en una sociedad en la que el hambre no es nuestra preocupación principal. Sin embargo, más de un billón de personas, es decir, la mayor parte de la humanidad, vive con ingresos inferiores a un dólar diario.

Aunque el hambre es en realidad un problema de todos, los más afectados son siempre los niños, es decir, el futuro de la humanidad.

Hay niños que viven en la pobreza en todas partes del mundo, pero la gran mayoría está concentrada en países subdesarrollados, o en vías de desarrollo. Entre estos países se incluye a Perú, México, Colombia, Bolivia, Paraguay y otras zonas de Latinoamérica.

Aunque gran parte de

Latinoamérica se encuentra ya industrializada, todavía existen grandes desigualdades entre las diversas zonas y países. Más del 45% de la población total latinoamericana vive en condiciones de extrema pobreza. En Guatemala, el 32% de los niños sufre de malnutrición; el 23% en Honduras y Bolivia; el

20% en Perú y la República Dominicana. Se ve claramente que éste es un problema que sólo podrá solucionarse con la colaboración de todos, y por eso, es importante que hoy mismo, pongas tu granito de arena y participes en la lucha contra la malnutrición y la pobreza en la que viven todos estos niños. ¿Qué se puede hacer?

Se puede ayudar mucho simplemente con un pequeño gesto. Por ejemplo, una organización dedicada a la lucha contra el hambre, Hungry Children.com, ofrece una donación para los niños desnutridos cada vez que haces clic sobre uno de sus anuncios. Hay muchas otras, como Care, UNICEF, Caritas, etc., pero lo importante es aportar nuestro pequeño granito de arena, para que poco a poco, entre todos, logremos erradicar esta terrible situación.

A buscar

En mis propias palabras   Hay muchas organizaciones como *Alimentos para los pobres* que ofrecen comida y servicios médicos para los pobres. Busque información de un grupo así y prepare un corto informe oral para hablar en clase de su programa. La clase va a votar después de las presentaciones para decidir cuál de las organizaciones benéficas merece su donación. ¿Van a participar?

LECCIÓN 8

La maternidad y la pediatría

Módulo 1
- Estoy embarazada
- Describing daily routines: *Los verbos reflexivos*
- El parto
- More on reflexive verbs: *Los verbos recíprocos*

Módulo 2
- El cuidado postnatal
- Expressing knowledge and familiarity: **Saber y conocer**
- Una visita al/a la pediatra
- Receiving the action of a verb: *El objeto directo*

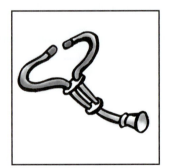

Síntesis
- A escuchar
- A conversar
- A leer
- A escribir

Algo más
- Ventana cultural: La enfermera partera diplomada de hoy: la comadrona para usted
- A buscar

Módulo 1

Estoy embarazada

los antojos

la ropa para vestirse

prueba
casera del
embarazo

bañarse

afeitarse

despertarse

la toalla para
secarse

las náuseas
matutinas

Está embarazada.

levantarse

Ahora le quedan estrechos.

A. ¿Cómo se dice?   Escriba la palabra que corresponda a cada una de las definiciones.

1.   Una mujer que espera un bebé está _____.

2.   Un malestar común entre las mujeres que esperan un bebé y que puede

causar vómitos por la mañana son las _____ _____.

3.   Tener ganas *(desires)* de comer algo especial es un _____.

4.   Cuando el abdomen crece o se hincha, los pantalones quedan _____.

B. Acciones.   Escriba el verbo que corresponda a cada una de estas definiciones.

1.   La acción de abrir los ojos después de dormir toda la noche es _____.

2.   La acción de salir de la cama y poner los pies en el piso es _____.

3.   La acción de usar agua y jabón para limpiarse es _____.

4.   La acción de eliminar el agua por medio de una toalla es _____.

Estoy embarazada

Amanda habla con su médico.

AMANDA: Doctor, vengo porque creo que estoy embarazada y estoy muy nerviosa. ¿Podemos hacer una prueba?

DOCTOR: Sí, Amanda. Pero, cálmese un momento. ¿Por qué piensa que está embarazada?

AMANDA: Mire, cada mañana cuando me despierto, me siento tan mal que no puedo levantarme. Por fin, cuando tengo la fuerza para ponerme de pie, con las náuseas matutinas, no puedo ni pensar en comer. Por la noche tengo un hambre insaciable y no dejo de comer. Tal vez por eso cuando me visto, los pantalones me quedan cada día más estrechos. Siempre estoy tan cansada que a veces me duermo en el trabajo.

DOCTOR: Pues, Amanda, estos pueden ser síntomas de cansancio o de otro malestar menor. Recién casada y con un nuevo trabajo, hay mucho estrés en su vida. ¿Qué dice su esposo de la posibilidad del embarazo?

AMANDA: Marco no sabe nada de eso, doctor. Pero hace más de seis semanas que no tengo el período. ¡No sé qué hacer!

DOCTOR: Primero, vamos a hacer la prueba. Podemos hablar mientras esperamos los resultados. Amanda, ¿ustedes quieren empezar una familia o no?

AMANDA: Sí, doctor. Es que no pensamos empezar ahora. Queremos esperar.

DOCTOR: Bueno. Si resulta positiva la prueba, hay opciones: la adopción o el aborto. Pero ninguna de estas opciones es fácil. Usted y Marco tienen que pensarlo bien. Y Amanda, si es verdad que está embarazada—y deciden tener el bebé—tiene que seguir estas reglas desde el primer momento para evitar un aborto espontáneo:

1. No puede tomar alcohol ni fumar.
2. Durante el primer trimestre, tiene que ver al doctor una vez al mes. Durante el segundo trimestre, cada 15 días y durante el último mes, cada semana.
3. Tiene que cuidar mucho la dieta. No es verdad que debe comer por dos. Cuidado con los antojos.
4. No puede tomar ninguna medicina sin mi permiso.

AMANDA: Si la prueba resulta positiva, estoy dispuesta a hacer todo sacrificio por la salud del bebé.

C. ¿Comprende usted?   Conteste las preguntas según la información del diálogo.

I.   ¿Por qué consulta Amanda a su médico?
2.   ¿Cuáles son tres síntomas que tiene Amanda?
3.   ¿Qué otra diagnosis posible sugiere el médico?
4.   ¿Qué reglas tiene que seguir Amanda si está embarazada?
5.   ¿Está dispuesta a seguir las reglas? ¿Por qué?

D. El buen cuidado de su bebé.   Después de leer este boletín, diseñe un póster informativo para su oficina con la información más importante.

MODELO: *Está embarazada si…*
         no tiene la menstruación durante dos meses consecutivos.

EL CUIDADO PRENATAL

¡Su bebé depende de usted... no lo abandone!

Estoy embarazada

Si es una mujer joven y no tiene la menstruación durante más de dos meses, es posible que esté embarazada. Sin embargo, la única forma de saberlo con certeza es haciendo una prueba de orina, ya sea en casa o en la oficina de su médico, para detectar la presencia de una hormona que se produce durante el embarazo, llamada HCG.

¿Qué ocurre ahora?

Si hace la prueba del embarazo en su casa, es importante que visite a su médico lo antes posible, para que la examine y se asegure de que su cuerpo se encuentra en perfectas condiciones para mantener el embarazo y dar a luz.

¿Cómo crece mi bebé?

El embarazo se divide normalmente en tres trimestres.

Primer trimestre: A partir del día 26 del embarazo, el corazón comienza a latir, se forman los órganos reproductivos, los dedos de las manos y los pies, y el sistema nervioso empieza a funcionar.

Segundo trimestre: Al pasar 26 semanas de embarazo el bebé mide unas 9 pulgadas y pesa alrededor de una libra y media. Los movimientos del bebé se pueden sentir a partir de las 20 semanas de embarazo. Llegado este punto, el bebé puede oír su voz, su corazón e incluso su sangre.

Tercer trimestre: El feto sigue creciendo y aumentando de peso durante este período. Los ojos se abren y se cierran. Poco a poco, a medida que aumenta la grasa del bebé, su cuerpo se hace más redondo y se coloca en posición para el parto, con la cabeza hacia abajo, y los brazos y piernas alrededor del pecho. Finalmente, nueve meses después de que usted descubriera su presencia, su bebé está preparado para venir al mundo.

E. Consejos para una paciente. Uno/a de ustedes es un/a consejero/a de Planned Parenthood y el/la otro/a es una mujer embarazada. Hablen de la mejor manera de tomar una decisión sobre el embarazo.

MODELO: E1: *Tengo mucho miedo—estoy embarazada pero no trabajo y no estoy casada.*

E2: *¿Está pensando en abortar o quiere dar a luz?*

E1: *Necesito terminar mi educación y mi novio no quiere ser papá ahora.*

E2: *Hay también la posibilidad de una adopción.*

Estructuras *Describing daily routines: Los verbos reflexivos*

■ Reflexive verbs express actions that people do *to* or *for* themselves.

Reflexive

Non-reflexive

Yo **me** baño.

Yo baño al bebé.

■ Reflexive verbs are preceded by reflexive pronouns. The pronoun **se** attached to the end of the infinitive indicates that the verb is reflexive (bañar**se**). **Se** is modified to reflect the same person as the subject.

bañarse *to bathe (oneself)*			
yo	**me**	baño	*I bathe (myself)*
tú	**te**	bañas	*you bathe (yourself)*
usted/él/ella	**se**	baña	*you, he, she bathe(s) (yourself, himself, herself)*
nosotros/as	**nos**	bañamos	*we bathe (ourselves)*
ustedes/ellos/ellas	**se**	bañan	*you/they bathe (yourselves/themselves)*

- Reflexive verbs can be used to describe changes in state of mind.

  La niña siempre **se calma** cuando ve a su abuela.

  The girl always calms down when she sees her grandmother.

- When a reflexive verb is used as an *infinitive*, a *present participle* (**–ando** or **–iendo**), or an *affirmative command*, the reflexive pronoun that matches the subject may be attached to the end.

- ¡OJO! When attaching the pronoun to a present participle, remember to put an accent on the vowel before the **–ndo** ending. When attaching the pronoun to an affirmative command, the accent goes over the third vowel from the right—after the new syllable is attached.

  Yo quiero bañar**me** antes de dormir.
  Amanda está bañ**á**ndo**se** ahora.
  Amanda, c**á**lme**se**.

  I want to bathe before I go to sleep.
  Amanda is taking a bath now.
  Amanda, calm down.

- Other reflexive verbs are:

acostarse (ue)	*to go to bed*	**llevarse mal**	*to not get along*
calmarse	*to calm down*	**ponerse** + adj.	*to become*
cuidarse	*to take care of oneself*	**preocuparse**	*to worry*
despertarse (ie)	*to wake up*	**quedarse**	*to stay*
dormirse (ue)	*to fall asleep*	**sentarse (ie)**	*to sit down*
enojarse	*to get angry*	**sentirse (ie)**	*to feel*
levantarse	*to get up*	**vestirse (i)**	*to get dressed*
llevarse bien	*to get along well*		

Para practicar

A. Sueños de una futura mamá. Amanda piensa mucho en el futuro después de nacer su bebé. Ya tiene planeada la rutina diaria que va a seguir. Complete las oraciones con el pronombre indicado si es una actividad reflexiva. Pero, ¡OJO! no todas las actividades son reflexivas.

MODELO: A las seis y media yo _____ despierto y después yo

_____ despierto al bebé.

*A las seis yo **me** despierto, y después yo _____x_____ despierto al bebé.*

1. A las siete Marco y yo _____ bañamos y después _____ bañamos al bebé.

2. Primero _____ visto yo y después yo _____ visto al bebé con ropa preciosa.

3. Si el bebé _____ duerme rápidamente después del desayuno, yo puedo sentar _____ y descansar.

4. Si _____ enferma el bebé, yo voy a poner _____ nerviosa.

5. Después de la cena, primero yo _____ lavo al bebé y entonces yo _____ lavo la ropa.

6. A las diez de la noche, Marco y yo _____ acostamos al bebé e inmediatamente _____ acostamos.

7. Durante la noche, primero yo _____ levanto para atender al bebé y después Marco _____ levanta para atender al bebé.

B. Consecuencias del embarazo. Estas mujeres embarazadas quieren explicarles a sus esposos cómo se sienten. Forme oraciones completas para ayudarlas.

MODELO: A veces yo/ponerse nerviosa.
A veces yo me pongo nerviosa.

1. Nosotras/despertarse tres veces por noche para ir al baño.
2. Elena/sentarse en una silla y no puede/levantarse.
3. Susana y Carlota/ponerse tristes sin ninguna razón.
4. Yo puedo/dormirse en un instante.
5. Cuando tú/despertarse, tienes náuseas matutinas.
6. Para muchas mujeres embarazadas, es muy difícil/vestirse.
7. Ustedes/enojarse sin razón.
8. Yo/preocuparse mucho por la salud de mi bebé.

C. ¡Fantasía!   Amanda acaba de confirmar que está embarazada. Conteste estas preguntas imaginando que usted es Amanda.

1.   ¿Cómo se siente?
2.   ¿A qué hora se acuestan usted y Marco normalmente? ¿A qué hora se acuesta usted ahora?
3.   ¿Se duerme fácilmente por la noche?
4.   ¿Se preocupan ustedes mucho por el futuro?
5.   ¿Ustedes se llevan bien?

Módulo 1

El parto

A. ¿Cómo se dice?   Escriba la palabra que corresponda a cada una de las definiciones.

1. El último paso en el embarazo cuando por fin nace el bebé es el _____.

2. La cirugía que en una emergencia reemplaza al parto vaginal es una

_____.

3. La anestesia preferida por los obstetras porque permite que la madre

participe, se llama _____.

4. La respiración y el _____ son técnicas para ayudar a la madre a relajarse durante el parto.

B. Acciones.   Explique estas acciones en sus propias palabras.

1. dar a luz   **3.** empujar/pujar
2. gritar   **4.** apoyar

Preparaciones para el parto

Amanda y Marco hablan con el médico.

DOCTOR: Amanda y Marco, en pocas semanas van a dar la bienvenida a ese nuevo miembro de la familia. Es hora de hablar más del parto y de tomar algunas decisiones.

MARCO: Como usted sabe, doctor, hace dos meses que asistimos a las clases de Lamaze para prepararnos para el parto. Son buenas para aprender técnicas para respirar y ejercicios para acondicionar los músculos necesarios para el parto, y ya sabemos cómo ayudarnos el uno al otro. Pero todavía tenemos preguntas, miedos y preocupaciones.

AMANDA: Por ejemplo, doctor, no me gustan los hospitales y quiero hablarle de hacer el parto en casa. Hablamos mucho del asunto y estamos decididos.

DOCTOR: Es posible dar a luz en casa, pero, Amanda, francamente no lo recomiendo. Siempre hay riesgo de complicaciones en el último momento. Piensen los dos en esto: si en pleno parto decidimos que es mejor para la mamá o para el bebé hacer una cesárea y no hay equipo en la casa... O si al nacer, el bebé tiene algún problema que requiera la atención de un equipo de especialistas de neonatología... En el hospital tenemos habitaciones que son tan cómodas como en casa, pero que tienen todo lo necesario en caso de emergencia.

AMANDA: Comprendo, doctor. También tengo mucho miedo del dolor. Según los gritos que se oyen de las madres en los programas médicos, el dolor es terrible.

DOCTOR: Hay muchas maneras de controlar el dolor.

AMANDA: No quiero tomar nada que pueda afectar al bebé. Y quiero estar alerta durante el parto para empujar. No quiero que usen los fórceps en la cabeza del bebé.

DOCTOR: Estoy de acuerdo, Amanda. Yo recomiendo una epidural, que es una anestesia que sólo afecta algunos nervios. Usted no siente el dolor, pero está alerta para empujar en los momentos precisos. Con la epidural y las técnicas de respiración, relajación y masaje que ustedes aprenden en las clases de Lamaze, nosotros tres vamos a formar un equipo excelente. Nos apoyamos y nos ayudamos en cada momento.

MARCO: Gracias, doctor. Tenemos que tomar varias decisiones importantes. Vamos a la casa para hablar. Para la próxima visita, vamos a tomar una decisión.

C. ¿Comprende usted? Conteste las preguntas según la información del diálogo.

1. ¿Por qué quiere el médico hablarles a Amanda y a Marco?

2. ¿Qué clases toman Amanda y Marco? ¿Son buenas clases?

3. ¿Por qué no recomienda el doctor un parto en la casa?

4. ¿Por qué no quiere Amanda recibir anestesia?

5. ¿Qué recomienda el doctor?

D. ¡El bebé viene! Es la primera vez que su esposa está embarazada y ustedes están nerviosos. Lea el folleto "¿Ya es el momento?" y prepare una lista de cinco indicaciones de la llegada del bebé.

¿Ya es el momento?

Una pregunta frecuente entre las futuras mamás es: ¿Cómo voy a saber cuándo empieza el parto? ¿No hay muchas indicaciones que resultan ser falsas?

Estas madres se refieren a las famosas contracciones "Braxton-Hicks" que pueden dar la impresión de que el momento ha llegado, cuando no es así. Cuando el parto real empieza, hay otros síntomas que lo indican. He aquí algunas indicaciones que según el Colegio Americano de Obstetras y Ginecólogos señalan el comienzo del parto:

- Sensación de que el bebé está más bajo y distensión abdominal
- Mayor secreción vaginal
- Una descarga fuerte de "agua"
- "Ondas" (waves) de dolor o calambres cada vez más fuertes, que no se alivian al cambiar de postura y que a diferencia de las Braxton-Hicks, se repiten regularmente.

¿Qué está sucediendo?

Cuando el bebé empieza a descender por el canal y entra en el área pélvica, hay una gran distensión abdominal. A causa de la presión, la cerviz se dilata y rompe "la fuente" o bolsa de agua en que se encontraba el bebé durante el embarazo. Las contracciones ayudan a impulsar el bebé hacia la vagina y por fin, hacia el mundo exterior.

E. El peor dolor de mi vida. Todos tenemos dolor a veces. En grupos de tres, hablen de situaciones que causan mucho dolor.

MODELO: E1: *Un hueso roto causa mucho dolor.*
E2: *El parto causa muchísimo dolor.*
E3: *¡El peor dolor es el de ir al dentista!*

Estructuras More on reflexive verbs: Los verbos recíprocos

■ Reciprocal verbs are conjugated in the same way as reflexive verbs. They are used to express that two or more people are doing something *to* or *for* each other.

Nosotros siempre **nos** ayudamos.	*We always help each other.*
Amanda y Marco **se** quieren mucho.	*Amanda y Marco love each other a lot.*
Los miembros del equipo quirúrgico saben apoyar**se** a cada paso.	*The members of the surgical team know how to support one another at each step.*

■ Many verbs not usually used as reflexive verbs can be made reciprocal by using the appropriate reflexive pronoun: **se** or **nos.**

Los médicos **se** consultan cada día.	*The doctors consult each other every day.*
Nosotros **nos** damos masajes.	*We give each other massages.*

Para practicar

A. Acciones mutuas. Indique las acciones recíprocas de las siguientes personas.

MODELO: La madre y el bebé/mirarse
La madre y el bebé se miran.

1. Los padres/besarse *(kiss)* mucho
2. Los médicos/consultarse antes de hacer cirugía
3. Tú y yo/comprenderse bien
4. El médico y la madre del niño enfermo/hablarse todos los días
5. Nosotros/ayudarse siempre

B. ¿Quiénes son? Escriba el nombre de algunas personas famosas o conocidas para completar estas ideas.

MODELO: Nos queremos mucho.
Mis padres y yo nos queremos mucho.

1. Se enojan con frecuencia.	4. No se hablan nunca.
2. Se divorcian.	5. Nos ayudamos mucho.
3 Nos vemos todos los días.	

C. Una familia nueva.   Use los siguientes verbos para describir el noviazgo *(courtship)* de Amanda y Marco. Después de terminar, escríbalo otra vez en la forma **nosotros**.

MODELO: verse por primera vez
Amanda y Marco se ven por primera vez. (Nosotros nos vemos por primera vez.)

1. mirarse a los ojos
2. hablarse
3. no poder separarse
4. pedirse los números de teléfono

5. abrazarse con pasión
6. enamorarse
7. casarse

Módulo 2

El cuidado postnatal

A. ¿Cómo se dice?   Escriba la palabra que corresponda a cada una de las definiciones.

1. Un bebé que tiene menos de un mes de edad es un _____

    _____.

2. La _____ es un sustituto de la leche materna.

3. El bebé toma la fórmula de un _____ con una _____.

4. Pampers y Huggies son dos marcas de _____ desechables *(disposable)*.

5. En el auto, el bebé debe estar asegurado en una _____ de _____.

6. Las canciones que se cantan para calmar al bebé y ayudarlo a dormir son

    _____ de _____.

B. Acciones.   Escriba el verbo que corresponda a cada una de estas definiciones.

1. Amamantar es dar de _____ al bebé con la leche materna.

2. Cuando un bebé traga *(swallows)* mucho aire con la leche, necesita

    _____.

3. La única manera que tiene el bebé de comunicarse con los padres es

    _____.

4. La acción de mover la mano suavemente sobre la cara, la espalda o el

    abdomen del bebé se llama _____.

¡Conozca a su recién nacido!

La mañana después del parto, una voluntaria del hospital visita a Amanda y a su bebé con una canasta de regalos y consejos para la nueva mamá.

VOLUNTARIA: Buenos días, Amanda. ¿Cómo se siente usted esta mañana? ¿Ya empieza a conocer a su hija?

AMANDA: Sí, señora, un poco. Pero el doctor dice que nos vamos a casa esta tarde o mañana y estoy muy nerviosa. Yo no sé cuidar a un bebé.

VOLUNTARIA: Por eso estoy aquí ahora. Tengo para usted unos regalos del hospital y de varias empresas que sí saben mucho del cuidado de los bebés. Puedo contestar cualquier pregunta que usted tenga ahora, y voy a dejar el número de teléfono de una organización de voluntarias que puede contestar preguntas futuras. Primero, ¿tiene alguna pregunta o preocupación? ¿Está llorando?

AMANDA: Es que tengo miedo. Acabo de intentar amamantar a mi hija pero. . .

VOLUNTARIA: Pero es difícil y no le gusta, ¿verdad? Bueno, Amanda. Muchas mujeres tienen problemas al principio cuando dan el pecho al bebé. Es normal. Inténtelo por unos días, y si no le resulta cómodo, puede cambiar y usar biberón y fórmula. Hay fórmula aquí en la canasta con tres biberones y tetinas para empezar. Y hay millones de recién nacidos que se alimentan con fórmula. ¡No se preocupe!

AMANDA: Cuando llora la pequeña, no sé que hacer. No quiero mimarla, pero no quiero dejarla llorar.

VOLUNTARIA: En poco tiempo va a conocer a su hija y sus costumbres—sobre todo el horario que tiene para comer. ¿Sabe usted que es imposible mimar a un bebé durante los primeros meses? Ella depende de usted para todo lo que necesita—física y emocionalmente. Cuando usted responde a su llanto, ella empieza a conocer a sus padres y a confiar en ellos. Y así, muy pronto ustedes van a saber exactamente lo que quiere comunicar con el llanto. Cuando llora, ustedes necesitan saber si:

- ¿Tiene hambre? ¿Necesita un cambio de pañal? ¿Necesita eructar?
- ¿Necesita dormir?—a veces cuando llora, un bebé necesita ayuda para calmarse.
- ¿Necesita el chupete? ¿Se calma cuando usted le acaricia la espalda o la cara?

Y tal vez lo más importante para usted es saber que a veces necesita llorar. Es una manera de disipar la energía y el estrés antes de dormirse. Si después de veinte minutos no deja de llorar, investigue otra vez por si tiene hambre, el pañal sucio, etc.

AMANDA: No sé si tengo la energía. . .

VOLUNTARIA: ¡Ay, Amanda! Durante las primeras dos o tres semanas, es normal que usted se sienta deprimida y llore sin motivo. Su cuerpo necesita recobrar fuerzas. Tenga paciencia y descanse cada vez que tenga la oportunidad. Ahora, tenemos que hablar de la seguridad en el auto y en el baño. Usted sabe que nunca debe tener al bebé en brazos en el auto. ¿Tienen sillita de seguridad—o necesita usar una del hospital para llegar a casa?

C. ¿Comprende usted? Conteste las preguntas según la información del diálogo.

1. ¿Por qué la voluntaria va a ver a Amanda?
2. ¿Por qué está nerviosa Amanda?
3. ¿A Amanda le gusta amamantar a su bebé?

4. Según la voluntaria, ¿es fácil mimar a un recién nacido?

5. ¿Cuáles son tres cosas que los padres deben investigar cuando llora el bebé?

D. La leche materna es el mejor alimento. Lea el artículo y escriba un resumen con cinco datos sobre el valor de amamantar a un bebé. Comparta sus datos con los de un/a compañero/a. ¡Use sus propias palabras!

MODELO: *La leche materna es natural.*

EL ALIMENTO IDEAL

La Academia Americana de Pediatría recomienda amamantar a los bebés por un mínimo de seis meses. Sin embargo, aunque un 50% de las madres estadounidenses amamanta a sus bebés mientras están en el hospital, sólo un 19% sigue haciéndolo hasta que el bebé alcanza medio año de edad. Esto se debe en parte a la falta de información sobre los beneficios que conlleva el amamantar al bebé, tanto para éste como para la madre. Aunque la lista de tales beneficios es demasiado amplia para incluirla en su totalidad, aquí presentamos algunos de estos beneficios, para servirle como guía en su decisión.

BENEFICIOS PARA EL BEBÉ

1. Reduce el riesgo de muerte súbita del bebé.
2. Produce un mejor desarrollo físico y mental del bebé.
3. Reduce los problemas dentales en la infancia.
4. Reduce el riesgo de cáncer infantil.
5. Reduce el riesgo de diabetes.
6. Reduce el riesgo de obesidad.
7. Previene la desnutrición.
8. Reduce el riesgo de enfermedades respiratorias.
9. Aumenta el nivel de hierro y las defensas del cuerpo del bebé.
10. Favorece un mejor crecimiento y desarrollo del bebé.

BENEFICIOS PARA LA MADRE

1. Reduce el riesgo de osteoporosis.
2. Reduce la aparición de la depresión postparto.
3. Ahorra tiempo y dinero.
4. Reduce la aparición de cáncer de los senos y cáncer en los ovarios.
5. Retarda la reaparición de la menstruación.
6. Reduce la necesidad de utilizar medicamentos.
7. Es más higiénico, estéril y no deja residuos ni desperdicios.
8. Se produce en la cantidad necesaria, con todos los nutrientes esenciales.
9. Es más práctico, no necesita envase o preparación.
10. Ayuda a la madre a integrarse en su nuevo rol.

E. Un debate. Muchas personas creen que amamantar es lo mejor para un bebé, ¡y eso incluye dar el pecho en el centro comercial! Otros creen que eso no se hace en público, o que debe darle un biberón con fórmula en una situación pública. Dos de ustedes pertenecen al primer grupo; dos al segundo grupo. Presenten sus opiniones explicando por qué piensan así.

MODELO: E1: *Amamantar es el proceso natural.*
E2: *Sí, pero eso no incluye quitarse la ropa en un lugar público frente a otras personas.*

Estructuras *Expressing knowledge and familiarity: Saber y conocer*

- Spanish has two verbs to express different aspects of the English verb *to know.*

saber			
yo	**sé**	nosotros/as	**sabemos**
tú	**sabes**		
usted/él/ella	**sabe**	ustedes/ellos/ellas	**saben**

- Use **saber** to say that someone knows information or facts. When followed by an infinitive, **saber** means *to know how to do something.*

Yo **sé** el número de teléfono del pediatra. — *I know the pediatrician's phone number.*

Muchas madres nuevas no **saben** amamantar al bebé. — *Many new mothers don't know how to nurse the baby.*

conocer			
yo	**conozco**	nosotros/as	**conocemos**
tú	**conoces**		
usted/él/ella	**conoce**	Uds./ellos/ellas	**conocen**

- Use **conocer** to indicate that someone is personally *acquainted with* or *familiar with* a person or a place.

La nueva madre ya **conoce** muy bien a su hijo y sus costumbres. — *The new mother already knows her son and his habits well.*

| Matilde **conoce** muy bien el Hospital General porque allí nació su hijo. | *Matilde knows (is familiar with) General Hospital because her son was born there.* |

Para practicar

A. ¿Quién sabe hacer...?   Usted es un billonario con un nuevo bebé. Quiere llamar a las personas o empresas *(companies)* más expertas—en la actualidad o en el pasado—para hacer lo siguiente:

MODELO: cantar canciones de cuna
Faith Hill sabe cantar canciones de cuna.

1. preparar comidas excelentes para el bebé y para la familia
2. hacer ejercicios con el bebé y la mamá
3. diseñar una línea de ropa para el bebé
4. jugar con el bebé
5. cambiar los pañales sucios del bebé
6. bañar al bebé
7. escribir libros para el bebé
8. contestar todas las preguntas de los padres

B. ¿Conoce usted a...?   Una amiga embarazada quiere recomendaciones de personas que usted u otras personas conocen *personalmente* para prepararse para su futura familia.

MODELO: ¿Conoce usted . . . a un buen médico ginecólogo?
Sí, conozco al Dr. Diamante. o *No, no conozco a nadie.*

1. ¿Conoce usted un buen hospital aquí para el parto?
2. ¿Conocen ustedes a una enfermera para ayudarme?
3. ¿Conoce el obstetra a un buen pediatra?
4. ¿Conoce usted alguna organización que preste *(lends)* sillitas de auto para recién nacidos?
5. ¿Conocen ustedes la organización que ayuda a las madres a amamantar?
6. ¿Conoce usted a una niñera *(babysitter)* excelente?

C. ¿Saber o conocer?   Usted tiene que salir por dos horas y tiene miedo de dejar al bebé con una niñera. Durante la entrevista usted hace muchas preguntas para estar seguro/a de que ella es una experta. Complete las preguntas con la forma **usted** de **saber** o **conocer.**

1. ¿_____ el número de teléfono para llamar en caso de emergencia médica?

2. ¿_____ preparar la fórmula?

3. ¿_____ a mi pediatra, la Dra. Sánchez?

4. ¿_____ el Hospital General?

5. ¿_____ llegar al hospital?

6. ¿_____ bañar al bebé?

Módulo 2

Una visita al/a la pediatra

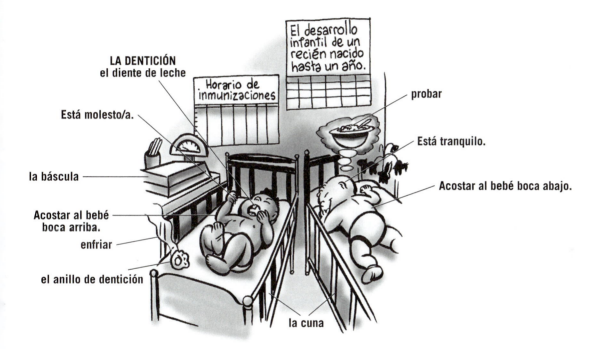

A. ¿Cómo se dice? Escriba la palabra que corresponda a cada una de las definiciones.

1. Los primeros dientes del bebé son _____ _____ _____.

2. El proceso doloroso de esperar los dientes se llama la _____.

3. Las inyecciones que recibe un recién nacido son las _____.

4. Un bebé acostado sobre la espalda está _____ _____.

5. Un bebé acostado sobre el estómago está _____ _____.

B. Acciones.   Use sus propias palabras para explicar estas acciones.

1. acostar a un niño   4. probar
2. enfriar   5. estar molesto/a
3. desarrollar

¡Cómo crece Marisa!

Amanda está en el consultorio del pediatra, el Dr. Miguel, con su bebé Marisa que acaba de cumplir cuatro meses.

DR. MIGUEL: Buenos días, Amanda. ¿Cómo está la pequeña?

AMANDA: Está mucho mejor que el mes pasado. No le molestan los oídos ahora y no tiene fiebre. Pero, doctor, creo que algo le molesta porque llora mucho y no sólo para conseguir atención.

DR. MIGUEL: Vamos a examinarla completamente hoy. Si todo está bien, ella necesita las vacunas de seis meses. Pero si tiene alguna infección, las vamos a posponer hasta el mes que viene. Primero vamos a pesarla y medirla. . . ¡Qué bien, Amanda! Crece mucho—está en el mismo grupo que el 90% de los niños de su edad. ¿Tiene mucho apetito?

AMANDA: Siempre tiene hambre. Cuando está con nosotros durante la comida, nos mira como para pedirnos nuestra comida.

DR. MIGUEL: Entonces es hora de probar comida sólida. Empecemos con cereal de arroz bien aguado. Si lo toma y lo tolera, podemos poco a poco agregar más variedad. También vamos a empezar con un suplemento vitamínico unos días después de empezar con el cereal.

AMANDA: Bueno. Lo voy a comprar hoy. Dr. Miguel, ¿por qué llora así mi hija?

DR. MIGUEL: El llanto también trae buenas noticias. Empieza la dentición. Si pone el dedo aquí en la encía, puede sentir su primer diente de leche. Va a estar un poco molesta, pero es normal. Va a necesitar un anillo de dentición. Si no lo tiene, puede poner una toallita mojada en el congelador para enfriarla. Yo sé que usted se preocupa mucho cuando llora la niña. . .

AMANDA: Doctor, es peor. Estoy más preocupada cuando no llora. Me levanto tres veces cada noche para ver si respira. Tengo mucho miedo de la "muerte de cuna".

DR. MIGUEL: Usted, Amanda, necesita relajarse. Si la acuesta boca arriba en la cuna, no debe haber problema. Descanse, Amanda, el desarrollo de Marisa es excelente. Es una niñita saludable y feliz. Aquí tenemos la inyección. Amanda, cierre los ojos si no quiere verla. . .

C. ¿Comprende usted?   Conteste las preguntas según la información del diálogo.

1.   ¿Por qué está Marisa en el consultorio?

2.   ¿Qué le molesta?

3.   Si su salud lo permite, ¿qué necesita la bebé?

4.   ¿De qué tiene mucho miedo Amanda?

5.   ¿Qué opina el médico sobre la salud y el desarrollo de Marisa?

D. La importancia de las vacunas.   Los niños necesitan las vacunas para protegerlos contra las enfermedades infantiles. Dibuje *(Sketch)* a un/a niño/a con síntomas de dos de las enfermedades mencionadas, e indique cuándo debe recibir esa vacuna y cómo se llama la enfermedad.

NO JUEGUE CON LA VIDA DE SU BEBÉ.

Vacúnelo antes de que cumpla dos años de edad. Protéjalo contra enfermedades infantiles peligrosas: varicela, difteria, sarampión, tosferina, tétano, paperas, rubéola, influenza tipo b, hepatitis B, polio.
Vacune a su bebé a tiempo—cada vez.

Su bebé necesita estas vacunas:

EDAD	VACUNAS			
2 meses	Polio	DTP	Hib	Hepatitis B
4 meses	Polio	DTP	Hib	Hepatitis B
6 meses	Polio	DTP	Hib	Hepatitis B
12 o 15 meses	MMR		Hib	Hepatitis B
15 meses		DTP		

ESPERAR ES LAMENTAR.
PARA MÁS INFORMACIÓN, LLAME GRATIS AL: 1-800-232-0233.

E. El niño enfermo.   Uno de ustedes es Tito, un niño enfermo y el otro es su padre. Tito debe describirle a su padre sus síntomas y el padre debe ofrecerle lo necesario para que se sienta mejor.

MODELO: *E1: Papi, me duele la garganta.*
   E2: Mi hijo, te preparo un caldo de pollo.

Estructuras   Receiving the action of a verb: El objeto directo

- Direct objects are people or things that are acted on by the subject of a sentence or question. The following sentences have their direct objects highlighted in bold type. Human direct objects have an **a** in front of them.

El doctor examina **a Marisa.**   *The doctor examines Marisa.*
Él le mide **la cabeza.**   *He measures her head.*
La enfermera prepara **las vacunas.**   *The nurse prepares the immunizations.*

- The following pronouns will replace nouns that function as direct objects.

Direct object pronouns			
me	*me*	**nos** *us*	
te	*you (fam., sing.)*		
lo	*him, it, you (form., sing., m.)*	**los** *them, you (pl., m.)*	
la	*her, it, you (form., sing., f.)*	**las** *them, you (pl., f.)*	

- In Spanish, direct object pronouns are placed before a conjugated verb.

El médico examina **al bebé.**   *The doctor examines the baby.*
El médico **lo** examina.   *The doctor examines him.*

La enfermera mide **la cabeza.**   *The nurse measures the head.*
La enfermera **la** mide.   *The nurse measures it.*

¿El médico conoce bien **a los pacientes?**   *Does the doctor know his patients well?*
Sí, el médico **nos** conoce bien.   *Yes, the doctor knows us well.*

- If an infinitive follows the conjugated verb and shares the same subject, the pronoun may be placed before the conjugated verb, or it may be attached to the infinitive.

Voy a llamar **al médico.** → **Lo** voy a llamar.
Voy a llamar**lo.**

Debo calentar **la fórmula.** → **La** debo calentar.
Debo calentar**la.**

■ In the present progressive, the direct object pronoun may be placed before the conjugation of the verb **estar** or it may be attached to the end of the participle ending in **–ndo.** When attaching the pronoun to the end participle form, remember to add an accent to the second-to-last syllable of the *original participle.*

Estoy examinando **a las pacientes.** → **Las** estoy examinando.
Estoy examin**á**ndo**las.**

Estamos buscando **una sillita segura** para el auto. → **La** estamos buscando.
Estamos busc**á**ndo**la.**

■ When using direct object pronouns with command forms of the verb, the pronoun is *always* attached to the end of an affirmative command, and is *always* placed before a negative command. When attaching the pronoun to the end of the command, remember to place an accent on the second-to-last syllable of the *original command form.*

¿Llamo **al médico** ahora? → Sí, ll**á**me**lo** inmediatamente.
No, no **lo** llame ahora.

Para practicar

A. La recepcionista.   Usted es la recepcionista en el consultorio del Dr. Miguel. Hay muchas preguntas que usted tiene que contestar por teléfono. Conteste estas preguntas con pronombres de objeto directo.

MODELO: PACIENTE: ¿Necesito la tarjeta del seguro?
USTED: *Sí, la necesita.*

1.   ¿Necesitan los niños las inyecciones?
2.   ¿El médico nos puede ver pronto?
3.   ¿Necesitamos cita antes de venir?
4.   ¿Tengo que comprar la medicina hoy?
5.   ¿El médico va a examinar los oídos?
6.   Mientras estoy allí con mi hija, ¿el médico puede examinar a mis otros hijos?

B. El médico necesita ayuda. El Dr. Miguel tiene un horario completo hoy y quiere saber si todo está preparado. Dígale que los empleados están haciendo lo que pide.

MODELO: Llamar a los pacientes para confirmar la cita
Estamos llamándolos ahora. o *Los estamos llamando ahora.*

1. preparar los instrumentos
2. limpiar los consultorios
3. buscar nuevas revistas para la sala de espera
4. comprar más café
5. invitar a los estudiantes de medicina a observar
6. poner las medicinas en un lugar seguro

C. La emergencia. El esposo nervioso llama al consultorio porque su esposa va a dar a luz. Conteste sus preguntas usando pronombres de objeto directo. ¡OJO! El nuevo papá está nervioso y algunas preguntas resultan un poco tontas.

MODELO: ¿Pido una ambulancia inmediatamente?
Pídala inmediatamente.

1. ¿Empiezo los ejercicios de respiración en el coche?
2. ¿Hago la maleta?
3. ¿Compro biberones antes de ir?
4. ¿Limpio la casa?
5. ¿Leo el libro de Lamaze?
6. ¿Acaricio la cabeza de mi esposa?
7. ¿Llamo a nuestros padres?
8. ¿Busco la tarjeta del seguro?
9. ¿Llamo al médico con frecuencia?

Vocabulario Módulo 1

Sustantivos

el aborto	*abortion*	**la incubadora**	*incubator*
el aborto espontáneo	*miscarriage*	**el masaje**	*massage*
la adopción	*adoption*	**las náuseas matutinas**	*morning sickness*
el alcance	*reach*	**la neonatología**	*neonatology*
el antojo	*craving*	**el/la neonatologista**	*neonatologist*
el cansancio	*tiredness*		
la cesárea	*Cesarean (section)*	**el/la obstetra**	*obstetrician*
la dureza	*hardness*	**el parto**	*labor*
el embarazo	*pregnancy*	**el paso**	*step*
la habitación	*room*	**el período**	*period*

la recámara	*bedroom*	**la señal**	*sign*
la regla	*rule, menstrual period*	**el tapón**	*plug*

Verbos

afeitarse	*to shave*	**levantarse**	*to get up*
aguantar	*to endure, bear*	**nacer (zc)**	*to be born*
asistir + a	*to attend*	**ponerse + adj.**	*to become*
bañarse	*to bathe*	**preocuparse por**	*to worry*
calmarse	*to calm down*	**quedar**	*to fit*
dejar + de	*to leave (behind), give up*	**quedarse**	*to stay, remain*
dormirse (ue)	*to fall asleep*	**reemplazar**	*to replace*
empujar	*to push (labor)*	**secarse**	*to dry off*
enojarse	*to become upset*	**vestirse (i)**	*to get dressed*

Adjetivos

casero/a	*homemade, home-loving*	**espeso/a**	*thick*
		estrecho/a	*tight*
dispuesto/a	*ready, available*	**sangriento/a**	*bloody*
embarazada	*pregnant*	**último/a**	*last*

Otras expresiones

dar a luz	*to give birth*	**recién**	*recent*
llevarse bien/ mal	*to get along well, not at all*		

Módulo 2

Sustantivos

la almohada	*pillow*	**el diente de leche**	*baby tooth*
el ambiente	*environment*		
el anillo de dentición	*teething ring*	**el horario**	*schedule*
		el invierno	*winter*
la autopsia	*autopsy*	**el juguete**	*toy*
el biberón	*bottle (baby)*	**el llanto**	*crying*
el caso	*case*	**el otoño**	*fall, autumn*
la causa	*cause*	**el pañal**	*diaper*
el chequeo	*check, examination*	**las paperas**	*mumps*
el chupete	*pacifier*	**la partera**	*midwife*
el coche	*car*	**la primavera**	*spring*
el colchón	*mattress*	**el síndrome**	*syndrome*
la comadrona	*midwife*	**la tetina**	*nipple (bottle)*
la cuna	*crib*	**la tosferina**	*whooping cough*
la dentición	*teething*		

Verbos

acariciar	*to caress*	**enfriar**	*to get cold*
alentar (ie)	*to encourage*	**eructar**	*to burp*
amamantar	*to nurse*		

Adjetivos

abrigado/a	*wrapped up (warm)*	**infantil**	*infantile*
agradable	*pleasant*	**molesto/a**	*upset*
deprimido/a	*depressed*	**repentino/a**	*sudden*
diplomado/a	*degreed*	**titulado/a**	*graduated, qualified*
esponjoso/a	*spongy*		

Otras expresiones

alrededor de	*around, about*	**prestar atención**	*to pay attention*

Síntesis

A escuchar

El segundo día que Amanda y Marco están en casa con Marisa, llaman por teléfono a una línea de ayuda para los padres de recién nacidos.

Conteste las preguntas a continuación según lo que escuche.

1. ¿Qué edad tiene Marisa cuando llaman sus padres?
2. ¿Tiene hambre Marisa?
3. ¿Necesita un pañal limpio?
4. ¿Tiene que eructar?
5. ¿Qué solución ofrece la operadora?

A conversar

Todos tenemos experiencia con el proceso de dar a luz, personalmente, o por medio de familiares o amigos. En grupos de cuatro, hablen de cosas que han escuchado.

MODELO: *E1: Mi hermana va a dar a luz en octubre. Es su segundo bebé y le van a hacer una cesárea porque tiene problemas vaginales.*

A leer

★★

Síndrome de Muerte Infantil Repentina
Reducir el riesgo del síndrome de muerte infantil repentina

¿Qué es SIDS?

SIDS, conocido también como el Síndrome de Muerte Infantil Repentina, es la muerte inesperada e inexplicable de un bebé menor de un año de edad. Puede ser determinado solamente después de completar una autopsia, investigar el lugar donde ocurrió la muerte y estudiar la historia del caso.

SIDS, conocido también como Muerte de cuna, es la causa principal de muerte entre bebés de un mes a un año de edad.

★Información importante acerca de SIDS

La mayoría de muertes a causa de SIDS ocurren antes de los seis meses de edad. Sus víctimas son generalmente más niños que niñas y la mayoría de muertes ocurren durante el otoño, el invierno y el principio de la primavera. La muerte es repentina e inesperada y generalmente ocurre mientras el niño duerme.

DORMIR BOCA ARRIBA

Lo que usted puede hacer

★Ponga a su bebé a dormir boca arriba.

Una de las cosas más importantes que usted puede hacer para reducir el riesgo de SIDS es poner a dormir a su bebé boca arriba. Recuerde esto cada vez que su bebé duerma durante el día o la noche.

★Un ambiente sin humo

Mantenga un ambiente sin humo alrededor de su bebé. Evite fumar cuando esté embarazada y aún después de que su bebé nazca. Los bebés y niños pequeños que respiran humo de cigarrillos contraen más resfriados y otras enfermedades.

★Accesorios de cama

Asegúrese de que su bebé duerma sobre un colchón firme. No use cobijas o colchas esponjosas debajo del bebé, ni lo ponga a dormir en una cama de agua, una almohada u otro material suave. No deje juguetes de peluche *(fur)* en la cuna.

★Temperatura

Los bebés necesitan estar abrigados, pero no calientes. Vista a su bebé con la misma cantidad de ropa que usted lleva. Mantenga el cuarto de su bebé a una temperatura agradable para usted.

★Cuidado médico

El mejor comienzo para todo bebé es que la madre reciba cuidado prenatal. Es muy importante no tomar alcohol ni drogas durante el embarazo. Su bebé necesita chequeos médicos frecuentes y vacunas.

★Leche materna

El mejor alimento para su bebé es la leche materna.

¿Comprende usted? Si las siguientes declaraciones son ciertas, escriba una **C**; si son falsas, escriba una **F** y haga las correcciones necesarias.

I. _____ El tema del artículo es el SIDA.

2. _____ Los bebés que mueren de SIDS tienen más de dos años.

3. _____ Los recién nacidos necesitan poca ropa.

4. _____ La leche materna es la mejor comida.

5. _____ Deben acostar a los bebés boca abajo.

6. _____ Fumar es un problema durante el embarazo y después del nacimiento del bebé.

A escribir

👥 Acaba de aprender mucho sobre cómo llevar una vida sana durante el embarazo y ahora usted necesita preparar un informe breve para una presentación en una clase de la escuela secundaria. Es importante mencionar lo necesario para dar a luz a un bebé saludable y la posibilidad de complicaciones como un aborto espontáneo o la necesidad de ir a un centro de neonatología. Escriba sus sugerencias, por lo menos diez, para que la madre se cuide durante su embarazo. Compare sus ideas con las de su compañero/a.

Algo más

Ventana cultural

La Enfermera Partera Diplomada de hoy: la comadrona para usted

La enfermera partera y usted

La enfermera partera diplomada de hoy en día, una proveedora profesional de salud, es una enfermera titulada que se ha graduado de uno de los 50 programas de educación superior acreditados por el American College of Nurse-Midwives (ACNM). Además, para poder ejercer su profesión, las enfermeras parteras deben aprobar un examen a nivel nacional y cumplir con los rigurosos requisitos establecidos por las instituciones estatales de atención a la salud.

Las enfermeras parteras trabajan en clínicas, hospitales y centros de atención de partos. Muchas trabajan en consultorios médicos privados y otras asisten a mujeres que desean dar a luz en su propio hogar. Las enfermeras parteras asisten a la mujer durante el parto y tienen experiencia en atención prenatal, de postparto, en niños recién nacidos y también en atención ginecológica de rutina.

Un cuidado de salud seguro y personal

Las enfermeras parteras ofrecen a la mujer una capacitación especial y tienen conocimiento de sus particularidades y necesidades físicas, sociales y espirituales. La atención de las enfermeras parteras se concentra en la salud preventiva y en alentar a la mujer a que tome sus propias decisiones con respecto al cuidado de su salud.

Atención durante toda su vida

A lo largo de la vida de la mujer, las enfermeras parteras enseñan y contestan las preguntas sobre la dieta adecuada, la higiene personal, los ejercicios, el sueño y cómo mantener una vida sana. Prestan asesoramiento previo a la concepción, servicios de planificación familiar, exámenes anuales pélvicos y de mama y tratamientos contra infecciones. También prestan servicios de salud a mujeres mayores y pueden prestar servicios de terapia de reemplazo hormonal.

Durante el embarazo, la enfermera partera controla regularmente su salud y la de su hijo.

Durante el parto, la enfermera partera evalúa su progreso y está presente para ofrecer apoyo espiritual y físico. El cuidado de seguimiento comienza inmediatamente después del parto: la enfermera partera examina al recién nacido, presta asesoramiento sobre el amamantamiento y el cuidado del niño y se asegura de que la mujer se mantenga saludable después del parto.

Todas las enfermeras parteras consultan con los médicos en caso de que haya un problema que pueda poner en peligro la vida de la mujer.

En la mayoría de los estados, las enfermeras parteras pueden recetar medicamentos y vitaminas.

Los servicios de enfermeras parteras están cubiertos por las compañías de seguros, Medicare y Medicaid.

En mis propias palabras. Prepare una lista de razones posibles para dar a luz con la ayuda de una partera. ¿Qué es una partera? ¿Cuál es su papel *(role)* en el parto? ¿Antes y después del parto?

A buscar

Hay muchas familias con deseos de adoptar a un niño y hay mujeres embarazadas que no pueden quedarse con sus bebés. Las agencias de adopción públicas, privadas y religiosas, nacionales e internacionales se encargan de *(take charge of)* encontrar la casa ideal para estos niños. Busque información sobre un grupo de adopción y presente sus resultados en clase.

L ECCIÓN 9

Problemas de salud

Módulo 1
- La depresión
- Giving advice and suggestions: *Introducción breve al subjuntivo*
- El alcohol
- More on the subjunctive: *Más sobre el subjuntivo*

Módulo 2

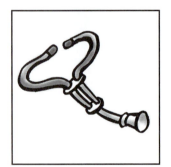

- Las drogas
- Giving recommendations: *El subjuntivo con expresiones impersonales*
- ¡No fume!
- Expressing emotion and doubt: *El subjuntivo con expresiones de emoción y duda*

Síntesis
- A escuchar
- A conversar
- A leer
- A escribir

Algo más
- Ventana cultural: Nadie se merece el abuso
- A buscar

Módulo 1

La depresión

El apoyo y la esperanza
los profesores
y maestros

los médicos, psicólogos,
psiquiatras

los sacerdotes,
reverendos, rabinos

La desesperación: está desesperada.

los amigos
y parientes

**Está deprimida y tiene
insomnio.**

A. ¿Cómo se dice?   Escriba la palabra que corresponda a cada una de las definiciones.

1. Un sentimiento terrible de que usted no tiene control sobre nada en su

vida y no hay esperanza, es la _____.

2. Tres líderes religiosos son el _____, el _____ y el _____.

3. Cuando es imposible dormir por la noche o cuando el sueño se interrumpe

durante la madrugada la persona tiene _____.

4. Cuando una persona tiene una depresión emocional, se dice que la persona

está _____.

5. Un médico que ayuda con los problemas físicos y emocionales es un

_____.

B. Sinónimos. Cada uno de estos cuatro grupos de palabras tiene verbos que son equivalentes o sinónimos. ¿Puede reconocer qué grupo de verbos es el mejor para completar cada una de las siguientes ideas? Finalmente, termine las oraciones con la forma correcta de cada verbo del grupo.

a. recomendar, sugerir, insistir en **c.** pedir, rogar

b. tener miedo, temer **d.** no creer, dudar

MODELO: El médico _____ que la paciente deprimida coma bien.
Grupo 1: El médico recomienda que la paciente deprimida coma bien.
El médico sugiere que la paciente deprimida coma bien.
El médico insiste en que la paciente deprimida coma bien.

1. La maestra _____ que su estudiante de 14 años tome alcohol y drogas.

2. La madre del estudiante _____ que sea verdad que su hijo tome drogas.

3. La madre le _____ a su hijo que no salga con amigos delincuentes.

4. El psicólogo de adolescentes _____ que la madre se comunique con los maestros de su hijo.

¡No sé qué me pasa!

Gilda habla con el doctor Suárez sobre cómo se siente recientemente.

DOCTOR SUÁREZ: Buenas tardes, Gilda. ¿Cómo está usted hoy?

GILDA: (empieza a llorar) ¡Ay, doctor! No sé qué me pasa. Estoy cansada y desesperada. Y no puedo dejar de llorar. El Padre Horacio de la iglesia recomienda que hable con usted.

DOCTOR SUÁREZ: Gilda, estoy muy contento de que usted esté aquí. Quiero que me cuente un poco de la desesperación. ¿Cómo está la familia? ¿Hay problemas en el trabajo?

GILDA: En los trabajos, doctor—es que tengo dos. Estoy cansada y no puedo concentrarme. Siempre lloro sin razón. Pero desde la muerte de mi esposo, no puedo hacer nada bien. Siempre temo que no haya bastante dinero para el alquiler y la comida. Todos los días, mis hijos quieren que les compre alguna novedad cara. Mis hijos están sin control, sobre todo el menor. Cada noche, le ruego que no salga a la calle—no me gustan sus amigos. Yo quiero que haga su tarea y que me ayude en la casa. Pero él no me hace caso. Regresa muy tarde—y creo que con frecuencia está borracho. Dudo que asista a sus clases.

DOCTOR SUÁREZ: Y usted no duerme esperando a que regrese, ¿verdad?

GILDA: No, doctor, no es eso. Hace mucho que no duermo ni tengo apetito.

DOCTOR SUÁREZ: Gilda, no hay duda de que está deprimida. Vamos a buscar varios métodos para aliviarla. Primero, quiero que consulte con un amigo mío que es un psicólogo excelente—experto en los problemas del alcoholismo en los adolescentes. Si usted tiene razón, quiero que busque ayuda inmediatamente. Ya verá. Con tomar la decisión de mejorar su vida, estoy seguro de que va a sentirse mejor casi inmediatamente. También, para usted, voy a insistir en que coma bien y haga ejercicio. Estos son los primeros pasos para aliviar la depresión.

C. ¿Comprende usted? Conteste las preguntas según la información del diálogo.

1. ¿Cuál es el problema de Gilda?
2. ¿Cuáles son las actividades de su hijo que le dan miedo?
3. ¿Con quién debe hablar ella según el doctor Suárez? ¿Por qué?
4. ¿Qué debe hacer Gilda para mejorar su salud?

D. La depresión habla todos los idiomas. Lea el artículo y luego prepare una lista de causas probables de este problema. Compare su lista con la de un/a compañero/a.

MODELO: *1. divorciarse*
2. perder el trabajo

ASUNTOS DE SALUD PARA LOS HISPANOS

La Depresión Habla Todos Los Idiomas

LA DEPRESIÓN HABLA TODOS LOS IDIOMAS

¿Cómo se puede saber si uno sufre de depresión? ¿Cómo se sabe si hay que hablar con el médico? Una forma de averiguar las respuestas es empezar con la lista incluida aquí.

La depresión tiene síntomas específicos con los que su médico está familiarizado. Lea la lista y marque los elementos que mejor describan su situación. Si Ud. sufre o ha sufrido cinco o más de estos síntomas por más de dos semanas, necesita visitar a su médico.

Lista de síntomas asociados con la depresión:

❑ Me siento triste y/o irritable.

❑ No disfruto de las cosas de las que antes disfrutaba (trabajo, pasatiempos, deportes, amigos, vida sexual).

❑ Mi apetito y/o peso ha(n) cambiado.

❑ Duermo mucho o no duermo lo suficiente.

❑ Siempre estoy cansado/a y no tengo energía.

❑ Me siento culpable, sin esperanza y siento que no valgo nada.

❑ No puedo concentrarme ni recordar cosas ni tomar decisiones.

❑ Mis amigos dicen que estoy intranquilo/a y que mi energía ha disminuido.

❑ A menudo pienso en la muerte y/o he intentado suicidarme.

© Eli Lilly and Company

E. Problemas, problemas. La Navidad *(Christmas)* es una temporada de mucha alegría *(happiness)* y muchas fiestas pero también de problemas emocionales como la depresión. En grupos de cuatro hablen de las razones posibles por las que las personas pueden estar deprimidas durante esta temporada. Incluyan razones de la actividad anterior, y mencionen cuáles son las más frecuentes.

MODELO: *E1: Muchas personas están solas.*
E2: Otras se preocupan por la falta de dinero.

Estructuras   *Giving advice and suggestions: Introducción breve al subjuntivo*

- In Lección 5 you learned about using command forms to tell people what you would like to see happen. This is the first phase of a grammatical concept called the *subjunctive mood*.

- All of the other verb forms you have learned so far are in the *indicative mood*. The indicative mood is generally used to describe what the speaker assumes to be true.

- The subjunctive mood is used to indicate that the speaker does not consider the statement to be a fact.

- Verbs in the subjunctive mood are used in the subordinate clause (usually the second clause of a sentence) when the main clause (usually the first clause of a sentence) expresses a suggestion, wish, doubt, emotion, or attitude.

Indicative: Gilda **duerme** profundamente todas las noches. (What *is*)

Subjunctive: El médico **quiere que** Gilda **duerma** profundamente todas las noches. (What the doctor *wants,* but may or may not be.)

- The formal command forms you previously learned and verbs in the subjunctive mood are derived by using the present tense **yo** form of the verb and changing the final vowel of **-ar** verbs to **-e** and the final vowels of **-er** and **-ir** verbs to **-a**.

	hablar	comer	vivir
Command	habl**e**	com**a**	viv**a**
que yo	habl**e**	com**a**	viv**a**
que tú	habl**es**	com**as**	viv**as**
que él/ella/Ud.	habl**e**	com**a**	viv**a**
que nosotros/as	habl**emos**	com**amos**	viv**amos**
que Uds./ellos/ellas	habl**en**	com**an**	viv**an**

	ir	dar	estar	ser	saber
Command	va**ya**	d**é**	est**é**	s**ea**	s**epa**
que yo	va**ya**	d**é**	est**é**	s**ea**	s**epa**
que tú	va**yas**	d**es**	est**és**	s**eas**	s**epas**
que él/ella/Ud.	va**ya**	d**é**	est**é**	s**ea**	s**epa**
que nosotros/as	va**yamos**	d**emos**	est**emos**	s**eamos**	s**epamos**
que Uds./ellos/ellas	va**yan**	d**en**	est**én**	s**ean**	s**epan**

- As with formal commands, verbs ending in:

-zar	become	**-ce**	empíe**ce** usted
-gar	become	**-gue**	pa**gue** usted
-car	become	**-que**	bus**que** usted

- An **e** in the stem of the **nosotros** form of stem-changing **-ir** verbs changes to **i** and an **o** changes to **u** in the subjunctive. Note that this change occurs only with stem-changing **-ir** verbs, not with **-ar** and **-er** verbs.

INFINITIVE		SUBJUNCTIVE
-ar	**cerrar**	**cierre, cierres, cierre,** cerremos, **cierren**
-er	**volver**	**vuelva, vuelvas, vuelva,** volvamos, **vuelvan**
but ¡OJO!		
-ir	**sentir**	sienta, sientas, sienta, **sintamos,** sientan
	dormir	duerma, duermas, duerma, **durmamos,** duerman

- The subjunctive of **hay** is **haya.**
- When there is only one subject that wants, desires, hopes, or prefers to do something, the verb is followed by an infinitive.

El padre quiere ayudar.	*The priest wants to help.*
Usted necesita comer bien.	*You need to eat well.*

- When one subject wants, desires, hopes, prefers, etc. that a second subject do something, the two clauses are joined by **que** and the subjunctive is used in the second clause.

Yo quiero **que mi hijo** asis**ta** a sus clases.	*I want my son to attend his classes.*
El médico prefiere **que yo** habl**e** con un psicólogo.	*The doctor wants me to talk to a psychologist.*

Para practicar

A. ¿Mi hijo o yo?   Usted es el padre de un adolescente. Lea la siguiente lista de actividades e indique si usted prefiere hacerlas o si prefiere que su hijo las haga.

MODELO: pagar los seguros de salud
Yo prefiero pagar los seguros de salud.
ir a la escuela
Yo prefiero que mi hijo vaya a la escuela.

1. limpiar su cuarto
2. preparar la comida
3. hacer la tarea todas las noches
4. dejar de tomar drogas
5. hablar con un consejero cuando tiene problemas en la escuela
6. comprar la comida
7. no salir por la noche si tiene clases el próximo día
8. estar en control de la casa
9. ir a la iglesia
10. buscar nuevos amigos con buenos valores

B. ¿El médico o los pacientes?   ¿El médico quiere que los pacientes hagan las siguientes actividades, o los pacientes quieren que el médico las haga?

MODELO: escribir una receta
Los pacientes quieren que el médico escriba una receta.

1. hacer ejercicio
2. traer su tarjeta de seguros al consultorio
3. recomendar un buen psicólogo
4. tomar la medicina
5. controlar el estrés
6. comer bien
7. pagar rápidamente
8. dormir bien

C. El cliente deprimido. Usted es psicólogo/a y tiene un cliente con todos los síntomas de la depresión. Haga una lista de cinco actividades que usted quiere que haga.

MODELO: *Quiero que haga ejercicio.*

1. _____

2. _____

3. _____

4. _____

5. _____

Módulo 1

El alcohol

La intervención

la negación

El aliento huele a alcohol.

Los 12 PASOS
Admitir que usted tiene un problema

Yo no tengo problemas

Programa Residencial para el Tratamiento del Alcoholismo y la Drogadicción

el grupo de autoayuda

el psiquiatra   la psicóloga

emborracharse
Está borracho.

A. ¿Cómo se dice?   Conteste las preguntas según la información del dibujo.

1. Una persona que no tiene control de su cuerpo ni de sus pensamientos por tomar *mucho* alcohol está _____.

2. Una persona con un problema de abuso de sustancias que no quiere admitir está en un estado de _____.

3. Una _____ es un acto de amor cuando la familia y los expertos en adicciones confrontan a la persona que sufre del problema.

4. El programa de *Los 12 Pasos* es un programa de _____ donde las personas con adicciones aprenden mucho de los triunfos y fracasos de otros adictos.

5. Una indicación de que una persona toma mucho alcohol es que le huele el _____.

B. Más sinónimos.   Estudie estos grupos de sinónimos y escriba en cada espacio la letra del grupo que mejor complete la idea. Después, complete la oración con la forma correcta de cada verbo.

A. admitir = confesar
B. admitir al = internar en = colocar en (el hospital)
C. recomendar = sugerir = aconsejar
D. emborracharse = intoxicarse

MODELO: El joven _____A_____ que toma cerveza todos los días.
admite, confiesa

1. El psiquiatra _____ que la familia haga una intervención.

2. Los consejeros quieren que la madre _____ a su hijo en una clínica para que se desintoxique.

3. El alcohólico no quiere _____ que tiene un problema serio.

4. Esta noche uno de los estudiantes que tiene 21 años va a comprar mucha cerveza y los jóvenes van a _____.

La esperanza

Gilda, con la ayuda del Dr. Suárez, el padre Horacio y sus familiares, empieza a cambiar las situaciones que provocan la depresión en su vida. Hoy tiene su primera cita con el Dr. Muñoz—experto en drogodependencia en los adolescentes.

DR. MUÑOZ:	Gilda, su hijo Alejandro tiene 15 años, ¿verdad? Y, ¿por qué sospecha que es alcohólico?
GILDA:	Bueno, doctor, ahora es más que una sospecha. Estoy casi segura de que él sale con sus amigos todas las noches para emborracharse con cerveza y quién sabe qué más. Dos de sus maestros lo confirman. Dicen que con frecuencia no se presenta en las clases, y las veces que está, es obvio que ni está preparado ni tiene interés. Se duerme en clase y muchas veces el aliento le huele a alcohol.
DR. MUÑOZ:	Gilda, no sé si es alcohólico, pero sí hay indicaciones serias. Me gustaría hablarle.
GILDA:	Dudo que venga, doctor. Él dice que el problema es mío, y que todos los "hombres" toman.
DR. MUÑOZ:	Como muchos drogadictos o alcohólicos, está en un estado de negación. Yo recomiendo que hagamos una "intervención" para iniciar el proceso de la recuperación.
GILDA:	¿Qué es esto? ¿Tiene que ver con la policía?
DR. MUÑOZ:	No, Gilda. La intervención no es punitiva. Al contrario, es una situación bien controlada con el adicto donde miembros de la familia que lo quieren y profesionales que conocen bien la enfermedad lo confrontan con un "momento de la verdad" para romper el ciclo de la negación. Todo se hace a base de cariño y firmeza. Después, yo aconsejo que lo internemos inmediatamente en un programa residencial, primero para la desintoxicación de su sistema, y después para la convivencia con otros adolescentes con problemas semejantes *(similar)*. Todo sucede bajo la dirección de expertos y con la estructura del programa de autoayuda de *12 Pasos*.
GILDA:	¿Internarlo? ¡No quiero que esté internado!
DR. MUÑOZ:	Nosotros preferimos que esté internado por noventa días para darle tiempo a aceptar la responsabilidad por su recuperación. También quiero que usted pase noventa días sin las preocupaciones que causan estos trastornos en su vida.
GILDA:	¿Cuánto cuesta esta ayuda? No puedo pagar mucho.
DR. MUÑOZ:	Voy a recomendar que el estado lo pague todo. Quiero que sepa usted que esto no va a ser fácil. Usted tiene que insistir en que su hijo acepte el tratamiento. Sugiero que lea estos libros y que lo piense bien. Y quiero que comprenda que usted no está sola.

C. ¿Comprende usted? Conteste las preguntas según la información del diálogo.

1. ¿Por qué cree Gilda que su hijo es alcohólico?
2. ¿Confirma el doctor que Alejandro definitivamente es alcohólico?
3. ¿Qué recomienda el doctor que organicen?
4. ¿Qué piensa Gilda de la idea de internar a su hijo?

D. El abuso del alcohol. Esta noche usted va a hablar en una reunión de *Alcohólicos Anónimos.* Lea el artículo y prepare notas para su charla *(chat).* Incluya una oración con su mensaje principal y trate de anticipar lo que van a decir los otros en contra de su posición. ¡OJO! Usted cree que es posible disminuir la cantidad de alcohol que uno toma pero ellos creen que hay que dejar de tomar por completo. Presente su charla enfrente de tres compañeros.

Cómo controlar su hábito de ingerir alcohol

Si usted toma demasiado alcohol, al disminuir esta cantidad puede mejorar su vida y su salud. ¿Cómo puede saber si toma demasiado? Lea lo siguiente y conteste "sí" o "no" a estas preguntas:

- ¿Ingiere usted alcohol cuando se siente enojado/a o triste?
- ¿Llega tarde al trabajo a causa de su hábito de consumir alcohol?
- ¿Le preocupa a su familia su hábito de tomar alcohol?
- ¿Ingiere alcohol después de decidir que no lo va a consumir?
- ¿Se le olvida lo que hizo cuando estaba tomando alcohol?
- ¿Le dan dolores de cabeza o tiene resaca después de tomar alcohol?

Si usted contestó que "sí" a cualquiera de estas preguntas, puede ser que tenga un problema con el alcohol. Consulte a su doctor. Si usted es alcohólico/a o tiene otros problemas médicos, debe dejar de consumir alcohol por completo.

1. Escriba las razones por las cuáles quiere dejar de tomar alcohol.
2. Fíjese una meta al tomar alcohol–escoja un límite de cuánto va a tomar.
3. Mantenga un récord de sus bebidas alcohólicas.

Trate de seguir los siguientes consejos:

- Reduzca el alcohol en su hogar *(home).*
- Tome despacio.
- Declare un "descanso" del alcohol.
- Aprenda a decir "No".
- Manténgase activo/a.
- Obtenga apoyo.
- Manténgase alerta a las tentaciones.

¡No se dé por vencido/a! *(Don't give up!)*

E. ¡Qué difícil es la intervención!   Una buena amiga de ustedes es alcohólica pero no lo quiere admitir. Ustedes tienen que decirle por qué es tan importante que no tome más y convencerla para que busque ayuda profesional.

MODELO: E1: *No eres la misma persona al tomar—te pones deprimida.*
E2: *Tu salud sufre por tomar demasiado.*

Estructuras   *More on the subjunctive: Más sobre el subjuntivo*

- When the following verbs are used in the first clause of a sentence and followed by **que,** the subjunctive form of the verb is always used.

aconsejar	to advise	desear	to desire/wish	esperar	to hope/expect
exigir (j)	to demand	insistir en	to insist on	pedir (i)	to ask for/request
permitir	to permit	preferir (ie)	to prefer	prohibir	to prohibit
recomendar (ie)	to recommend	sugerir (ie)	to suggest	querer (ie)	to want

Su padre **exige** que usted **coopere.**
La ley **prohíbe** que los menores de edad **tomen** alcohol.

Your father demands that you cooperate.
The law prohibits minors from drinking alcohol.

- Remember, if there is only one subject and no **que,** the infinitive form is used.

Yo **prefiero organizar** la intervención.
Ellos **esperan participar** en la intervención.

I prefer to organize the intervention.
They hope to participate in the intervention.

Para practicar

A. El centro de tratamiento.   Usted es el director de un centro residencial para adolescentes. Decida si usted **permite, prohíbe** o **insiste en que** los jóvenes hagan las siguientes actividades.

MODELO: usar palabras obscenas
Prohíbo que los jóvenes usen palabras obscenas.

1. llamar por teléfono a la familia todos los días
2. fumar en los dormitorios
3. limpiar sus dormitorios

4. tomar drogas

5. respetar a los consejeros

6. salir a la calle después de cenar

7. entregar *(hand in)* las tareas puntualmente

8. escuchar música

9. dormirse en la clase

10. jugar a las damas *(checkers)* después de hacer la tarea

B. La intervención. Usted y su pareja están trabajando con un especialista en intervenciones para ayudar a uno de sus hijos. Usted contesta la llamada telefónica con la lista de sugerencias del experto y tiene que explicárselas a su pareja.

MODELO: Podemos invitar a sus maestros favoritos.
Sugiere que invitemos a sus maestros favoritos.

1. Podemos empezar a las 10 de la mañana.

2. Podemos ir a la casa.

3. Podemos visitar la clínica después.

4. Podemos insistir en el tratamiento si él no quiere participar.

5. Podemos darle la oportunidad de hablar.

6. Podemos decir que lo hacemos para ayudar.

C. ¿Conoce usted a una persona con un problema? Explique el problema que tiene su amigo/a y escriba cinco recomendaciones que usted quiere hacerle.

MODELO: *Mi jefe toma alcohol en la oficina todos los días. Yo le recomiendo que busque ayuda.*

Módulo 2

Las drogas

A. ¿Cómo se dice?   Escriba la palabra que corresponda a cada una de las definiciones.

1. Una droga muy adictiva que se aspira por la nariz, se inyecta o se fuma en

pipa es _____.

2. Los _____ se ingieren por medio de la nariz y son muy populares entre los pre-adolescentes porque son fáciles de encontrar en la casa en productos como los aerosoles.

3. Muchos adolescentes creen que fumar o comer _____ no es tan peligroso como fumar cigarrillos o tomar alcohol.

4. Una droga estimulante que es fácil de preparar en casa y con frecuencia

causa violencia, es del grupo de _____.

5. Una persona que quiere dejar de tomar drogas pero no puede es un

_____.

B. Acciones.   Seleccione el verbo más lógico de esta lista para completar las ideas siguientes y escriba la forma correcta de cada uno.

ingerir	inyectar	aspirar	fumar	comer

MODELO: El éxtasis es una droga que se *ingiere*.

1. Cuando un drogadicto _____ drogas, puede contraer el VIH si utiliza una aguja *(needle)* usada.

2. Si los drogadictos _____ cocaína o inhalantes por la nariz, el interior de la nariz puede desintegrarse.

3. El "crack" y la marihuana son dos drogas que los drogadictos _____ en pipas.

El grupo terapéutico

Alejandro, el hijo de Gilda, participa en el grupo terapéutico por primera vez. Los otros participantes se presentan.

MARCELA: Hola. Me llamo Marcela y soy adicta a la cocaína—al principio aspirada por la nariz, después fumada en forma de crack y por último, inyectada. ¡Qué maravilla! Pero pronto, después de usarla, ¡qué dolor de pecho! Sentía ritmos rápidos e incómodos en el corazón. "Ésta es la última vez", me repetía. Y por poco lo es. Una mañana o noche—no sé cuál—me fue imposible levantarme por culpa de una sobredosis. El médico encargado de mi caso es el ángel que me facilitó la admisión al tratamiento. ¡Ojalá que yo supere mi adicción!

TIMOTEO: Me llamo Tim. Estoy aquí porque tengo que estar aquí según la ley. No tengo problemas como ustedes. Puedo controlar el consumo de las drogas. Sólo tomo éxtasis los fines de semana. Estoy bien durante la semana. A veces tomo anfetaminas antes de ir al trabajo o la escuela porque necesito más energía, pero yo lo controlo. Es ridículo que yo esté aquí y es probable que salga de aquí mañana o el próximo día.

PABLO: Hola. Soy Pablo. Tengo 14 años. Estoy aquí porque tengo miedo. Me gustan los inhalantes—sobre todo los correctores líquidos, la crema batida en aerosol y la acetona—mi mamá la tiene para cuando se pinta las uñas. Aspiro los inhalantes entre clases con mi mejor amigo, Justino. Pero el mes pasado, en el baño de la escuela, Justino y yo inhalamos fijador de pelo. El momento se repite continuamente en mi memoria: estamos hablando y bromeando y de repente, Justino está muerto. Yo no sabía que lastimaban el cerebro. Y no sabía que podían causar la muerte repentina. Es una lástima que Justino no esté conmigo aquí en el grupo.

ALEJANDRO: Buenos días. Yo soy Alejandro y hoy es mi primer día aquí. Creo que soy alcohólico y adicto a la marihuana. Estoy aquí porque mi madre me quiere mucho. Es triste que ella sufra tanto por mí.

C. ¿Comprende usted?   Conteste las preguntas según la información del diálogo.

1. ¿Cuál es la droga preferida de Marcela? ¿Por qué está en el grupo terapéutico?
2. ¿Tiene un problema Timoteo? ¿Qué cree usted?
3. ¿Por qué no está en el grupo el amigo de Pablo?
4. ¿Cómo es posible que jóvenes como Pablo y Justino tengan acceso a drogas peligrosas?
5. ¿Por qué está en el grupo terapéutico Alejandro?
6. ¿Hay alguien en el grupo en un estado de negación? ¿Quién?

D. La marihuana: Lo que los padres deben saber. Lea el artículo
y escriba un resumen de ocho de los datos más importantes. Intercambie su
resumen con el de un/a compañero/a y hablen de las diferencias.

La marihuana: Lo que los padres deben saber

La marihuana es la droga ilegal que se usa con más frecuencia en este país.
Hecho: Hoy en día la marihuana disponible para los jóvenes es más potente que la que existía antes. Esta marihuana tiene efectos más fuertes.
• La marihuana común contiene un promedio de 3% de THC.
• La sin semilla (que sólo contiene los botones y las flores de la planta hembra) tiene un promedio de 7.5% de THC, pero puede llegar a tener hasta 24%.

¿Cuáles son los términos populares para referirse a la marihuana?
Los términos comunes en español son: mota, hierba, mafú, pasta, maría, monte, moy, café, etc.

¿Cómo se usa la marihuana?
La mayoría de las personas que la consumen la enrollan en forma de cigarrillo. También la pueden fumar en una pipa. Existe una pipa que filtra el humo con agua que se conoce en inglés como "bong" y en español como pipa de agua. Algunas personas mezclan la marihuana con comida o la consumen en forma de té.
Hecho: La investigación muestra que casi el 40% de los adolescentes prueba la marihuana antes de terminar la escuela secundaria.

¿Cómo puedo saber si mi hijo consume marihuana?
Existen ciertos síntomas que usted podrá ver. Los que están drogados con marihuana pueden:

• parecer estar mareados y tener dificultad al caminar
• parecer estar muy simplones (dumb) y reír sin razón
• tener los ojos rojos, irritados y brillantes
• tener dificultad al tratar de recordar cómo sucedieron las cosas.
Hecho: La marihuana tiene efectos adversos en muchas de las capacidades necesarias para guiar y ocasiona accidentes de tráfico.
Hecho: Los fumadores habituales de marihuana tienen muchos de los mismos problemas respiratorios que sufren los fumadores de tabaco, como la bronquitis y la sinusitis.

¿Qué sucede si la madre fuma marihuana durante el embarazo?
Algunos estudios indican que los bebés de madres que fuman marihuana nacen con un peso y una estatura menores que los bebés de madres que no usan la droga.

¿Qué sucede si la madre fuma marihuana cuando amamanta al niño?
Cuando la madre fuma marihuana y amamanta al niño, le pasa el THC a través de la leche del pecho. La concentración del THC en la leche del pecho de la madre es mucho mayor que la que se encuentra en su sangre. Un estudio indica que el uso de la marihuana durante el primer mes de amamantar al niño puede causar impedimentos en su desarrollo motriz (control de los movimientos de los músculos).

1.
2.
3.
4.
5.
6.
7.
8.

E. ¡Qué difícil es ser padre! Usted ya tiene su propia familia y los niños necesitan escuchar de usted por qué no quiere que usen drogas, fumen ni tomen alcohol. No va a ser fácil porque usted fumaba de joven (tabaco y marihuana) y todavía toma una cerveza o margarita de vez en cuando. Prepare su lista de razones y dígasela a su compañero/a que va a ser su niño/a. Luego, cambien de papel.

Estructuras Giving recommendations: El subjuntivo con expresiones impersonales

- In addition to using the subjunctive to express desire for something to happen, it is also used after these expressions to make a subjective comment on the action that follows them.

Es bueno/malo/mejor que...	Es preferible que...
Es común que...	Es raro que...
Es increíble que...	Es ridículo que...
Es lógico que...	Es triste que...
Es importante que...	Es una lástima que...
Es necesario que...	Es urgente que...
Es normal que...	Ojalá que...

Es triste que mi mamá sufra por mí.	*It is sad that my mother should suffer because of me.*
Es ridículo que yo esté aquí.	*It is ridiculous for me to be here.*
Es una lástima que Justino no esté aquí.	*It is a shame that Justino isn't here.*

- Impersonal expressions may be followed by an infinitive if they refer to generalizations. If they refer to specific people's actions, use the subjunctive.

Es mejor evitar las drogas en primer lugar.	*It is best to avoid drugs in the first place.*
Es mejor que tú evites a los amigos drogadictos.	*It is best for you to avoid your friends who are drug addicts.*

Para practicar

A. Las reglas. Es la primera noche que Alejandro está en el Centro Residencial de Tratamiento. Usted es su compañero de cuarto y su primer amigo. Explíquele a Alejandro que debe seguir las siguientes reglas de la casa.

MODELO: Es importante asistir a todas las reuniones.
Es importante que (tú) asistas a todas las reuniones.

1. Es necesario hacer todas las tareas cada día.
2. Está prohibido tomar alcohol o drogas.
3. Es importante limpiar el cuarto todos los días.
4. Es imposible salir del Centro.

5. Es preferible llamar a casa una vez a la semana.

6. Es bueno conocer a los compañeros.

7. Es urgente ir a la oficina del director inmediatamente.

8. Es mejor no hablar con los amigos de la escuela.

B. Alejandro no está cómodo. La primera noche que una persona está en un lugar nuevo es natural que sienta emociones confusas. Aconséjele usted respondiendo a sus ideas con una de las expresiones impersonales.

Es normal que…	Es importante que…	Es lógico que…
Es preferible que…	Es malo que…	Es urgente que…
Es imposible que…	Es ridículo que…	Es una lástima que…

MODELO: Quiero llamar a mi mamá.

Alejandro, es mejor que esperes hasta mañana.

1. No quiero participar en los grupos hoy.

2. No puedo dormirme temprano y levantarme temprano.

3. Estoy muy triste y solo *(lonely)* esta noche.

4. Quiero comprar cerveza.

5. Tengo mucho miedo.

6. Quicro una pastilla para dormir.

7. No quiero hacer la tarea para mañana.

8. No quiero pasar tres meses aquí.

C. ¡Imaginación! Imagine que está aconsejando a un/a estudiante de la secundaria que admite que toma drogas. Escriba cinco recomendaciones positivas *(es bueno o importante o necesario… que…)* y cinco recomendaciones negativas *(es malo o ridículo o estúpido… que…)*

MODELO: *Es urgente que hables con tus padres.*

Módulo 2

¡No fume!

la adicción al tabaco

el cerebro

la nariz

la boca

la lengua

la garganta

el esófago

los pulmones

Cuando el cáncer
se propaga.

Efectos
nocivos
del humo
de segunda
mano.

La anatomía
del enfisema:
el tabaquismo

¡Bésame-ya no fumo!

Clase para
dejar de
fumar

Chicle
de
Nicotina
Chicle

Ricardo Paticio,
Terapeuta respiratorio

el parche

Enrique

Paulina

Roberto

A. ¿Cómo se dice? Escriba la palabra que corresponda a cada una de las definiciones.

1. La adicción a la nicotina se llama el _____.

2. Dos "tecnologías" recientes para aliviar los "antojos" de nicotina son los

_____ y el _____.

3. El _____ _____ _____ _____ afecta a las personas que no fuman cuando están cerca de los fumadores.

4. El _____ de los pulmones y el _____ son dos enfermedades graves que resultan de fumar.

5. Un _____ _____ es un técnico especializado en ayudar a las personas con enfermedades del pulmón.

B. Acciones.   Seleccione el verbo más lógico de esta lista para completar las ideas siguientes y escriba la forma correcta de cada uno.

propagar	aguantar	dejar	fumar

MODELO: No puedo más. ¡Voy a _____ de fumar!   *dejar*

1.   La acción de inhalar y exhalar humo de los pulmones es _____.

2.   Cuando las personas definitivamente no pueden aceptar más las

consecuencias de sus acciones o actividades, se dice que no las _____.

3.   Cuando un cáncer viaja *(travels)* de un órgano a otro, se dice que se

_____.

La decisión es suya

Ricardo es un terapeuta respiratorio que trabaja con grupos de personas que quieren dejar de fumar. Esta noche es la primera reunión de un nuevo grupo.

RICARDO: Bienvenidos todos a nuestro primer paso en el camino de ser "ex-fumadores". No es fácil dejar una adicción. La nicotina es una droga sumamente tóxica y adictiva. Dudo que ésta sea la primera vez que toman la decisión de abandonar los cigarros, ¿verdad? Pero es evidente por su presencia aquí que ahora todos están motivados a dejar de fumar. Vamos a conocernos. Y por favor, digan su nombre y qué motivo tienen para estar aquí.

ROBERTO: Soy Roberto. Quiero dejar de fumar porque no me gusta estar aislado del resto del mundo. No puedo fumar en la casa, ni en la oficina y paso las fiestas afuera en los patios—solo.

RICARDO: Es verdad que las personas que nunca fuman ya no aguantan los efectos nocivos del humo de segunda mano. No creo que los fumadores comprendan los peligros.

PAULINA: Me llamo Paulina. Estoy aquí porque ya estoy harta de pagar $3.00 por una cajetilla de cigarros. Y tengo miedo del enfisema.

RICARDO: Después de ver las fotos de pulmones con enfisema, no creo que vayan a encender un cigarro sin miedo.

ENRIQUE:	Me llamo Enrique. Yo estoy pasando mis vacaciones en el hospital donde mi hermano está muriendo de cáncer.
RICARDO:	¿De los pulmones?
ENRIQUE:	Sí, pero su cáncer es agresivo y se está propagando por el cerebro, el hígado y ahora por los huesos. ¡Qué cruel es la muerte por cáncer!
RICARDO:	Es evidente que ustedes están motivados. Alguien, por favor, explíqueme, ¿por qué todavía están fumando?
TODOS:	¡No creo que sea capaz de cesar!
RICARDO:	En la próxima sesión vamos a hablar de los nuevos productos como los parches y el chicle de nicotina y vamos a proyectar una fecha para abandonar los cigarros. Esta semana, con cada cigarro quiero que visualicen exactamente lo que hacen: inhalar humo, fuego y veneno por la boca, la nariz, la garganta, el esófago y los pulmones. Al exhalar, el veneno regresa por los mismos órganos. Quiero que lo vean paso por paso con cada inhalación y exhalación. Buenas noches, nos vemos la semana que viene.

C. ¿Comprende usted?   Conteste las preguntas según la información del diálogo.

1. ¿Por qué dice Ricardo que no es fácil dejar una adicción?
2. ¿Por qué se siente Roberto aislado del mundo cuando fuma?
3. ¿Cómo pasa las vacaciones Enrique?
4. ¿Qué tipo de cáncer tiene el hermano de Enrique?
5. ¿Por qué todavía fuman todos los miembros del grupo?
6. ¿Cuáles son los nuevos productos que van a ayudar a los miembros del grupo?

D. ¡Deje de fumar por un día! Lea el artículo y hable con su compañero/a del peligro de fumar. Cado uno/a de ustedes debe mencionar cinco razones por las cuales es importante dejar de fumar y/o cinco sugerencias para ayudar al fumador a dejar este hábito.

MODELO: *E1: El fumar es una causa del cáncer de los pulmones.*
E2: Mastique chicle en vez de fumar.

Una adicción que puede costarle la vida

¿Por qué dejar de fumar?

- Sólo en Estados Unidos, más de cuatrocientas mil personas mueren cada año por causas relacionadas con el tabaco.
- Fumar no sólo daña al fumador, sino también a sus familiares, amigos, y a todas aquellas personas que lo rodean a diario.
- Si usted fuma, la probabilidad de que sus hijos lo hagan aumenta en un 200%.
- Dejar de fumar reduce el riesgo de muchos tipos de cáncer, problemas cardiovasculares, infartos, enfermedades de los pulmones y problemas de respiración.
- Si se fuma un paquete al día y deja de fumar, ahorrará unos mil dólares anuales.

Consejos para dejar el hábito

1. Establezca una fecha para dejar de fumar y no la cambie por ninguna razón.
2. Observe los momentos en los que fuma, es decir, si ocurre cuando está en su auto, en un bar, bebiendo café, mirando su programa favorito de televisión, etc.
3. Si siente deseos de fumar, espere unos minutos o intente encontrar alguna actividad que le mantenga las manos ocupadas. Beba un vaso de agua o coma vegetales frescos, como apio o zanahorias.
4. Elimine los ceniceros y cualquier otro objeto en su entorno que esté relacionado con el tabaco.
5. Intente evitar lugares donde haya fumadores. Siéntese en la sección para no-fumadores en los restaurantes.
6. Coma a menudo y en pequeñas cantidades.
7. Informe a sus seres queridos sobre su intención de dejar de fumar. La mayoría de las personas le ayudará y le animará en su lucha contra el hábito.
8. Si después de pasar unos días sin fumar, no puede resistir la tentación y se fuma un cigarro, no se dé por vencido. Vuelva a comenzar inmediatamente desde cero.
9. Si siente que necesita ayuda externa para dejar de fumar, consulte a su médico. Existen varios productos en el mercado para ayudarle a vencer en su lucha contra la adicción a la nicotina.
10. Y finalmente, recuerde, no importa cuándo se fumó el último cigarro. Lo importante es no fumarse el próximo.

E. Otro debate. En muchas naciones del mundo se fuma más que en Estados Unidos. Aquí ya es imposible fumar en muchos sitios públicos, como restaurantes, aeropuertos, etc. Dos de ustedes son fumadores que vienen del extranjero *(abroad)* y dos de ustedes son residentes de California donde no se puede fumar en ninguna parte. ¡Discutan sus derechos *(rights)*!

MODELO: *FUMADOR/A: Es MI cuerpo. Si quiero fumar, es MI decisión.*
ANTI-FUMADOR/A: No tiene el derecho de contaminar el aire que YO respiro.

Estructuras

Expressing emotion and doubt: El subjuntivo con expresiones de emoción y duda

■ The subjunctive can be used to express the way someone feels about what someone else is doing or about what is happening to someone else. Here are some verbs of emotion that are commonly followed by the subjunctive.

me (te, le…) gusta que…	me (te, le…) molesta que…
me (te, le…) encanta que…	me (te, le…) sorprende que…
alegrarse de que…	sentir que…
estar contento/a de que…	temer que…
estar triste de que…	tener miedo de que…

Me alegro de que dejes de fumar. — *I'm happy that you are stopping smoking.*

Siento que los médicos **tengan** tantos problemas con los seguros. — *I'm sorry that doctors have so many problems with insurance.*

—¿**Le gusta** a tu pareja que **fumes** mota? — *Does your partner like you smoking dope?*

—No, pero **me molesta que se queje.** — *No, but it bothers me that s/he complains.*

■ The subjunctive is also used to question the truth about something. It is used after verbs and expressions of doubt or uncertainty.

VERBS		EXPRESSIONS OF DOUBT
dudar que…	⇒	es dudoso que…
no creer que…	⇒	es posible/imposible que…
no estar seguro/a de que…	⇒	es probable/improbable que…
no es cierto que…	⇒	no es verdad que…

Dudo que haya pastillas contra esta gripe. — *I doubt that there are pills for this flu.*

Es posible que tengan una inyección que alivie los síntomas. — *It's possible that they might have an injection to ease the symptoms.*

■ Since **creer que, estar seguro de que, es cierto que,** and **es verdad que** indicate that the speaker considers his or her assumptions to be true, they take the indicative in affirmative statements. When these verbs and expressions are used negatively, doubt is implied and the verb is in the subjunctive.

Creo que ella **viene** al consultorio.	*I believe she's coming to the office.*
No creo que él **tome** alcohol.	*I don't believe he drinks alcohol.*

■ When these expressions are used in a question, they take the indicative if the speaker is merely seeking information, but use the subjunctive if the speaker is expressing doubt as to the answer.

—**¿Es verdad que te sientes** mal?	*Is it true that you feel bad?*
—Sí, **creo que es** pulmonía.	*Yes, I think it's pneumonia.*
—**¿Crees que sea** pulmonía?	*Do you think it's pneumonia?*
—No, **no creo que sea** pulmonía.	*No, I don't think it's pneumonia.*

■ Use **quizás** or **tal vez** to say *maybe, perhaps.* The subjunctive is used after these expressions, unless the speaker feels quite sure that the assertion is true.

Quizás venga el médico.	*Perhaps the doctor might come.*
(The speaker has some doubt.)	
Viene el médico mañana, **quizás.**	*Perhaps the doctor is coming tomorrow.*
(The speaker thinks it is true.)	

Para practicar

A. Las noticias del paciente. El hermano de un amigo suyo está en el hospital. Diga la reacción que tiene ante esta serie de noticias. Use frases de esta lista:

Me alegro de que…	Siento que…	Me sorprende que…

MODELO: Mi hermano está en el hospital.
Siento que tu hermano esté en el hospital.

1. A mi hermano le gustan tus flores.
2. Se siente mejor hoy.
3. El cáncer es muy agresivo.
4. Va a la casa en tres semanas.
5. Ahora él no fuma.
6. Los seguros pagan toda la cuenta.
7. Tiene enfisema también.
8. Su esposa no sabe la verdad.
9. Sufre mucho.
10. Muchos amigos lo visitan.

B. Los médicos. Los médicos del Hospital General se consultan sobre el caso del hermano de Enrique. Cada uno tiene una opinión diferente. Complete las ideas de los médicos usando la forma del verbo indicado en el subjuntivo o el indicativo.

MODELO: Dudo que el cáncer _____ (estar) en el hígado.
Dudo que el cáncer esté en el hígado.

1. Es verdad que el paciente _____ (fumar) cigarros, pipa y mota.

2. Dudo que el tumor _____ (ser) maligno.

3. Es posible que _____ (ser) pulmonía.

4. Dudo que _____ (haber) problemas cardíacos también.

5. Quizás _____ (llegar) el cardiólogo pronto.

6. Es obvio que él _____ (sufrir) mucho.

7. Dudamos que su familia lo _____ (saber).

8. Creo que su hermano _____ (llegar) mañana.

9. No es cierto que _____ (venir) su hermano.

10. Me molesta que no _____ (dormir) bien.

C. ¿Conoce usted a un fumador? ¿Tiene usted algún pariente o amigo/a que no quiere dejar de fumar? Escríbale una carta diciendo por qué usted quiere que cese de fumar. Use expresiones como: *yo creo que…, es importante que…, yo dudo que…, no es bueno que…,* etc.

MODELO: *Es importante que deje de fumar porque los cigarros son tóxicos.*

Vocabulario Módulo I

Sustantivos

el abuso	abuse	la iglesia	church
la adicción	addiction	el insomnio	insomnia
el/la adolescente	adolescent	la intervención	intervention
el alcoholismo	alcoholism	la madrugada	dawn, early
la alegría	happiness		morning
el aliento	breath	la negación	denial
el alquiler	rent	la novedad	innovation
la autoayuda	self-help	el padre	priest
el cariño	affection	el pasatiempo	hobby,
el comportamiento	behavior		pastime
la convivencia	coexistence	el pensamiento	thought
el descanso	rest	el/la psicólogo/a	psychologist
la desesperación	desperation	el/la psiquiatra	psychiatrist
la desintoxicación	detoxification	el/la rabino/a	rabbi
la drogadicción	drug	la resaca	hangover
	addiction	el/la reverendo/a	minister,
la drogodependencia	drug		reverend
	dependency	el sacerdote	priest
la firmeza	firmness	la temporada	season
el fracaso	failure	la tentación	temptation
el grupo	group	el trastorno	disorder,
el idioma	language		disruption

Verbos

abusar	to abuse	internar	to admit
aconsejar	to advise,	oler (h) (ue)	to smell
	counsel	permitir	to permit,
admitir	to admit		allow
averiguar	to find out	prohibir	to prohibit,
cambiar	to change		forbid
comunicar	to	rogar (ue)	to beg
	communicate	romper	to break
confesar (ie)	to confess	sospechar	to suspect
confirmar	to confirm	sugerir (ie)	to suggest
consumir	to consume	suicidarse	to commit
disminuir (y)	to diminish		suicide
dudar	to doubt	superar	to overcome
emborracharse	to get drunk	temer	to fear
ingerir (ie)	to ingest		

Adjetivos

alcohólico/a	*alcoholic*	**específico/a**	*specific*
borracho/a	*drunk*	**intranquilo/a**	*anxious*
culpable	*guilty*	**obvio/a**	*obvious*
delincuente	*delinquent*	**punitivo/a**	*punitive*
desesperado/a	*desperate*		

Otras expresiones

a menudo	*often*	**hacer caso**	*to pay attention*
con frecuencia	*frequently*		*to/heed*
demasiado/a	*too much*		*someone's advice*

Módulo 2

Sustantivos

el/la adicto/a	*addict*	**el inhalante**	*inhalant*
el aerosol	*aerosol*	**la lástima**	*pity, shame*
la anfetamina	*amphetamine*	**la ley**	*law*
la ansiedad	*anxiety*	**la metanfetamina**	*methamphetamine*
el apagón	*blackout*		
el chicle	*gum*	**la nicotina**	*nicotine*
la cocaína	*cocaine*	**el parche**	*patch*
el costado	*side*	**la pareja**	*couple*
la culpa	*blame*	**la pipa**	*pipe*
el derecho	*right*	**el recurso**	*resource*
el enfisema	*emphysema*	**la sobredosis**	*overdose*
el éxtasis	*ecstasy*	**el tabaco**	*tobacco*
el fijador	*hair spray*	**el tabaquismo**	*nicotine poisoning*
la fobia	*phobia*	**la uña**	*nail (finger, toe)*
el golpe	*blow*	**la verdad**	*truth*
la heroína	*heroin*		

Verbos

alegrarse de	*to be happy about*	**interferir (ie)**	*to interfere*
amenazar	*to threaten*	**merecerse (zc)**	*to deserve*
aspirar	*to inhale, breathe in*	**molestar**	*to bother*
		pegar	*to hit, give (a blow, illness)*
cesar + de	*to stop, cease*		
encantar	*to delight*	**pintarse**	*to put on makeup*
encender (ie)	*to light*	**propagar**	*to spread*
esconder	*to hide*	**sorprender**	*to surprise*

Adjetivos

adictivo/a	*addictive*	**dudoso/a**	*doubtful*
agudo/a	*sharp*	**estimulante**	*stimulating*
aislado/a	*isolated*	**harto/a**	*fed up*
batido/a	*whipped*	**nocivo/a**	*harmful*
cierto/a	*certain*	**poderoso/a**	*powerful*
convencido/a	*convinced*	**solo/a**	*alone, lonely*
disponible	*available*	**terapéutico/a**	*therapeutic*
drogado/a	*drugged*		

Otras expresiones

de acuerdo	*in agreement*	**quizás**	*perhaps, maybe*
¡Ojalá!	*I hope, Let's hope! May Allah grant!*	**tal vez**	*perhaps, maybe*

Síntesis

A escuchar

El señor Gutiérrez llama al 911.
Conteste las preguntas a continuación según lo que escuche.

1. ¿Cuál es la emergencia?
2. ¿Quién está inconsciente?
3. ¿Qué encuentra el señor Gutiérrez al lado de su hijo?
4. ¿Cómo es la respiración del hijo?
5. ¿Cuándo va a llegar la ambulancia?
6. ¿Cuántos años tiene el hijo?

A conversar

¿Usted o un/a amigo/a se emborrachan a veces? ¿Consumen drogas ilegales? Hablen en grupo de los síntomas físicos al emborracharse o al consumir drogas (¿Cuáles?), de los problemas posibles y de cómo evitar estas acciones. Claro, pueden hablar de sus experiencias personales o profesionales o pueden crear circunstancias con su imaginación.

A leer

La ansiedad

En general, todos experimentamos cierta ansiedad en nuestra vida diaria. Ocurre en esos momentos en que uno se siente inseguro, con las manos temblorosas, un sudor frío que le recorre el cuerpo y una molesta sensación en el estómago. La ansiedad es parte de la vida. Sin embargo, cuando aparece con frecuencia, o acompañada de otros síntomas, puede convertirse en un trastorno médico.

Síntomas mentales del trastorno de ansiedad:

• Sensación de gran ansiedad y tensión en situaciones en las que no existe ningún peligro real o inminente.

• Fuerte sentimiento de angustia.

• Gran preocupación por evitar situaciones que conllevan ansiedad, cambiando los hábitos diarios para evitarlas.

También pueden aparecer síntomas físicos, como inquietud e irritabilidad, dolores de cabeza, tensión muscular, problemas digestivos y dificultad para concentrarse. El trastorno de ansiedad puede derivar en:

Trastorno de pánico

Las personas que sufren trastorno de pánico suelen vivir con gran ansiedad, porque temen sufrir un ataque en cualquier momento, ya que puede ocurrir sin aparente causa externa.

Los síntomas de un ataque de pánico pueden incluir falta de aliento, taquicardia, dolores en el pecho, una fuerte sensación de ahogo y miedo a "perder la cabeza".

Agorafobia

Las personas que sufren de agorafobia tienden a evitar áreas o situaciones en las que piensan que podrían sufrir un ataque de pánico. Hay personas que desarrollan una fobia específica—un temor persistente, y en ocasiones irracional, a una cosa—como a las arañas *(spiders)*, perros, insectos, serpientes, etc. Asimismo hay personas que sienten fobia hacia ciertas situaciones, como volar en un avión, conducir un automóvil, pasar bajo un túnel, etc. Las personas que sufren de cualquier fobia experimentan una ansiedad tan intensa que adoptan medidas extremas para evitar la situación. Es importante conocer los síntomas de estas fobias, para identificarlas y saber cómo tratarlas.

¿Comprende usted? Conteste las preguntas según la información del artículo.

1. ¿Qué es la ansiedad?
2. ¿Qué síntomas produce?
3. ¿Cuándo sufren ataques de pánico algunas personas?
4. ¿Cuáles son algunas fobias comunes?
5. ¿Cuándo sufre usted de ansiedad? ¿La puede controlar?

A escribir

Al hablar de adicciones, pensamos en sustancias ilegales, como la cocaína. Pero hay problemas también con dependencia de medicamentos legales, como los que se usan para controlar el dolor crónico, quizás de una espalda lastimada o una enfermedad. Describa una situación en la que una persona ya tiene una adicción a causa de haber perdido el control con una medicina recetada por el médico.

MODELO: *El paciente X tiene la espalda rota a causa de un accidente de carro. Tomó tres medicamentos para el dolor severo por seis meses y ahora quiere que el médico le dé pastillas para seis meses más. Según el doctor ya no necesita más y además, tiene miedo de que el paciente tenga una adicción.*

Algo más

Ventana cultural

Nadie se merece el abuso

Usted se merece sentirse segura y amada.
Usted vale mucho. Su pareja le ha dicho que usted no vale nada. Debe saber que usted:
❏ No se merece que la insulten o la humillen.
❏ No se merece que le peguen, la empujen o la amenacen.
❏ Nadie tiene derecho a destruir sus cosas.
❏ Nadie debe prohibirle ver a su familia o a sus amigos.
❏ Nadie debe forzarla a tener relaciones sexuales.
❏ Usted no merece vivir siempre con miedo.
Todo eso se considera abuso y alguien lo hace para controlarla. Usted no es la causa del abuso, aunque su pareja le diga lo contrario. Usted no puede controlar a su pareja. Puede obtener ayuda.

Llame al 911.
❏ Si está en peligro, no espere.
❏ Póngase de acuerdo con una vecina *(neighbor)* y hágale una señal secreta.

Busque ayuda legal.
❏ Puede solicitar una orden de restricción para que su pareja no pueda acercársele.
❏ Puede obtener información legal sobre custodia infantil.
❏ Prepare una bolsa que tenga:
• Ropa para usted y para sus hijos.
• Sus papeles importantes.
• Un juego *(set)* extra de llaves *(keys)* y dinero.

Ahorre *(Save)* lo que pueda.
No le diga a su pareja lo que está planeando.

Consejos para los amigos y familiares
Cuando alguien que usted quiere mucho está atrapado en el ciclo violento del abuso:
❏ Escuche con atención.   ❏ Ofrézcale su apoyo.
❏ Créale.   ❏ Tenga paciencia.
Repítale siempre: "Tú vales mucho. No es culpa tuya."

AVISO: Los hombres pueden ser víctimas del abuso también. Si su pareja lo maltrata, debe aprovechar los mismos consejos de este artículo para protegerse. No hay garantía contra el abuso simplemente por ser hombre; hay mujeres violentas que no pueden controlarse y Ud. merece sentirse seguro y amado. ¡Busque ayuda!

En mis propias palabras. La violencia doméstica tiene muchas víctimas. Piense en una situación verdadera *(true)* o imaginaria de abuso y descríbale a un/a compañero/a la causa, las circunstancias y los resultados de ese abuso, como golpes *(blows)* físicos, estrés emocional, miedo… ¿Quiénes sufren? ¿La pareja? ¿Los niños? ¿Cuál es la solución?

A buscar

Hay líneas telefónicas de emergencia y sitios en Internet que ofrecen consejos instantáneos. Muchas veces estos grupos buscan voluntarios bilingües y tienen recursos *(resources)* médicos y psicológicos, alojamiento *(lodging)* y comida en una "casa segura". Busque datos sobre esos programas en su región, traiga la información a la clase y comparta con sus compañeros lo que encuentre.

LECCIÓN 10

En el hospital

Módulo 1
- Pruebas diagnósticas
- Discussing past activities: *Introducción al pretérito*
- Una cirugía
- More on the preterite: *Verbos irregulares*

Módulo 2
- Una buena enfermera
- Relating past activities: *Verbos en -ir con cambios en el pretérito*
- El cuidado en la casa
- More past activities: *Usos del pretérito*

Síntesis
- A escuchar
- A conversar
- A leer
- A escribir

Algo más
- Ventana cultural: Bienvenido a la RED MÉDICA
- A buscar

Módulo 1

Pruebas diagnósticas

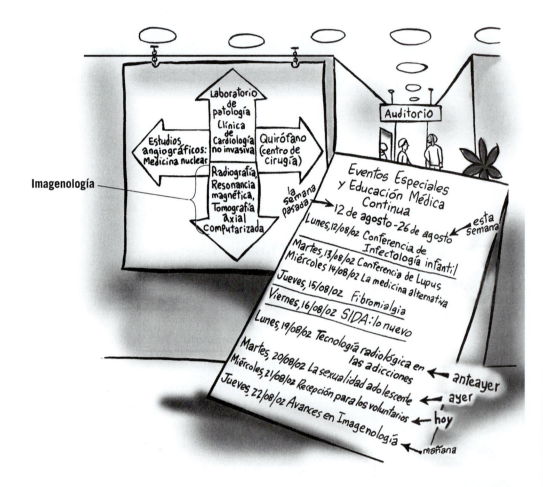

A. ¿Cómo se dice?   Escriba la palabra que corresponda a cada una de las definiciones.

1. El sitio en el hospital donde hacen estudios para determinar—entre otras cosas—si la biopsia de un tumor resulta benigna o maligna, es el

_____.

2. Tres ejemplos de imagenología son _____, _____ y _____.

3. Un estudio cardiológico es un _____.

4. Si hoy es lunes, ayer fue _____.

5. Si hoy es lunes, anteayer fue _____.

6. Si estamos en el año 2003, el año pasado fue _____.

B. ¿Pasado o futuro? Escoja el verbo correcto según el tiempo de la oración —futuro o pasado. ¡OJO! Se explica el pasado (pretérito) de los verbos en la sección de gramática de este módulo.

1. La conferencia _____ mañana. (va a ocurrir/ocurrió)

2. Los voluntarios _____ anteayer. (van a llegar/llegaron)

3. Hace dos años, el doctor Medina _____ del SIDA en Ámsterdam. (va a hablar/habló)

4. La doctora Lizaur _____ la receta la semana que viene. (va a escribir/escribió)

5. Si estamos en mayo, el mes pasado _____ a la Srta. Canchola. (van a operar/operaron)

En la sala de emergencias

Gerardo, un paciente de sesenta años, está en la sala de urgencias con dolor agudo en la espalda y el costado. Con su historial de problemas cardíacos, él está seguro de que sufrió un ataque al corazón.

MÉDICO: Gerardo, tenemos buenas noticias. Todas las pruebas del corazón resultaron negativas. Hablé con el cardiólogo hace diez minutos, y él está seguro de que los síntomas que usted sufrió tienen otro origen.

GERARDO: ¡Qué alivio! ¿Puedo regresar a casa? No tengo dolor ahora.

MÉDICO: ¡Claro que no! El dolor se alivió por el momento. Pero yo quiero que usted se quede en el hospital para hacerle más pruebas. ¿Qué tiene? ¿Regresó el dolor?

GERARDO: Sí, doctor. En la espalda. Tengo náuseas. ¡Ay!

MÉDICO: Gerardo, usted no se va a ninguna parte. La enfermera ya habló con su hija. Ella está en camino. Vamos a hacer toda una serie de pruebas urológicas y gastrointestinales. Tengo una idea sobre la causa, pero quiero eliminar la posibilidad de colitis, apendicitis y piedras renales. Tiene que estar en ayunas. ¿Cuándo comió usted?

GERARDO: Ayer a las seis. Comí las sobras del puerco que preparé anteayer. ¡Ay doctor! No puedo respirar por el dolor…

MÉDICO: Además de la palidez, hay indicaciones de ictericia por el color amarillo de la piel. Voy a pedir una prueba de ultrasonido del sistema biliar. Si resulta negativa—y eso lo dudo mucho—voy a pedir una serie gastrointestinal y un estudio de imágenes de resonancia magnética de los riñones.

C. ¿Comprende usted?   Conteste las preguntas según la información del diálogo.

1. ¿Sufrió Gerardo un ataque al corazón? ¿Cuándo habló el médico con el cardiólogo?
2. ¿Quién habló con la hija de Gerardo?
3. ¿Cuándo comió Gerardo por última vez?
4. ¿Qué comió él?
5. ¿Cuándo lo preparó?

D. Las imágenes de resonancia magnética.   Lea la información siguiente y luego, con un/a compañero/a, prepare un resumen para tratar de convencer a un/a paciente miedoso/a de que es una prueba fácil, buena, necesaria y sin dolor.

MODELO: *No hay ninguna preparación especial para esta prueba.*

Estudios de Imágenes de Resonancia Magnética

El estudio de MRI (Imágenes de Resonancia Magnética) es una tecnología que permite que el médico vea el interior del cuerpo sin tener que recurrir a la cirugía, sin dolor y sin los efectos nocivos de la radiación. Consiste en la aplicación de un campo magnético intenso, que se envía al cuerpo por medio de ondas radioeléctricas. Después, una computadora convierte las ondas en imágenes o fotografías de alta resolución. De esta forma, el médico obtiene una clara visualización de la parte u órgano estudiado. Y todo se realiza sin ningún dolor ni molestia por parte del paciente.

Antes del examen

No hay ninguna preparación previa para el examen. No hay restricciones de comida, bebida o medicamentos. Usted puede seguir su rutina normal. Pero, ¡OJO! no se recomienda el MRI para personas con:

• Un marcapasos
• Grapas quirúrgicas para aneurismas cerebrales
• Implantes cocleares

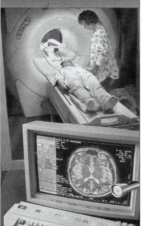

• Otros implantes con materiales magnéticos

Si usted pertenece a alguna de estas categorías, debe avisar a su médico antes de hacerse el MRI.

Durante el examen

Para someterse al examen, usted no debe llevar nada metálico, que pudiera interferir con el campo magnético.

Durante el examen, usted se acuesta en una camilla, llevando solamente una bata *(gown)*.

La camilla se mueve hacia el interior de un túnel, donde va a oír una serie de ruidos indicando el progreso del examen. (Muchos centros de diagnóstico ahora ofrecen "resonancia abierta" en vez de tipo "túnel", para mayor comodidad de los pacientes de gran tamaño o que sufren de claustrofobia.)

Después del examen

En cuanto termine el examen, usted puede volver a retomar todas sus actividades normales. No debe experimentar ninguna molestia relacionada con el examen.

E. Una diagnosis es esencial. En grupos de tres, hablen de pruebas diagnósticas que Uds., familiares o amigos pasaron, para saber cuál es el problema de salud correspondiente a cada una.

MODELO: E1: *Me sacaron una mamografía porque encontré un bulto en el seno.*
E2: *Después de mi accidente en bicicleta, los rayos X mostraron una fractura en mi brazo derecho.*

Estructuras   *Discussing past activities: Introducción al pretérito*

- To tell what you did at a specific moment in the past, use the preterite tense.
- The *regular* forms of **-ar, -er,** and **-ir** follow. Note that the **nosotros** forms of **-ar** and **-ir** verbs are the same in the present and preterite tenses.

	hablar	comer	vivir
yo	hablé	comí	viví
tú	hablaste	comiste	viviste
él/ella/Ud.	habló	comió	vivió
nosotros/as	hablamos	comimos	vivimos
ellos/ellas/Uds.	hablaron	comieron	vivieron

—¿Ya **habló** con su familia?	*Did you already talk to your family?*
—Sí, ya **hablé** con mi familia.	*Yes, I already talked to my family.*
—¿Cuándo **comió** usted?	*When did you eat?*
—Yo **comí** hace una hora.	*I ate an hour ago.*
—¿**Vivieron** Uds. cerca del hospital?	*Did you live close to the hospital?*
—Sí, **vivimos** muy cerca.	*Yes, we lived very close.*

- **Cambios ortográficos:** In the preterite, **-ar** verbs ending in **-car, -gar,** and **-zar** have spelling changes in the **yo** form.

buscar	→	**busqué,** buscaste, buscó, buscamos, buscaron
investigar	→	**investigué,** investigaste, investigó, investigamos, investigaron
empezar	→	**empecé,** empezaste, empezó, empezamos, empezaron

There are no stem changes in the preterite for **-ar** or **-er** verbs.

- The verb **dar** uses **-er** endings in the preterite.

    dar   di, diste, dio, dimos, dieron

- In the preterite tense, infinitives ending in **–er** or **–ir** whose stems end in a vowel will follow the spelling rule that says that an unaccented **i** will change to a **y** when it appears between two vowels:

  leer leí, leíste, **leyó,** leímos, **leyeron**

  oír oí, oíste, **oyó,** oímos, **oyeron**

- **Hace** + a time expression + **que** + a verb in the preterite tense tells *how long ago* something happened.

  Hace dos semanas que hablé *I spoke to the doctor two weeks ago.*
  con el médico.

  Hace un año que Aristeo sufrió *Aristeo suffered a heart attack a year ago.*
  un ataque al corazón.

- Omit **que** when starting the sentence with the verb rather than the time expression.

  Hablé con el médico **hace dos** *I spoke to the doctor two weeks ago.*
  semanas.

  Aristeo **sufrió** un ataque al corazón *Aristeo suffered a heart attack a year ago.*
  hace un año.

Para practicar

A. El/La estudiante de medicina. Usted es un/a estudiante de medicina y tiene que repetir las acciones del médico-profesor. Explique qué hizo ayer.

MODELO: El médico … examinó al paciente.
  Yo examiné al paciente.

El medico …
  1. … comió en la cafetería.
  2. … habló con la familia del paciente.
  3. … escribió unas notas.
  4. … recetó las medicinas.
  5. … investigó la historia familiar del paciente.
  6. … empezó un suero.
  7. … auscultó el corazón.
  8. … asistió a una conferencia de educación médica continua.
  9. … buscó los resultados de las pruebas en el laboratorio.
  10. … leyó los resultados.

B. ¿Cuándo? El médico con quien usted trabaja tiene una lista de instrucciones para sus empleados. Explíquele que cada persona ya terminó su tarea.

MODELO: María tiene que revelar las radiografías.
María ya reveló las radiografías.

1. Las recepcionistas tienen que llamar a los pacientes con citas para mañana.
2. Tú tienes que buscar el archivo del señor Fontana.
3. Las enfermeras tienen que preparar los instrumentos.
4. El enfermero tiene que empezar un suero para la señora Martínez.
5. Los radiólogos tienen que leer los rayos X.
6. Tú tienes que localizar a la familia del nuevo paciente.
7. Susana tiene que arreglar una tomografía axial computarizada para Gerardo.
8. Ustedes tienen que escribir los reportes para el hospital.

C. ¿Cuánto tiempo hace que...? Conteste las siguientes preguntas indicando la última vez que usted hizo *(did)* estas actividades. Después, hágale las mismas preguntas a un/a compañero/a.

MODELO: ¿Cuánto tiempo hace que usted... tomar aspirina?
Hace dos días que tomé aspirina. Y usted, ¿cuánto tiempo hace que tomó aspirina?

¿Cuánto tiempo hace que usted...

1. ...consultar a un médico?
2. ...usar un termómetro?
3. ...llamar al 911?
4. ...visitar a un amigo enfermo?
5. ...leer un artículo relacionado con la salud?
6. ...buscar un nuevo médico?
7. ...sufrir con un resfriado?
8. ...llenar una receta en la farmacia?

Módulo 1

Una cirugía

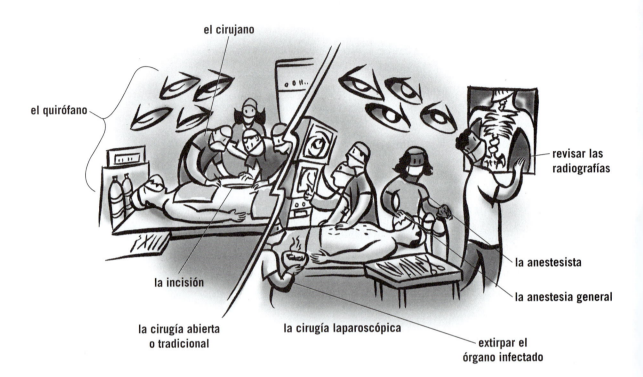

el cirujano

el quirófano

revisar las
radiografías

la incisión

la anestesista

la anestesia general

la cirugía abierta
o tradicional

la cirugía laparoscópica

extirpar el
órgano infectado

A. ¿Cómo se dice?   Escriba la palabra que corresponda a cada una de las definiciones.

1. La sala del hospital con equipo especial para las operaciones se llama el

_____.

2. El médico que hace la cirugía es el _____.

3. Para evitar el dolor durante la cirugía es normal que usen _____ general.

4. Un avance en la cirugía que se hace con incisiones más pequeñas es la cirugía _____.

B. ¿Sabe usted?   Escriba la palabra que corresponda a cada una de estas definiciones.

1.   La acción de quitar un órgano enfermo es _____.

2.   Cuando un órgano o una cortada tienen mucha bacteria están _____.

3.   La acción de estudiar los resultados de las pruebas es _____ los resultados.

La cirugía es necesaria

Gerardo todavía está en el hospital esperando los resultados de la serie de pruebas que le hicieron. No quiere confesarlo, pero todavía tiene dolores fuertes en el abdomen.

MÉDICO: Ya revisé todos los estudios que le hicimos ayer y quiero explicarle lo que encontramos.

GERARDO: ¿Hay malas noticias? ¿Es cáncer?

MÉDICO: Tranquilo, Gerardo. No pude encontrar ninguna evidencia de cáncer según las pruebas. Pero los estudios sí confirmaron mis sospechas de problemas serios en la vesícula biliar—se infectó a causa de un cálculo o piedrita que bloquea el cuello. Si no se extirpa, puede perforar y tener consecuencias graves. Quiero evitar el riesgo de peritonitis con un procedimiento quirúrgico inmediato.

GERARDO: ¿Cirugía? ¡Imposible! Sólo tengo un poquito de cólico.

MÉDICO: Cuando vi los estudios, supe inmediatamente que teníamos problemas mucho más graves que el cólico. Si quiere, puede pedir una segunda opinión.

GERARDO: ¿Cómo es la cirugía?

MÉDICO: Tenemos dos opciones: la cirugía abierta o tradicional o la cirugía laparoscópica. Las dos requieren anestesia general, pero en vez de una incisión grande como con la cirugía tradicional, con la cirugía laparoscópica hacemos cuatro incisiones muy pequeñas para llegar a la vesícula con instrumentos especiales. El dolor es menor y la recuperación es más fácil. Yo recomiendo la cirugía laparoscópica. Es la técnica preferida entre los cirujanos. Además, es mi especialidad. Piénselo y hable con su familia. Pero decida pronto. La infección ya es peligrosa.

C. ¿Comprende usted?   Conteste las preguntas según la información del diálogo.

1.   ¿Qué hizo el médico antes de explicarle a Gerardo su estado de salud?
2.   ¿Dónde está localizado el problema según el médico?
3.   ¿Qué causa la infección?

4. ¿Cuáles son las dos opciones que el médico le ofrece a Gerardo?

5. ¿Cuál es la opción preferida por el médico? ¿Por qué?

D. La artroscopia. Usted habló con el médico sobre su dolor de hombro y él/ella le recomendó una cirugía de artroscopia para aliviar el dolor. Después de leer este artículo, trate de explicarle a un/a amigo/a qué es esto—en cinco oraciones. ¡Use su imaginación!

MODELO: E1: *Voy a jugar al voleibol otra vez dos semanas después de la cirugía.*
E2: *¿Vas a tener una cicatriz grande?*
E1: *No, la incisión es pequeña.*

¿Qué es la artroscopia?

La artroscopia es un procedimiento quirúrgico en el que el interior de las articulaciones es visualizado con el uso de un instrumento del grosor *(thickness)* de un bolígrafo. El artroscopio es un instrumento que está formado básicamente por fibras ópticas y varias lentes; lo introducimos dentro de la articulación que queremos examinar a través de pequeñas incisiones (1 cm).

Lo conectamos a una fuente de luz y a una videocámara para observar las imágenes en un monitor. Con el avance de los conocimientos médicos y tecnológicos es posible realizar procedimientos terapéuticos como suturar rupturas de los meniscos *(cartilage)*, reparar rupturas de tendones o reconstruir los ligamentos cruzados en el interior de la rodilla.

La tendencia actual en la medicina es la cirugía de mínima invasión y la rehabilitación temprana. Las técnicas artroscópicas lesionan menos los tejidos; el resultado es que el paciente va a tener menos dolor e inflamación y consecuentemente una recuperación más rápida.

E. Mi historia de cirugía. Usted tuvo una operación hace un año a causa de… (¡imaginación!) Ahora quiere contarles a sus amigos su experiencia personal. ¡OJO! Todos quieren tener "la experiencia máxima"—es posible que inventen.

MODELO: E1: *Me cortaron el dedo después de cortarme con un cuchillo.*
E2/3: *Mentiroso/a—todavía tienes cinco dedos en las dos manos.*
E2: *Me quitaron un lunar de la mejilla por haber posibilidad de cáncer.*
E1/3: …

Estructuras   *More on the preterite: Verbos irregulares*

■ In the preterite tense, the following verbs have irregular stems and irregular endings. The endings for all of these verbs are the same. **(-e, -iste, -o, -imos, -ieron)**

Infinitive	Stem	Conjugation
venir	**vin**	vine, vin**iste**, vin**o**, vin**imos**, vin**ieron**
saber	**sup**	supe, sup**iste**, sup**o**, sup**imos**, sup**ieron**
poner	**pus**	puse, pus**iste**, pus**o**, pus**imos**, pus**ieron**
poder	**pud**	pude, pud**iste**, pud**o**, pud**imos**, pud**ieron**
querer	**quis**	quise, quis**iste**, quis**o**, quis**imos**, quis**ieron**
hacer	**hic***	hice, hic**iste**, hizo*, hic**imos**, hic**ieron**
tener	**tuv**	tuve, tuv**iste**, tuv**o**, tuv**imos**, tuv**ieron**
estar	**estuv**	estuve, estuv**iste**, estuv**o**, estuv**imos**, estuv**ieron**

¡OJO! Note that only the third person singular form of **hacer** replaces the **-c** with a **-z** to preserve the pronunciation.

Esta mañana **supe** que Gerardo está en el hospital.	*This morning I found out that Gerardo is in the hospital.*
No **pudimos** hablar con su médico.	*We could not talk to his doctor.*
Hicieron muchos estudios del sistema digestivo.	*They did many tests on his digestive tract.*
Quisieron eliminar las otras causas.	*They wanted to eliminate the other causes.*

■ The preterite forms of the verbs **ir** and **ser** are also irregular. Note that they have identical conjugations and the meaning must be derived from the context.

ir/ser   fui, fuiste, fue, fuimos, fueron

—¿Quién **fue** el último paciente en esta cama?	*Who was the last patient in this bed?*
—Fue **Gerardo Gómez.**	*It was Gerardo Gómez.*
—¿Adónde **fue** el médico de Gerardo?	*Where did Gerardo's doctor go?*
—**Fue** a hablar con la enfermera.	*He went to talk to the nurse.*

Para practicar

A. ¡Estuve enfermo!   Ayer fue un día difícil para usted porque estuvo enfermo/a. Explique los síntomas y problemas que tuvo o las cosas que hizo.

MODELO: tener náuseas
Yo tuve náuseas.

1.   llamar al médico
2.   no poder hablar
3.   no querer levantarme
4.   buscar medicina en la casa
5.   ir a la farmacia, por fin
6.   preparar el almuerzo
7.   no poder comerlo
8.   saber más tarde que otros amigos estuvieron enfermos

B. ¿Qué tiene el paciente?   Use el tiempo pretérito para describir lo que hizo el equipo médico para establecer la diagnosis para algunos pacientes.

MODELO: auscultarme el pecho
Ellos me auscultaron el pecho.

1.   hacer varios estudios de la sangre
2.   ponerle un suero al paciente
3.   sacar unas imágenes de resonancia magnética
4.   no poder despertarlo
5.   querer preguntarle qué comió
6.   llamar a un cirujano especialista
7.   leer las radiografías
8.   saber la causa del problema inmediatamente

C. ¿Y usted?   Escriba una lista de las primeras cinco cosas que usted hizo la última vez que fue al médico. Después, compare su lista con la de un/a compañero/a.

MODELO: *Cuando llegué, hablé con la recepcionista.*

Módulo 2

Una buena enfermera

DERRAME CEREBRAL

Dr. Octavio Valdivia, Neurólogo

Paulina López, Enfermera Registrada Nocturna

Margarita Bermúdez, Trabajadora social

Orlando Figueroa Fisioterapeuta

Heriberta Almazán, Patóloga del habla y lenguaje

Donald Contreras, Terapeuta Ocupacional

Linda Hernández, Nutricionista

Seguros Medicare Ana Lovino

Carlota Fugato Gerente del caso

las carpetas

A. ¿Cómo se dice? Escriba la palabra que corresponda a cada una de las definiciones.

1. La persona que coordina los servicios sociales para los pacientes es

   _____.

2. La persona encargada de coordinar todos los aspectos de un caso con los

   seguros y Medicare es el _____.

3. Cuando una persona pierde la capacidad de hablar necesita los servicios de

   un _____.

4. Después de un accidente o enfermedad que afecta el movimiento de un

   paciente, muchas veces los servicios de un _____ pueden ayudar.

B. Repaso de acciones.   Use la memoria para encontrar un verbo lógico y complete las siguientes oraciones. En algunos casos, puede haber más de un verbo lógico.

1. El médico le dio a María un sedante porque ella necesita _____ por ocho horas.

2. La paciente _____ _____ varias veces durante la noche, pero se volvió a dormir pronto.

3. El Dr. Valdivia le va a _____ la verdad a la familia. Ellos tienen que saberla.

4. La trabajadora social va a _____ a mi casa hoy para ver si todo está bien después de la cirugía.

Un derrame cerebral

Elena y Doria son las dos hijas adultas de Ana Lovino, quien sufrió un derrame cerebral hace dos días. Elena acaba de llegar al hospital donde Doria le está explicando lo que pasó durante la noche.

DORIA: ¿Y cómo está Mamá esta mañana? ¿Está despierta?

ELENA: Ahora no. Durmió bastante bien durante la noche, pero se despertó varias veces muy confusa. La enfermera de noche se llama Paulina y me dijo que la confusión es muy normal en estos casos y ella pasó mucho tiempo hablando con Mamá anoche.

DORIA: ¿Por qué? ¿Está preocupada?

ELENA: No, no está preocupada. Sólo comprende que Mamá—y nosotras— necesitamos su apoyo. Cuando Mamá pidió agua durante la noche, Paulina trajo el agua, le dio su medicina y empezó a darle un masaje para calmar la agitación y le repitió que todo va a estar bien. Se quedó con Mamá hasta que se volvió a dormir. Me dijo que nos va a demostrar las técnicas para ayudar a Mamá en casa. Después, vino varias veces durante la noche "sólo para verla".

DORIA: ¡Qué bueno! Anoche yo no pude dormir pensando en el momento en que Mamá regrese a casa. ¿Cómo vamos a poder ayudarla las 24 horas al día?

ELENA: Tranquila, hermana. Paulina ya me puso en contacto con la trabajadora social encargada de nuestro caso. Ella me prometió los servicios de una enfermera vocacional licenciada para vivir con Mamá por unas semanas.

DORIA: ¿Y qué más te dijo Paulina?

ELENA: Me habló un poco de la dieta que Mamá tiene que seguir y mencionó el nombre de la nutricionista; me presentó al fisioterapeuta y a la patóloga del habla y lenguaje que van a trabajar con Mamá y esta mañana a las seis cuando me desperté, Paulina me sirvió un rico café caliente.

DORIA: Además de ser una buena enfermera, Paulina me parece una santa. ¿Está aquí? ¡Quiero conocerla!

C. ¿Comprende usted? Conteste las preguntas según la información del diálogo.

1. ¿Por qué están en el hospital Doria y Elena?
2. ¿Quién atendió a Ana durante la noche?
3. ¿Qué hizo la enfermera después de darle a Ana su medicina? ¿Por qué?
4. ¿Cuáles son tres servicios que va a necesitar Ana cuando salga del hospital?
5. ¿Qué hizo la buena enfermera por Elena esta mañana?

D. La familia del/de la paciente. Usted es familiar del/de la paciente que sufrió un derrame cerebral y no sabe qué esperar en las semanas siguientes. El/La trabajador/a social le va a dar consejos sobre lo que va a pasar. Lea la información primero; después, hágale preguntas también.

MODELO: E1: *¿Papá puede volver a trabajar pronto?*
E2: *La recuperación toma tiempo. Es posible que esté deprimido.*

La rehabilitación después de un derrame cerebral

Recuperarse de un derrame cerebral
Recuperarse de un derrame cerebral serio toma tiempo. En general se requiere un año para recuperarse. Un derrame cerebral traumático (por un golpe en la cabeza o un accidente automovilístico) resulta en problemas que incluyen:
• disminución en su estado alerta y concentración
• deterioro de la memoria y de la capacidad de razonamiento
• incremento del nivel de inquietud
• apatía, egoísmo, depresión

El personal de rehabilitación
Fisiatra: Un fisiatra es un médico que se especializa en medicina física y rehabilitación.
Enfermeros: El personal de enfermería se compone de Enfermeros Registrados (R. N.). Enfermeros Vocacionales con Licencia (L. V. N.) y asistentes de enfermeros.
Fisioterapia: El fisioterapeuta (P. T.) es responsable de evaluar la capacidad dc cada paciente para llevar a cabo (carry out) actividades como sentarse, utilizar la silla de ruedas y caminar.
Terapia ocupacional: (O. T.) El terapeuta es responsable de evaluar la capacidad de cada paciente para llevar a cabo (carry out) tareas de cuidados personales.

Patología del habla y del lenguaje: (S. L. P.) El patólogo es responsable de la evaluación de la aptitud de comunicación y de los procesos cognitivos o de pensamiento.
Neuropsicología y psicología: La neuropsicología es una especialización en el campo de la psicología que estudia la relación entre ciertas áreas del cerebro y otras funciones como la inteligencia, memoria, atención, concentración, personalidad, conducta en general, aptitud visual y otras funciones sensomotrices.
Servicios sociales: La función de la trabajadora social es ayudar a la familia a adaptarse a los cambios difíciles de estilo de vida que conlleva el derrame del paciente.
Terapia recreativa: Es una disciplina de rehabilitación que proporciona actividades terapéuticas relacionadas con actividades de recreo.

Administración del caso
El gerente (manager) del caso es un micmbro del equipo de rehabilitación que coordina la atención y beneficios entre el hospital y la compañía de seguros del paciente o las agencias gubernamentales como Medical o Medicare.

E. La carrera de enfermero/a. Hoy en día hacen falta más enfermeros, ya que su trabajo es tan importante. Hablen en grupos de tres de las responsabilidades de los enfermeros y de las posibles razones por las cuales existe el problema.

MODELO: E1: *Los enfermeros están muy dedicados a su trabajo.*
E2: *Y reciben poco dinero por tanto trabajo.*
E3: *Necesitan ser profesionales pero también compasivos.*

Estructuras   *Relating past activities: Verbos en -ir con cambios en el pretérito*

- The **-ar** and **-er** verbs that have stem changes in the present tense do not have them in the preterite. Use the regular infinitive stem to form the preterite.

La enfermera **empezó** un suero.	*The nurse started an IV.*
La paciente no **entendió** nada.	*The patient did not understand anything.*

- Only **-ir** verbs have stem changes in the preterite tense. In stem-changing **-ir** verbs, **e** becomes **i** and **o** becomes **u** only in the third person (**él, ella, usted, ellos, ellas, ustedes**) preterite forms.

  pedir → pedí, pediste, p**i**dió, pedimos, p**i**dieron
  dormir → dormí, dormiste, d**u**rmió, dormimos, d**u**rmieron

Yo **pedí** noticias de la cirugía a la enfermera.	*I asked the nurse for news of the surgery.*
La paciente **pidió** agua.	*The patient asked for water.*
Yo no **dormí** en el hospital.	*I did not sleep in the hospital.*
Ana no **durmió** bien la primera noche.	*Ana did not sleep well the first night.*

- Additional verbs that follow this pattern are:

  e→i   **servir, repetir, preferir, seguir, mentir, sentir**
  o→u   **morir**

- Verbs ending in **-cir** have a spelling change to **j**. Note that **decir** changes **e→i** in the stem. The verb **traer** also has this change to **j**. Use the following endings with these verbs:
  -e, -iste, -o, -imos, -eron.

traducir *(to translate)*	traduje, tradujiste, tradujo, tradujimos, tradujeron
decir *(to say or tell)*	dije, dijiste, dijo, dijimos, dijeron
traer *(to bring)*	traje, trajiste, trajo, trajimos, trajeron

- Additional verbs that follow this pattern are:

  conducir *(to drive)* and **producir** *(to produce)*

Para practicar

A. En el hospital.   Estoy en el hospital recuperándome de un accidente. Diga usted si "yo" (el/la paciente) hice las siguientes cosas o si las enfermeras las hicieron anoche. ¡OJO! Hay verbos de todo tipo aquí, no sólo los de arriba.

MODELO: tomar su temperatura
Las enfermeras tomaron mi temperatura.

1. dormir por ocho horas
2. servir una comida terrible
3. pedir más medicina contra el dolor
4. preparar medicinas
5. empezar un suero
6. seguir las instrucciones del médico
7. pedir una trabajadora social para ayudarme
8. preferir el té con mi desayuno
9. repetir las instrucciones del doctor para estar seguras
10. no poder ir al baño solo/a

B. En el trabajo.   Pregúntele a un/a compañero/a si hizo estas cosas en el trabajo. ¡OJO! Hay verbos de todo tipo aquí, no sólo los de arriba.

MODELO: decirles mentiras a los pacientes
E1: *¿Les dijiste mentiras a los pacientes?*
E2: *No, no les dije mentiras a los pacientes.*

1. traducir para un paciente que no habla inglés
2. traer fotos de su familia a la oficina
3. conducir una ambulancia
4. servir café a los clientes
5. darle la medicina equivocada a un paciente
6. estar en el trabajo por más de 15 horas en un día
7. ir a la casa de un cliente
8. ponerle un suero a un paciente

C. Una buena enfermera. Con un/a compañero/a, invente a un/a enfermero/a excelente y después escriba diez cosas que hizo por sus pacientes.

MODELO: *Raúl es un enfermero excelente. Cuidó bien a sus pacientes y les dijo que todo iba a salir bien.*

Módulo 2

El cuidado en la casa

la silla de ruedas con motor

el bastón

el oxígeno portátil

el inodoro portátil

las muletas

el andador

la grúa hidráulica

la cama de posiciones

la silla de baño

el nebulizador

el desinfectante

la aspiradora

la escoba

La Salud entre Familia
Servicios de Asistencia Sanitaria en su Hogar
Equipo de convalecencia en el hogar para niños,
Alquiler y Venta
adultos, y la tercera edad
Entrega a domicilio

Productos de aseo doméstico

A. ¿Cómo se dice?   Escriba la palabra que corresponda a cada una de las definiciones.

1. Dos palos largos útiles para una persona con una pierna fracturada se llaman

_____.

2. Las personas que no pueden caminar necesitan una _____ _____

_____ con o sin motor.

3. Si un paciente pesa mucho y el cuidador no puede levantarlo, debe usar una

_____ _____.

4. Un sinónimo de "la limpieza de la casa" es _____ _____.

5. Una cama eléctrica que acomoda al paciente es una _____

_____ _____.

B. Acciones.   Escoja el verbo entre paréntesis que mejor se adapte a la descripción y póngalo en el tiempo adecuado.

1. Mamá necesita una silla de ruedas por unas semanas. No quise comprarla.

Yo la _____. (alquilar o asear).

2. La cama de posiciones no entró en mi Volkswagen. La compañía me la

_____ (entregar o levantar) a domicilio ayer.

3. Mamá llegó esta mañana a casa. Ella todavía no está bien. Necesita

_____ (alquilar o convalecer) en casa.

4. La casa está sucia. Quiero que la cuidadora la _____ (asear o comprar).

La recuperación en casa

Ana, víctima de un derrame cerebral, fue dada de alta (released) *del hospital esta mañana y regresó a su casa donde sus hijas, Doria y Elena, hablan con una enfermera vocacional con licencia que va a vivir con Ana y a cuidarla durante varias semanas. ¡Qué suerte! Sarita, la enfermera, es la hija de Paulina, la buena enfermera.*

DORIA: Sarita, Mamá está muy contenta de estar por fin en casa. Cuando llegó a su cama junto a su gato, se durmió inmediatamente. Elena y yo queremos que usted sepa que estamos muy agradecidas por la atención que recibió de su madre en el hospital. Y ya que usted va a estar con ella, tenemos la confianza de que se va a mejorar rápidamente.

SARITA:	No hay duda de que volver a casa es la mejor medicina para pacientes convalecientes como su mamá. Y ella es tan simpática que va a ser un placer. Aquí tengo una lista del equipo que necesitamos, la dieta que tiene que seguir y el horario de sus tratamientos especiales. Mientras duerme, quiero conocer la casa y verificar que todo lo que necesitamos está aquí.
ELENA:	La cama de posiciones que alquilamos y el inodoro portátil están en su recámara. El otro equipo está aquí: el oxígeno, la silla de ruedas y el andador para cuando tenga más fuerza. No trajeron la mesa de hospital. El señor fue a buscarla y va a regresar pronto. También hay una grúa hidráulica para levantarla.
SARITA:	No vamos a necesitar la grúa. Yo puedo levantarla fácilmente para darle el baño y ayudarla con otras funciones. El alquiler es caro. Ahora, vamos a organizar sus medicinas, el aseo de la casa y la comida. Ana va a despertar pronto y espero que tenga hambre. ¡Voy a prepararle una comida nutritiva y riquísima!
ELENA (A DORIA):	¡Otra santa!

C. ¿Comprende usted?   Si las siguientes declaraciones son ciertas, escriba una **C;** si son falsas, escriba una **F** y haga las correcciones necesarias.

1. _____ Ana va a regresar a casa mañana.

2. _____ Sarita es la nieta de Ana.

3. _____ La compañía del equipo médico entregó todo el equipo menos la silla de ruedas.

4. _____ Sarita no cree que la grúa hidráulica sea necesaria.

5. _____ Elena y Doria no están satisfechas con el trabajo de Sarita.

D. Una dieta adecuada.   Su pareja regresa a casa después de estar en el hospital por una semana. Usted piensa cuidarlo/la pero necesita información. Lea el artículo de la página 286 y llene la caja con la información necesaria.

Restricciones indicadas	
Problemas posibles	
Necesidades específicas	

Aprenda a alimentar al enfermo en casa

Una de las situaciones más complejas para la familia del paciente es prepararle la dieta indicada con el objetivo de culminar su recuperación y evitar complicaciones por desnutrición. El estado nutricional del paciente es un factor determinante en su evolución clínica. Si un enfermo no está bien nutrido, probablemente, el tratamiento médico indicado no será tan efectivo.

A veces se hacen necesarias ciertas restricciones dietéticas (sal, azúcar, carnes rojas, etc.). El problema comienza porque la dieta se vuelve rutinaria y las preparaciones poco agradables para el paciente.

Es necesario presentarle opciones diferentes y agradables para su alimentación–recetas sencillas con un beneficio terapéutico que incluyen alimentos sanos, variados y deliciosos.

Menú para la recuperación

No es fácil encontrar a quien sepa cocinar para la fase de recuperación de su familiar. La mayoría de las personas se angustia cuando vuelve a la casa con el paciente porque no sabe "cocinar para enfermos".

Si el paciente vive solo y es una empleada doméstica quien le prepara la comida, ¿cómo lo hace?

La educación nutricional se debe impartir a todo nivel. Debemos determinar el grado de educación de la persona que atiende al paciente y enfocar la explicación en términos sencillos y fáciles de comprender.

¿Qué pasa con el rol del enfermero en este aspecto?

El enfermero tiene un papel fundamental en la alimentación del paciente porque es quien permanece con él casi las 24 horas. En el caso del niño enfermo deben recordar su vulnerabilidad a la pérdida de peso por falta de apetito; por lo tanto, sus comidas deben adaptarse en lo posible a sus gustos y preferencias.

Los más delicados

La mujer embarazada incrementa sus requerimientos en 300 calorías por día. Después del parto, la mujer tiene un requerimiento más elevado (500 calorías más de lo normal) para producir la leche. Es importante vigilar el consumo adecuado de proteínas, calcio, hierro y vitaminas mientras esté amamantando.

¿Con qué enfermedades se siente más el regreso a casa por la alimentación inadecuada?

Los pacientes diabéticos, hepáticos y renales son ejemplos clásicos donde las restricciones dietéticas forman parte del plan nutricional y las transgresiones dietéticas son muy comunes.

Cada paciente debe ser evaluado desde el punto de vista nutricional y lo ideal es que lo haga un nutricionista.

E. ¿Qué va a pasar? Su abuelo/a estuvo muy enfermo/a pero ya sale del hospital—débil y con necesidad de una recuperación lenta. Con sus compañeros, planee lo necesario para poder cuidarlo/a en casa.

MODELO: E1: *Todos tenemos que trabajar. Necesitamos a alguien que tenga experiencia en cuidar en casa a una persona mayor que está enferma. ¿A quién llamamos?*

E2: *Mi amigo tuvo el mismo problema. Lo llamo para pedirle información.*

E3: *El enfermero del hospital me dijo que él trabaja en casas privadas cuando no trabaja en el hospital—es excelente.*

Estructuras   *More past activities: Usos del pretérito*

Spanish, like English, has more than one tense to describe action in the past.
Use the preterite tense to:

- Describe single events in the past that are considered complete.

    Ana **llegó** a casa ayer por la tarde.   *Ana arrived at home yesterday morning.*
    La compañía **entregó** el equipo.   *The company delivered the equipment.*

- Describe events that took place a specific number of times.

    El fisioterapeuta **vino** tres veces   *The physical therapist came three times*
    esta semana.   *this week.*
    Estuvo en el hospital dos veces.   *He was in the hospital twice.*

- Express the beginning or end of an action.

    Ana **entró** en el hospital la semana   *Ana went into the hospital last week*
    pasada y **salió** ayer.   *and left yesterday.*
    La enfermera visitante **empezó**   *The visiting nurse started two weeks ago.*
    hace dos semanas.

- Narrate a sequence of events.

    Hoy Ana se **despertó, tomó** la   *Today Ana woke up, took her medicine,*
    medicina y **comió**.   *and ate.*
    Sintió dolor y **llamó** a Sarita.   *She felt pain and called Sarita.*

- Describe mental or emotional reactions in the past.

    Se enojó cuando vio al médico.   *He got angry when he saw the doctor.*
    Se puso nervioso porque no vio   *He got nervous because he did not see*
    al gato.   *the cat.*

Para practicar

A. El reporte.   Usted es el/la enfermero/a que cuida a Ana. La hija de Ana
llama desde el trabajo para saber lo que pasó esta mañana. Dígale lo que hizo su
mamá según las indicaciones.

MODELO: despertarse a las ocho
    Su mamá se despertó a las ocho.

1. tomar toda su medicina	**5.** comer pan tostado
2. leer su novela un rato	**6.** venir a la cocina para desayunar
3. ver su telenovela favorita	**7.** hacer sus ejercicios
4. ir al baño	**8.** dormirse otra vez

B. ¿Y usted?   Dígale a la hija de Ana lo que usted hizo esta mañana.

MODELO: limpiar la casa
Yo limpié la casa.

1. preparar el desayuno
2. darle su medicina
3. jugar con el gato
4. hacer cita con el fisioterapeuta
5. tomar su presión y temperatura
6. buscar el periódico entre las flores del jardín
7. ponerle ropa limpia a su mamá
8. escribir la lista de comida que necesitamos del supermercado

C. El cuidado en casa.   Usted y su compañero/a trabajan para una agencia de servicios para personas que convalecen en casa. Inventen a un paciente, describan sus limitaciones físicas y escriban un reporte final para la agencia explicando punto por punto lo que ustedes hicieron en la casa.

MODELO: E1: *La señorita Luna tiene 29 años y está inconsciente como resultado de un accidente de auto hace un mes.*
E2: *Recibe nutrición por medio de un tubo conectado directamente al estómago.*

Vocabulario Módulo 1

Sustantivos

el/la anestesista	*anesthesiologist*	**la lastimadura**	*injury*
la articulación	*joint*	**el lente**	*lens*
la artroscopia	*arthroscopy*	**el ligamento**	*ligament*
el auditorio	*auditorium*	**la llave**	*key*
la bata	*robe*	**el/la mentiroso/a**	*liar*
el bolsillo	*pocket*	**la onda**	*wave*
el campo	*field*	**la patología**	*pathology*
la cardiología	*cardiology*	**la pieza dental**	*bridge (dental)*
el cartílago	*cartilage*	**la prótesis**	*prosthesis*
el código	*code*	**el quirófano**	*operating room*
la dentadura	*dentures*	**el/la radiólogo/a**	*radiologist*
la grapa	*staple*	**el reconocimiento**	*examination*
la ictericia	*jaundice*		*(medical)*
la imagenología	*imaging*	**la rehabilitación**	*rehabilitation*
la infectología	*study of*	**la resonancia**	*magnetic*
	infectious	**magnética**	*resonance*
	diseases	**el ruido**	*noise*
el lápiz	*pencil*	**la sexualidad**	*sexuality*

el sonido	*sound*	**la termografía**	*CT scan*
el tendón	*tendon*	**catódica**	
		la tomografía	*CT scan*

Verbos

borrar	*to erase*	**enviar**	*to send*
cargar	*to carry*	**extirpar**	*to remove,*
diagnosticar	*to diagnose*		*extirpate*

Adjetivos

abierto/a	*open*	**desprendido/a**	*detached*
angiográfico/a	*angiographic*	**este/a**	*this*
auditivo/a	*auditory*	**laparoscópico/a**	*laparoscopic*
claro/a	*clear*	**postizo/a**	*false*
continuo/a	*continuous*	**quirúrgico/a**	*surgical*

Otras expresiones

al tanto	*in the picture*	**ayer**	*yesterday*
anteayer	*day before yesterday*		

Módulo 2

Sustantivos

el andador	*walker*	**la fisioterapia**	*physical therapy*
el aseo	*cleanliness, toilet*	**el funcionamiento**	*functioning*
la asistencia sanitaria	*health care*	**el/la gato/a**	*cat*
		el/la gerente	*manager*
la aspiradora	*vacuum cleaner*	**la grúa hidráulica**	*hydraulic lift*
el baño	*bath, bathroom*	**el habla**	*speech*
el bastón	*cane*	**el hogar**	*home*
la carpeta	*folder*	**el inodoro**	*toilet*
la confianza	*confidence*	**el lenguaje**	*language*
la convalecencia	*convalescence*	**el marcapasos**	*pacemaker*
el/la cuidador/a	*caregiver*	**el nebulizador**	*nebulizer*
el desinfectante	*disinfectant*	**el/la neurólogo/a**	*neurologist*
el deterioro	*deterioration*	**el/la nutricionista**	*nutritionist*
el domicilio	*home, residence*		
la entrega	*delivery*	**la patología**	*pathology*
la escala	*scale, set of values*	**el/la patólogo/a**	*pathologist*
		el pensamiento	*thought*
la escoba	*broom*	**el propósito**	*purpose*
el/la fisiatra	*specialist in natural healing*	**el razonamiento**	*reasoning*
		el recreo	*recreation*

el/la terapeuta	*therapist*	**el/la vecino/a**	*neighbor*
la tercera edad	*senior age*	**la venta**	*sale*
el/la trabajador/a	*worker*		

Verbos

alquilar	*to rent*	**convalecer (zc)**	*to convalesce*
asear	*to clean, to tidy up*	**entregar**	*to deliver, hand over*
comprar	*to buy*		

Adjetivos

agitado/a	*anxious*	**doméstico/a**	*domestic, household*
agradecido/a	*grateful*		
apropiado/a	*appropriate*	**impropio/a**	*inappropriate*
cognitivo/a	*cognitive*	**lento/a**	*slow*
compasivo/a	*compassionate*	**nocturno/a**	*nocturnal*
confiable	*reliable*	**portátil**	*portable*
confuso/a	*confused*		

Otras expresiones

con	*with*

Síntesis

A escuchar

Sarita es una enfermera que cuida a una señora que convalece de un derrame cerebral. Ella llama a la hija de la señora con estas noticias.

Conteste las preguntas a continuación según lo que escuche.

1. ¿Por qué llama Sarita a Elena?
2. ¿A qué hora se despertó la señora?
3. ¿Qué pidió la mamá después de despertarse?
4. ¿Qué hizo Sarita cuando supo del dolor de cabeza?
5. ¿Cuándo pasó todo esto?

A conversar

Todos tenemos historias personales de pruebas diagnósticas, una cirugía, un/a buen/a doctor/a, enfermero/a o de tener que cuidar a un/a enfermo/a. Con sus compañeros, comparta su historia más interesante.

MODELO: E1: *Tuve que cambiarle los pañales a mi suegra de 87 años antes de su muerte—¡fue muy difícil!*
E2: *Mi hijo no quiso comer después de su cirugía—¡NADA!*

A leer

COMMUNITY MEMORIAL HOSPITAL
DONDE LA EXCELENCIA EMPIEZA POR UN TRATO MÁS HUMANO

Por ser nuestro paciente y huésped *(guest)*, le queremos dar la bienvenida. Este folleto es para que usted y su familia conozcan nuestro hospital y los servicios que ofrecemos.

Departamento de Admisión

Puede registrarse con anticipación en el departamento de admisión antes de que se interne en el hospital. Se encuentra en la sala principal del primer piso. Los horarios son: de lunes a viernes desde las 5:30 a.m. hasta las 9:00 p.m., y sábados y domingos desde las 8:00 a.m. hasta las 9:00 p.m. Preséntese en la ventanilla indicada donde le va a atender una recepcionista.

Constancia de sus Deseos *(Advance Directives)*

Creemos que cada uno tiene el derecho a tomar decisiones respecto a los tratamientos médicos que recibe. Usted tiene el derecho a redactar una "Constancia de sus Deseos" que es un documento legal en el estado de California.

Visitas

Nuestras horas de visita son desde el mediodía hasta las 8:00 p.m.
Se prohíbe fumar

Servicios y programas

- Departamento de medicina crítica y cirugía
- Cuidados intensivos
- Cuidados coronarios
- Cirugía abierta del corazón
- Centro de cirugía cardiovascular y torácica
- Cirugía con rayo láser
- Pediatría
- Neurología
- Ginecología
- Oncología
- Sala de urgencias abierta las 24 horas
- Sala de urgencias para dolor en el pecho
- Cirugía sin internado
- Estudios diagnósticos con imágenes
- Sala de procedimientos especiales: implantación de marcapasos, angioplastia
- Terapia respiratoria
- Laboratorio clínico y patología
- Fisioterapia
- Terapia ocupacional y de lenguaje
- Farmacia
- Servicios sociales
- Laboratorio de estudios gastrointestinales
- Centro diagnóstico de la mujer: mamografía
- Departamento de maternidad
- Cuidado neonatal intensivo
- Centro de salud familiar

¿Comprende usted? Conteste las preguntas según la información del artículo.

1. ¿Cuál es otra palabra para "paciente"?
2. ¿Cuándo se puede registrar en el Departamento de Admisión?
3. ¿Cuál es el derecho de cada persona?
4. ¿Cuáles son las horas de visita?
5. En su opinión ¿cuáles son los tres o cuatro programas más importantes? ¿Por qué?

A escribir

Usted es el/la gerente de márketing de Community Memorial Hospital y tiene la oportunidad de mandar por correo *(mail)* una tarjeta postal *(postcard)* de publicidad. Escriba ocho datos importantes para convencer a sus futuros clientes de que vayan a su hospital.

MODELO: *El/La paciente tiene derecho a tomar decisiones respecto a los tratamientos que recibe.*

Algo más

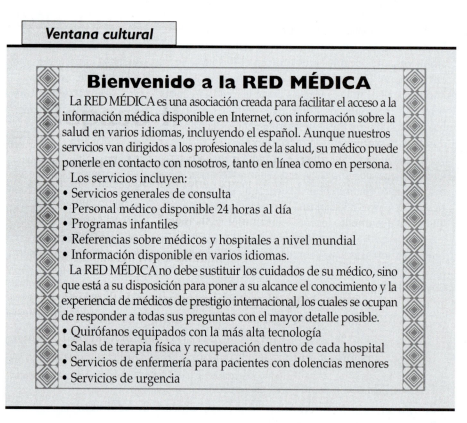

Ventana cultural

Bienvenido a la RED MÉDICA

La RED MÉDICA es una asociación creada para facilitar el acceso a la información médica disponible en Internet, con información sobre la salud en varios idiomas, incluyendo el español. Aunque nuestros servicios van dirigidos a los profesionales de la salud, su médico puede ponerle en contacto con nosotros, tanto en línea como en persona.

Los servicios incluyen:
- Servicios generales de consulta
- Personal médico disponible 24 horas al día
- Programas infantiles
- Referencias sobre médicos y hospitales a nivel mundial
- Información disponible en varios idiomas.

La RED MÉDICA no debe sustituir los cuidados de su médico, sino que está a su disposición para poner a su alcance el conocimiento y la experiencia de médicos de prestigio internacional, los cuales se ocupan de responder a todas sus preguntas con el mayor detalle posible.
- Quirófanos equipados con la más alta tecnología
- Salas de terapia física y recuperación dentro de cada hospital
- Servicios de enfermería para pacientes con dolencias menores
- Servicios de urgencia

En mis propias palabras. Hay tantos recursos de Internet que Ud. se puede perder. Pero hay consejos buenos. Escoja un problema médico específico—como el cáncer de la garganta, un nivel alto de colesterol, la adicción a la marihuana, la menopausia, alergias…—y busque datos interesantes. Escriba un resumen de lo que encuentre.

A buscar

Hay muchos consejos en cuanto a la salud en Mediweb—información para dejar de fumar, sobre el asma, la hipertensión, el herpes, el VIH, el SIDA, la osteoartrosis, la diabetes, etc. Busque información de interés personal y traiga lo que encuentre a la clase. No se olvide que hay una sección de búsqueda y también de ayuda médica en línea. La dirección es http://www.bim.com.mx.

LECCIÓN 11

¿Adónde tengo que ir?

Módulo 1
- La farmacia
- Describing past situations: *El imperfecto*
- La fisioterapia
- More on the imperfect: *Estados mentales, físicos y más*

Módulo 2
- El dentista
- Narrating in the past: *El pretérito y el imperfecto*
- El optometrista
- Contrasting past tenses: *El pretérito y el imperfecto*

Síntesis
- A escuchar
- A conversar
- A leer
- A escribir

Algo más
- Ventana cultural: La Fundación Hesperian
- A buscar

Módulo 1

La farmacia

A. ¿Cómo se dice?   Escriba la palabra que corresponda a cada una de las definiciones.

1. El profesional que prepara y explica las medicinas en una farmacia es el

_____.

2. Un síntoma doloroso de la menstruación son los _____.

3. Dos remedios sin receta para la nariz tapada y la tos son _____ y

_____.

4. Si no puedo dormir por el insomnio tomo _____.

5. En la sección de cosméticos, puedo comprar _____ y _____.

6. Si una persona tiene dificultad con el estreñimiento, toma un _____.

B. Acciones.   Use la memoria para completar estas oraciones con un verbo lógico en el pretérito. Puede haber más de un verbo para cada opción.

1. En la farmacia, busqué un antiácido porque yo _____ algo picante *(spicy)*.

2. Yo alquilé muletas para mi esposa porque ella _____ el pie.

3. Mi padre compró sedantes porque no _____ dormir en toda la noche.

4. Yo fui a comprar vendas porque me _____ un dedo.

En la farmacia

Un farmacéutico habla con Antonio, un joven mexicano que está en Estados Unidos para terminar sus estudios de postgrado. Antonio recibe la medicina que le recetó su médico y una lista de instrucciones para tomarla.

FARMACÉUTICO: Aquí tiene su antibiótico. Es muy importante que siga las instrucciones: la dosis es una pastilla cada ocho horas con un vaso de agua. Tome todas las pastillas para curar completamente la infección. No tome alcohol durante este tratamiento. Si usted es alérgico a medicinas de sulfa, este medicamento está contraindicado. Evite el sol durante el tratamiento.

ANTONIO: ¿Hay efectos secundarios?

FARMACÉUTICO: Algunos pacientes sufren náuseas o pérdida del apetito. Si estos síntomas no desaparecen en dos días…

ANTONIO: ¡Ya lo sé, le llamo a usted inmediatamente!

FARMACÉUTICO: ¡A mí, no! Llame a su médico. Yo no puedo cambiar su medicina.

ANTONIO: El sistema médico aquí en Estados Unidos es muy diferente al sistema de mi país.

FARMACÉUTICO: ¿De veras? ¿En qué?

ANTONIO: Yo sufría de estas infecciones con frecuencia cuando era niño. Cada vez que notaba el dolor u otro síntoma, iba directamente a la farmacia, donde el farmacéutico o su practicante me ponían una inyección de antibióticos. Si tenía algún problema después, llamaba al farmacéutico, no al médico.

FARMACÉUTICO: ¿No veía nunca al médico?

ANTONIO: Rara vez. El consultorio estaba lejos, el médico cobraba mucho dinero y el farmacéutico lo sabía todo. Hacía la diagnosis, recomendaba tratamientos y nos ponía las inyecciones. Después, nos hablaba de los posibles efectos secundarios.

FARMACÉUTICO: ¡Imposible aquí!

ANTONIO: Ahora lo sé. ¡Ah! Y antes de olvidarme, mi esposa tiene calambres intestinales y diarrea. ¿Puede recomendarme algo para ella?

C. ¿Comprende usted?   Conteste las preguntas según la información del diálogo.

1. ¿Por qué le explica el farmacéutico la dosis, las contraindicaciones y los posibles efectos secundarios a Antonio?

2. ¿Cuál es la dosis que debe tomar Antonio? ¿Por cuánto tiempo?

3. ¿A quién debe llamar Antonio si siente algún efecto secundario de la medicina?

4. ¿Cuál es una diferencia importante entre los sistemas médicos de México (y muchas regiones del mundo hispano) y el de Estados Unidos?

5. ¿Qué problema tiene la esposa de Antonio?

D. Usted es el/la diseñador/a *(designer)*.   Lea la publicidad de esta crema y escriba cinco problemas hipotéticos que se pueden resolver al usarla por un mes. Después cambie de lista con un/a compañero/a y entre los dos, decidan quién va a vender más tarros.

MODELO: *La Crema del Milagro quita las cicatrices de la piel.*

EL MILAGRO

Les presentamos el secreto de belleza mejor guardado.
Crema del Milagro es un rico complejo nutritivo creado por
Matt Campbell, físico aeroespacial, quien sufrió serias
quemaduras que desfiguraron su rostro. Doce años y
6.000 experimentos más tarde, crea la crema de
tratamiento más avanzada. *Crema del Milagro* contiene
vitaminas y extractos marinos de algas naturales. Cada
tarro de esta extraordinaria crema requiere un exacto y
largo proceso de fabricación de tres meses.
Crema del Milagro ... Donde los milagros comienzan.

E. ¿Qué necesito?   Usted está enfermo/a y va a la farmacia para pedirle al/a la farmacéutico/a (su compañero/a) un medicamento apropiado según sus síntomas. Él/Ella le hará una recomendación.

MODELO: E1: *Tengo la garganta irritada y la nariz tapada. Anoche tosí y estornudé constantemente.*

E2: *Le recomiendo Contac, en tabletas—tome una cada 12 horas.*

Estructuras   *Describing past situations: El imperfecto*

- To talk about things that *used to be,* use the imperfect. While the preterite is used to describe the completed aspect of an event, the imperfect is used to indicate the habitual, repeated, or ongoing nature of events or actions in the past.

■ The formation of the imperfect tense is simple:

	tomar	**comer**	**vivir**
yo	tom**aba**	com**ía**	viv**ía**
tú	tom**abas**	com**ías**	viv**ías**
él/ella/usted	tom**aba**	com**ía**	viv**ía**
nosotros/as	tom**ábamos**	com**íamos**	viv**íamos**
ellos/ellas/ustedes	tom**aban**	com**ían**	viv**ían**

■ The three irregular verbs in the imperfect are:

	ir	**ser**	**ver**
yo	**iba**	**era**	**veía**
tú	**ibas**	**eras**	**veías**
él/ella/usted	**iba**	**era**	**veía**
nosotros/as	**íbamos**	**éramos**	**veíamos**
ellos/ellas/ustedes	**iban**	**eran**	**veían**

■ The imperfect may be expressed in a variety of ways in English. Habitual actions:

Iba a la farmacia cuando **estaba** enfermo.

I (often) went to the pharmacy when I was sick.
I would go to the pharmacy when I was sick.
I used to go to the pharmacy when I was sick.

El farmacéutico nos **ponía** las inyecciones.

The pharmacist gave us our shots.
The pharmacist would give us our shots.
The pharmacist used to give us our shots.

■ Use the imperfect to express time and age in the past.

Yo **tenía** diez años entonces. *I was ten years old then.*
Eran las tres de la tarde. *It was three o'clock in the afternoon.*

Para practicar

A. Cuando era joven.   Indique si estas declaraciones eran verdad cuando usted era joven. Si no lo eran, corrija la oración.

MODELO: yo/ir a la farmacia para las inyecciones.
Yo no iba a la farmacia para las inyecciones; iba al médico.

 1.   nosotros/comprar medicina por Internet
 2.   el médico/preparar sopa de pollo
 3.   yo/guardar cama cuando tenía gripe
 4.   yo/ir a la escuela con varicela
 5.   nosotros/ver la televisión todo el día cuando estábamos enfermos
 6.   mis padres/cuidarme bien
 7.   nosotros/poder comprar ropa y comida en la farmacia
 8.   los farmacéuticos/conocer a todos los miembros de la familia
 9.   mis padres/traerme dulces o regalos *(gifts)*
10.   el médico/venir a mi casa

B. Entonces y ahora.   La tecnología ha causado muchos cambios en la medicina durante los últimos 50 años. Indique qué diferencias había en el pasado, en cuanto a estas descripciones de la medicina de hoy.

MODELO: Hoy pocas personas mueren de tuberculosis.
Antes, muchas personas morían de tuberculosis.

1.   Ahora pueden curar muchas enfermedades contagiosas.
2.   Ahora es fácil diagnosticar un ataque al corazón.
3.   Ahora con la cirugía laparoscópica, hay poco dolor debido a las incisiones.
4.   Ahora pocas farmacias tienen fuentes de soda.
5.   Ahora muchas personas mueren del SIDA.
6.   Ahora los médicos no van a casa del paciente.

C. ¿Y usted?   Cuando era niño/a, ¿qué hacía cuando estaba enfermo/a? Haga una lista de cinco eventos o actividades que ocurrían en su casa. Después, compare su lista con la de un/a compañero/a para ver las diferentes costumbres que tenían.

MODELO: *Miraba la televisión todo el día.*

Módulo 1

La fisioterapia

Se torció la espalda o tuvo un espasmo muscular

alcanzar la botella

Centro de cuidado urgente

Centro de cuidado complementario: Quiropráctico, masaje terapéutico, acupuntura y yoga

¡No aguanto el dolor!

Salón de masajes

Salón de acupuntura

Salón de meditación

las agujas

las hierbas y productos botánicos

la visualización

el hormigueo

la aromaterapia; los aceites esenciales

el masajista

A. ¿Cómo se define?   Escriba una definición en español para estas palabras.

1. un espasmo muscular: **3.** pastillas:

2. acupuntura: **4.** aspirina, Tylenol, Ibuprofen:

B. Acciones.   Escriba una oración original para cada verbo. ¡OJO! Se pueden conjugar.

1. recetar: **3.** descansar:

2. alcanzar: **4.** visualizar:

Medicina de movimiento

Galia, una mujer de cuarenta años, está en la Clínica de Cuidado Urgente hablando con una médica.

DOCTORA: Me dijo la enfermera que usted se torció la espalda. ¿Qué pasó?

GALIA: Esta mañana estaba peinándome y arreglándome para ir al trabajo. Mi gato empezó a decir *miau* porque tenía hambre. Mientras me inclinaba para alcanzarlo, *¡ping!,* y ya no pude levantarme. Nunca me imaginé tanto dolor.

DOCTORA: ¿Es la primera vez que experimenta dolor de espalda?

GALIA: No, yo tenía problemas con la ciática cuando estaba embarazada con mi hijo hace quince años. Sentía hormigueo en la espalda y en una pierna todo el tiempo.

DOCTORA: ¿Volvió a ocurrir después?

GALIA: Hasta hoy, nunca. ¿Qué puedo hacer?

DOCTORA: El examen preliminar no indica nada serio. Recomiendo que tome unas pastillas antiinflamatorias que voy a recetarle y que se acueste con una bolsa de hielo. Dentro de dos o tres días puede volver a las actividades normales. Si no se le quita el dolor, hable con su médico primario.

GALIA: ¡Dos o tres días! Íbamos a salir de vacaciones pasado mañana. ¿Hay algo que pueda hacer para recuperarme más rápidamente?

DOCTORA: Sí, hay tratamientos alternativos que pueden ayudar. El masaje puede relajar el espasmo del músculo y la acupuntura puede aliviar el dolor.

GALIA: ¡Qué interesante! Precisamente ayer hablaba con una compañera del trabajo y supe que su hermano es un quiropráctico que se especializa en la acupuntura y el masaje terapéutico—el Dr. Rojas.

DOCTORA: ¿Leonardo? Estudiamos juntos en una clase de anatomía hace años. Vale la pena hablarle si quiere, pero, por favor, no olvide las pastillas y la medicina tradicional.

C. ¿Comprende usted? Conteste las preguntas según la información del diálogo.

1. ¿Qué hacía Galia cuando notó el dolor de espalda?
2. ¿Hubo otra ocasión en que tuvo dolor de espalda?
3. ¿Qué tratamiento recomienda la doctora?
4. ¿Por qué tiene prisa Galia para sentirse mejor?
5. ¿Quién es especialista en acupuntura y masaje terapéutico?

D. Consejos del/de la fisioterapeuta. Su paciente sale del hospital mañana, después de un reemplazo de cadera. Dele instrucciones sobre cómo sentarse, cómo usar el inodoro y cómo dormir. Su paciente (su compañero/a) debe hacer la actividad indicada. Cambien de papel. Cada persona debe obedecer dos mandatos.

MODELO: *Para sentarse en la cama, siéntese al borde, ponga las manos detrás y levante la pierna operada.*

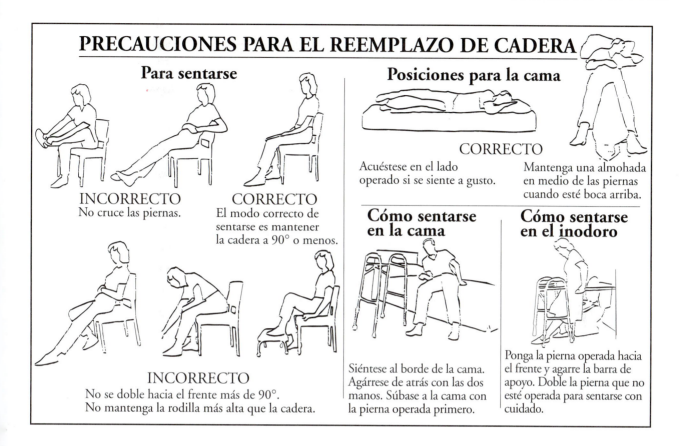

PRECAUCIONES PARA EL REEMPLAZO DE CADERA

Para sentarse

INCORRECTO
No cruce las piernas.

CORRECTO
El modo correcto de sentarse es mantener la cadera a 90° o menos.

INCORRECTO
No se doble hacia el frente más de 90°.
No mantenga la rodilla más alta que la cadera.

Posiciones para la cama

CORRECTO

Acuéstese en el lado operado si se siente a gusto.

Mantenga una almohada en medio de las piernas cuando esté boca arriba.

Cómo sentarse en la cama

Siéntese al borde de la cama. Agárrese de atrás con las dos manos. Súbase a la cama con la pierna operada primero.

Cómo sentarse en el inodoro

Ponga la pierna operada hacia el frente y agarre la barra de apoyo. Doble la pierna que no esté operada para sentarse con cuidado.

E. Terapia para un niño con síndrome de Down. Usted es un terapeuta ocupacional que trabaja con pacientes con síndrome de Down. Hable con el padre/la madre de un niño de su programa de terapia ocupacional.

MODELO: E1: *¿Marco se vistió solo para la visita de hoy?*
E2: *Sí, él se vestía solo ya el verano pasado.*

Estructuras   *More on the imperfect: Estados mentales, físicos y más*

- Use the imperfect to describe mental and physical states in the past.

No **sabía** que era posible tener tanto dolor.

I didn't believe such pain was possible.

Yo **tenía sueño** después de tomar la medicina.

I was sleepy after taking the medicine.

- The imperfect is used to indicate two activities in the past that were in progress at the same time. These two activities are often joined by **mientras** *(while)*.

Yo **escuchaba** la música **mientras** la fisioterapeuta me **daba** un masaje. *I was listening to the music while the physical therapist gave me a massage.*

listening → while massaging _____

El niño **lloraba mientras recibía** la inyección. *The child cried while he got the shot.*

crying → while receiving _____

- Use the imperfect to indicate that an action in the past was interrupted by another event (often in the preterite) or was never completed.

Íbamos a México cuando se enfermó mi hijo. *We were going to Mexico when my son got sick.*

going to Mexico → son got sick

- The verbs **conocer, saber, querer,** and **poder** have particular meanings when used in the preterite.

conocer—Conocí implies that you met someone. **Conocía** implies that you knew him.

saber—Supe implies that you found something out. **Sabía** implies that you knew it.

querer—Quise implies that you tried to do something. **Quería** implies you wanted to.

poder—Pude implies that you managed to do something. **Podía** implies that you tried.

Para practicar

A. ¡Se apagaron las luces!   ¿Qué hacían estas personas cuando se apagaron las luces? *(the lights went out)*

MODELO: el paramédico
    El paramédico iba hacia el lugar del accidente.

1. el farmacéutico
2. el cirujano
3. la enfermera visitante
4. el quiropráctico
5. la operadora del 911
6. el cocinero del hospital
7. los estudiantes de medicina
8. la operadora

B. A la vez…   Diga qué más pasaba en el mismo *(same)* momento en que ocurrieron estas actividades.

MODELO: Mientras la enfermera preparaba el baño, el paciente…
Mientras la enfermera preparaba el baño, el paciente se quitaba la ropa.

1. Mientras la paciente dormía, la enfermera…
2. Mientras el médico estaba de vacaciones, sus empleados…
3. Mientras la operadora del 911 escuchaba la información de la emergencia, ella…
4. Mientras el terapeuta de masajes trabajaba, el cliente…
5. Mientras el médico tradicional recetaba pastillas, el practicante de medicina alternativa…
6. Mientras el farmacéutico preparaba la receta, el cliente…

C. ¿Qué hacía usted?   ¿Recuerda la última vez que fue al médico? Describa cómo se sentía, qué síntomas tenía, qué le dolía, etc.

MODELO: *Me sentía débil, sin energía. No tenía ganas de comer nada…*

Módulo 2

El dentista

el taladro

el empaste

el esmalte

las encías

los dientes

las muelas

la corona

la raíz

el hilo dental

los cepillos dentales

la pasta dental

para enjuagar

Escupa aquí.

Necesita tratamiento de conducto.

A. ¿Cómo se dice?   Escriba la palabra que corresponda a cada una de las definiciones.

1. Para estimular las encías y limpiar bien entre los dientes, uso el _____ _____ cada noche.

2. La salud periodontal no tiene que ver con los dientes tanto como con las _____.

3. Cuando la bacteria penetra el esmalte de un diente o una muela resulta en una _____.

4. _____ es necesario cuando la raíz del diente está decaída.

5. Después de limpiar la caries con el taladro, el dentista le pone un _____.

B. Acciones.   Use la memoria para buscar un verbo lógico y completar las siguientes oraciones. ¡Usa la forma correcta del verbo!

1.   Si el dentista no puede salvar una muela, la tiene que _____.

2.   Los pacientes pueden _____ la boca con Scope o Listerine.

3.   Si no quiere tragar el Scope o Listerine, el paciente lo _____.

El cuidado dental es necesario

La semana pasada Remi llamó al dentista con un dolor de muelas muy fuerte. Cuando la recepcionista supo que el dolor era un problema repentino (sudden) *y no crónico, le dio una cita inmediata para una evaluación y un alivio temporal. Hoy Remi regresó para recibir un tratamiento más permanente.*

DENTISTA: Abra la boca, Remi, quiero ver si los antibióticos remediaron el absceso. ¿Todavía tiene dolor?

REMI: De la infección, no, doctor. Pero sí me duelen dos muelas y un diente del frente cuando tomo algo caliente o frío.

DENTISTA: Sin duda. Salieron cinco caries profundas en las radiografías. Y tiene las encías infectadas con gingivitis. No sigue una rutina de higiene bucal, ¿verdad?

REMI: ¡Ay, doctor! Después de mi última cita con usted hace unos dos años…

DENTISTA: …casi tres años…

REMI: ¡No puede ser! Pues, me prometí que iba a cuidarme bien la boca y hacer cita con usted cada seis meses. Y durante varios meses, me cepillaba los dientes dos o tres veces al día, usaba el hilo dental todas las noches y no comía dulces. Pero entonces… no sé. Estuve muy ocupada con la familia y el trabajo…

DENTISTA: …y dejó de cuidarse la boca. Remi, no quiero echarle un sermón, pero su descuido resultó en problemas serios. Anticipo que va a necesitar por lo menos dos tratamientos de conducto, tres empastes para las caries y una corona, si es que puedo salvar la muela. Si no, va a tener que hacer cita con el cirujano maxilofacial para extraerla. Además es muy probable que hagamos una cirugía periodontal si no podemos curar la infección de las encías. Espere mientras preparo la novocaína. Esto le va a arder un poco.

C. ¿Comprende usted?   Conteste las preguntas según la información del diálogo.

1. ¿Por qué le dio la recepcionista una cita inmediata a Remi?
2. ¿Qué otros problemas encontró el dentista?
3. ¿Cuánto tiempo hace desde la última cita de Remi con el dentista?
4. Describa su rutina después de la última cita. ¿Por qué dejó la rutina?
5. ¿Por qué es posible que necesite cirugía periodontal?

Basque is the other language on this dentist's sign.

 **D. Cómo cepillarse los dientes correctamente.** Usted es técnico/a de higiene dental y necesita explicarles a unos niños la importancia de cepillarse bien los dientes. Prepare una lista con cinco sugerencias importantes—un resumen de este artículo—y compare su lista con la de su compañero/a.

1.

2.

3.

4.

5.

MODELO: *El uso del hilo dental es tan importante como cepillarse.*

¡Cuide sus dientes; son para siempre!

Mantener una higiene bucal adecuada es importante por cuestiones médicas, estéticas y prácticas. Si sus dientes no están en buenas condiciones, esto va a afectar desde su nivel de autoestima hasta el tipo de alimentos que puede comer. Una buena higiene bucal consta de tres partes:

-El cepillo de dientes
-El hilo dental
-Las visitas al dentista

El cepillo de dientes

Es importante utilizar un cepillo de dientes lo bastante fuerte para eliminar restos y suciedad, pero lo bastante suave como para no dañar las encías o los propios dientes.

Utilización: Cepíllese los dientes por lo menos dos veces al día. Mantenga el cepillo en un ángulo de 45 grados, y comience a cepillar pasando sobre la línea

que conecta los dientes y las encías. Cepille primero la parte exterior y después la parte interior de los dientes. No olvide cepillar la superficie de la lengua, ya que ahí también se acumulan bacterias. Utilice una pasta que contenga fluoruro, ya que éste protege contra la caries y reduce la placa y el sarro.

El hilo dental

El hilo dental ayuda a eliminar los restos de comida que se almacenan entre los dientes.

Utilización: Enrolle unas 18" de hilo dental alrededor de los dedos y páselo entre dos dientes, con un movimiento de arriba a abajo. Utilice una sección diferente del hilo cada vez que cambie de un diente a otro, para asegurar la higiene del proceso.

Las visitas al dentista

Todavía hay muchas personas que evitan ir al dentista hasta el último momento, cuando ya no puede hacerse nada para salvar el diente o corregir el problema. Es importante visitar al dentista al menos dos veces al año. Recuerde hacerse una limpieza cada seis meses, y limite el consumo de bebidas como el café, o productos como el tabaco, que dañan y manchan la superficie de los dientes.
¡Cuide sus dientes... su sonrisa depende de ellos!

E. Los dientes perfectos.   Usted es dentista de técnicas especializadas: blanqueo, puentes *(bridges),* frenos (aparatos dentales). Hable con su paciente (su compañero/a) del tratamiento necesario—cuánto tiempo toma, el precio, etc.

MODELO: E1: *Tiene los dientes un poco torcidos. Con frenos podemos tenerlos alineados perfectamente bien dentro de dos años.*
E2: *Leí sobre los aparatos nuevos e invisibles de INVISALIGN.*

Estructuras   *Narrating in the past: El pretérito y el imperfecto*

- While the preterite and the imperfect are both aspects of the past tense, they are not interchangeable. Each gives a different message about time frames.
- The preterite is often used to describe an action that is "perfectly complete" within the sentence and captures an instant of time, like a photograph.

Yo **llamé** al dentista.	*I called the dentist.*
Usted se **cepilló** los dientes.	*You brushed your teeth.*

- The imperfect is often described in terms of a video camera. The focus is on the progression of action through time, rather than on the completeness of the action. In fact, use of the imperfect sometimes means that the action may have been abandoned before completion. (The action is *imperfectly* complete in the sentence.)

Yo **hablaba** con el dentista cuando llegaste.	*I was talking to the dentist when you arrived. (action interrupted)*
Yo **comía** caramelos cuando perdí el empaste.	*I was eating caramels when I lost the filling. (action interrupted)*

- Compare the following sentences and tell why the imperfect or preterite was used.

*Mientras yo **tenía** abierta la boca, el dentista me **hizo** una pregunta.*
*Mientras yo **tenía** novocaína en la boca, me **mordí** la lengua.*

Para practicar

A. ¿Por qué?   Explique las circunstancias que causaron estas acciones.

MODELO: Yo llamé al dentista porque…
Yo llamé al dentista porque me dolía una muela.

1.   Yo usé hilo dental porque…
2.   Compré un nuevo cepillo dental porque…

3. El dentista me sacó radiografías porque…

4. Me puse nervioso/a en la oficina del dentista porque…

5. Compré pasta dental con blanqueador porque…

6. No contesté la pregunta del dentista porque…

7. Dejé de comer en un lado de la boca porque…

8. Yo no hice la cita de seis meses porque…

B. Ahora y entonces.   Diga si usted hacía estas cosas cuando era niño/a y diga si hizo lo mismo la última vez que fue al dentista o el año pasado.

MODELO: Llorar en la oficina del dentista.
Yo lloraba en la oficina del dentista cuando era niño/a. No lloré la última vez.

1. estar nervioso/a en la oficina del dentista

2. ir cada seis meses al dentista

3. escupir al dentista accidentalmente

4. morder al dentista

5. pagar puntualmente al dentista

6. necesitar muchos empastes

7. tener miedo del taladro

8. recibir un buen reporte sin caries

C. En pareja.   Usted y su compañero/a son dos dentistas asociados en una oficina. Son las seis de la tarde y el último paciente ya se fue. Inventen unos pacientes interesantes, los detalles de sus casos y lo que ustedes hicieron por ellos. Comparen a sus pacientes con los pacientes de "otros dentistas" en la clase.

MODELO: E1: *Mi último paciente fumaba durante veinte años y ahora quiere tener los dientes blancos.*
E2: *¡Y la mía todavía toma doce tazas de café con azúcar todos los días y también quiere tener los dientes blancos!*

Módulo 2

El optometrista

las gafas o los lentes de sol

los marcos

las gotas para dilatar la pupila

vista borrosa

Gucci

Christian Dior

Vea con ojo de águila hasta en la playa

No esté ciego ante la ceguera. Hágase un examen de la vista cada año.

LASIK

A
EXU
VTWM
PXLZH
MNZPR
QTXLMZ
STOBLYZ

vista clara   **el lente**   **la pupila**   **la retina**   **el nervio óptico**

A. ¿Cómo se dice?   Escriba la palabra que corresponda a cada una de las definiciones.

1. _____ forman un líquido que el médico pone en los ojos para ver dentro de la pupila.

2. Cuando no puedo ver cosas claramente, tengo la vista _____.

3. La tecnología de láser para corregir la vista se llama cirugía _____.

4. Si una persona necesita anteojos, primero tiene que seleccionar un

_____ para contener los lentes.

B. Acciones.   Escriba una definición para estas expresiones.

1. estar ciego/a: **3.** dilatar la pupila:

2. ver con ojo de águila *(eagle):*   **4.** tener la vista borrosa:

Una visita al oftalmólogo

María Patricia fue esta tarde al consultorio de su oftalmólogo para su examen anual de la vista. Después del examen, no podía manejar su carro y llamó a su amiga Edith, quien fue a buscarla.

EDITH: ¿Qué te hizo el doctor?

MARÍA PATRICIA: Me puso unas gotas en los ojos para dilatar las pupilas y ahora veo todo borroso.

EDITH: ¿Por qué te puso las gotas?

MARÍA PATRICIA: Me dijo que con la pupila grande y la luz especial, podía ver dentro del ojo. Quería saber si había señales de enfermedades serias.

EDITH: ¿Qué enfermedades?

MARÍA PATRICIA: La diabetes, por ejemplo. Me dijo que muchas veces no se presentaban síntomas, pero que poco a poco la persona perdía la vista hasta quedar ciega.

EDITH: No notabas problemas, ¿verdad?

MARÍA PATRICIA: Pues, sí. Cuando era joven me llamaban "Ojo de Águila". Y ahora ni puedo leer el periódico sin lentes. Yo tenía miedo de la ceguera por diabetes, glaucoma o cataratas.

EDITH: ¿Y qué encontró el doctor?

MARÍA PATRICIA: Encontró que me hice vieja.

EDITH: ¿Él te dijo eso?

MARÍA PATRICIA: No exactamente con esas palabras. Sólo me dijo que tengo la vista muy normal para una persona de cuarenta años. Me dio una receta para anteojos.

EDITH: Pues, es verdad. Tienes cuarenta años. ¿Tú le hablaste de lentes de contacto o cirugía LASIK?

MARÍA PATRICIA: Esta vez no. Antes del examen, vi unos marcos preciosos. Dejé un depósito y me los van a hacer con mi receta para mañana. ¡Qué envidia vas a tener!

C. ¿Comprende usted?   Si las siguientes declaraciones son ciertas, escriba una **C;** si son falsas, escriba una **F** y haga las correcciones necesarias.

1. _____ María Patricia sufría toda la vida con la vista borrosa.

2. _____ María Patricia fue al médico porque tenía miedo de quedarse ciega.

3. _____ María Patricia tiene problemas serios de la vista.

4. _____ El único problema de la vista que tiene María Patricia es que tiene 50 años.

5. _____ A Edith no le van a gustar los nuevos lentes de María Patricia.

D. ¿Es LASIK para mí? Su amigo/a (su compañero/a) se hizo la cirugía LASIK la semana pasada y ya no necesita anteojos. Usted quiere hacérsela, pero tiene miedo, y los seguros no cubren esa operación. Lea el artículo que le trajo su amigo/a y hable con él/ella de las ventajas.

MODELO: E1: *Estuve en el consultorio por una hora solamente y no tuve dolor. Al despertarme al día siguiente, ¡pude ver claramente!*

E2: *Yo pagué menos de doscientos dólares por mis anteojos nuevos y puedo usar mis lentes de contacto si quiero; además, mi seguro me los paga.*

DESCUBRA LASIK Y EL MUNDO MÁS ALLÁ DE ANTEOJOS Y LENTES DE CONTACTO

La diferencia del LASIK

Por más de veinticinco años los médicos hicieron incisiones en la córnea para tratar la miopía, la hipermetropía y el astigmatismo. A comienzos de la década de los 80, se empezó a considerar el láser para mejorar la precisión y la predicción de la alteración del contorno de la córnea. Los investigadores observaron que el láser Eximer podía eliminar tejidos con una precisión de hasta 0.25 micrones. Empleando esta sobresaliente tecnología, la córnea es reformada para ajustarse a las prescripciones de sus anteojos o lentes de contacto, a la vez que se reduce o elimina la necesidad de usar lentes correctivos de por vida.

El procedimiento

Después de entumecerle los ojos usando anestesia en gotas, se coloca un soporte en el párpado para prevenir su parpadeo. Luego, un instrumento conocido como microkeratome forma un borde protector en la córnea. Durante este proceso usted puede sentir una pequeña presión, pero sin molestia. Se le pedirá que mire hacia un foco de luz mientras el láser reconstruye la córnea, todo en menos de un minuto. Entonces, el borde protector vuelve a ajustarse, sin necesidad de sutura (puntos). Después del LASIK, algunos pacientes sienten una ligera molestia que desaparece entre doce y veinticuatro horas después.

Cómo actúa LASIK

Para tratar la miopía, la córnea debe ser aplanada. Esto se logra eliminando tejido del centro de la córnea.

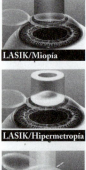

LASIK/Miopía

LASIK/Hipermetropía

Para tratar la hipermetropía, la parte central de la córnea debe quedar más alta. Esto se logra dirigiendo el rayo láser al tejido alrededor de esa área.

LASIK/Astigmatismo

Para tratar el astigmatismo, la córnea debe hacerse más esférica. Cambiando la forma del rayo, se elimina más tejido en una dirección que en la otra.

E. El glaucoma, el oftalmólogo y la vieja. El glaucoma es una enfermedad ocular que hace que mucha gente se quede ciega. Muchos de los que sufren de glaucoma no lo saben hasta perder la vista, porque puede dañar el ojo sin síntomas. Usted es cirujano/a oftalmólogo/a y su paciente (su compañero/a) es una señora vieja con glaucoma. Hablen de los tratamientos posibles para su problema. ¡OJO! Quizás sea necesario buscar datos—la Academia Americana de Oftalmología puede ayudar—http://www.eyenet.org.

MODELO: E1: *Doctor, ¿cree que voy a perder la vista por el glaucoma?*
E2: *Probablemente no, pero debemos hablar sobre los tratamientos que hay hoy en día.*

Estructuras   *Contrasting past tenses: El pretérito y el imperfecto*

- When you tell a story in the past, you will often use both the preterite and the imperfect aspects of the past, even in the same sentence.
- Use the preterite to describe events that took place in sequence.

    Yo **fui** al médico, **llamé** a la farmacia y **compré** la medicina.

    I went to the doctor, called the pharmacy and bought the medicine.

- Use the imperfect to set the scene, giving background information against which the action takes place.

    Era un día normal. **Brillaba** el sol. **Hacía** calor. Yo **trabajaba** en mi consultorio.

    It was a normal day. The sun was shining. It was hot. I was working in my office.

- Note that in the preceding scene, nothing has happened, but the stage has been set for the action to happen against.

    De repente, un paciente **abrió** la puerta del consultorio. Me **gritó** muy agitadamente. Cuando **se calmó** me **explicó** que su esposa embarazada **empezó** a dar a luz unos minutos antes de llegar al hospital.

    Suddenly, a patient opened the door to the office. He shouted at me very nervously. When he calmed down, he explained that his pregnant wife had started labor a few minutes before arriving at the hospital.

- Remember that it is sometimes helpful to think of the imperfect as an activity or state that goes on through time, and the preterite as an action that is over and done with in an instant.

Para practicar

A. Caperucita Roja. Use la forma correcta del verbo en paréntesis en el pretérito o el imperfecto para terminar esta versión médica de Caperucita Roja *(Little Red Riding Hood).*

Érase una vez (1) _____ (haber) una muchacha que

(2) _____ (ser) muy bonita y que (3) _____

(llamarse) Caperucita Roja. Ella y su mamá (4) _____ (vivir)

en una casa muy vieja en el desierto. Todos los días, Caperucita Roja

(5) _____ (caminar) por el desierto. Allí, ella

(6) _____ (jugar) con los animales y siempre

(7) _____ (buscar) hierbas y productos botánicos naturales. Un día

su mamá le (8) _____ (decir): "Caperucita Roja, hace dos minutos

yo (9) _____ (saber) que tu abuelita Ana (10) _____

(enfermarse) esta mañana. Necesita el antibiótico que el médico le

(11) _____ (recetar). Además, se le (12) _____

(romper) el termómetro. Tú tienes que ir a la farmacia y después, llevarle las

cosas que necesita. También, por favor, quiero que le lleves esta sopa de pollo que

yo le (13) _____ (hacer). Caperucita Roja

(14) _____ (ponerse) sus zapatos de tenis Nike y

(15) _____ (ir) inmediatamente en dirección a la farmacia. En el

camino, ella (16) _____ (ver) al coyote que

(17) _____ (tener) hambre. Ella, que claramente no

(18) _____ (saber) que sería peligroso hablarle, le

(19) _____ (decir): Voy a la casa de mi abuela enferma para llevarle

esta sopa de pollo que mi madre le (20) _____ (hacer). Cuando

Caperucita Roja (21) _____ (llegar) a la casa de su abuela, ella

(22) _____ (saber) inmediatamente que su abuela

(23) _____ (recibir) un cuidado médico excelente. Le dijo al

coyote en su cama: "Abuela, yo sé que tú (24) _____ (ir) al

oftalmólogo. ¡Qué pupilas tan grandes tienes! Es obvio que tú

(25) _____ (tener) cita con el quiropráctico—eres tan alta ahora,

con una postura excelente. Y también (26) _____ (ver) al dentista.

Tienes los dientes tan blancos y grandes...."

B. ¿Y usted? Con cinco oraciones o menos, narre la acción principal de un cuento tradicional de niños, sin dar los nombres de los personajes. Después de su descripción, sus compañeros deben identificar el cuento. ¡Es mejor si tiene tema médico!

Vocabulario Módulo 1

Sustantivos

el acné	acne	el/la farmacéutico/a	pharmacist
el acondi-cionador	conditioner	las hemorroides	hemorrhoids
la acupuntura	acupuncture	la higiene	hygiene
la aguja	needle	el hormigueo	tingling
la alergia	allergy	el inhalador	inhaler
el antiácido	antacid	el laxante	laxative
la aromaterapia	aromatherapy	los/las lentes	glasses
la barra	bar	el líquido	liquid
la bolsa	bag	el maquillaje	makeup
el cabello	hair	el/la masajista	massage therapist
la caja	cash register	la pomada	ointment
el calambre	cramp	el/la practicante	practitioner (licensed)
el cepillo	brush		
el champú	shampoo	el reemplazo	replacement
la curita	Band-Aid	el resfrío	cold
el cutis	facial skin	el rostro	face
la dentadura postiza	dentures	el sedante	sedative
		el sentido	sense
el espasmo	spasm	el sol	sun
el espray	spray	el tarro	jar
el estimulante	stimulant	la venda	bandage
el estreñimiento	constipation		

Verbos

alcanzar	to reach	peinarse	to comb one's hair
cobrar	to charge	torcer (ue)	to twist
exponerse (g)	to expose oneself		

Adjetivos

analgésico/a	*analgesic*	**hidratante**	*hydrating,*
botánico/a	*botanical*		*moisturizing*
contraindicado/a	*contraindicated*	**tapado/a**	*blocked*
grasiento/a	*greasy*		

Otras expresiones

valer la pena	*to be worthwhile*

Módulo 2

Sustantivos

la abeja	*bee*	**la meta**	*goal*
el absceso	*abscess*	**el método**	*method*
el agotamiento	*exhaustion*	**la miopía**	*myopia,*
el ajuste	*adjustment*		*shortsightedness*
los anteojos	*glasses*	**la novocaína**	*Novocain*
la artritis	*arthritis*	**la odontología**	*odontologist*
el astigmatismo	*astigmatism*	**el/la oftalmó-**	*ophthalmologist*
el blanqueo	*whitening*	**logo/a**	
el borde	*edge*	**el palpado**	*touching*
el calor	*heat*	**la parálisis**	*paralysis*
la caries	*tooth decay, cavity*	**el parpadeo**	*blinking*
la ceguera	*blindness*	**la pasta de**	*toothpaste*
la columna	*column*	**dientes**	
el conducto	*root canal*	**la picadura**	*sting, bite*
la corona	*crown*	**la placa**	*plaque*
los desechos	*waste material*	**la polio**	*polio*
el empaste	*filling*	**el pueblo**	*town*
el esmalte	*enamel*	**el puente**	*bridge*
la espina	*spine*	**la pupila**	*pupil*
el fluoruro	*flouride*	**el/la**	*chiropractor*
los frenos	*braces*	**quiropráctico/a**	
las gafas	*glasses*	**la raíz**	*root*
el hilo dental	*floss*	**la remoción**	*removal*
la hipermetropía	*hyperopia,*	**la retina**	*retina*
	farsightedness	**el sarro**	*tartar*
la incapacidad	*disability*	**la sonrisa**	*smile*
el/la lente de	*contact lens*	**la sordera**	*deafness*
contacto		**la superficie**	*surface*
la limpieza	*cleaning*	**el taladro**	*drill*
el marco	*frame*	**el/la técnico**	*technician*
la masticación	*chewing*		

Verbos

bloquear	to block	escupir	to spit
cepillarse	to brush	extraer (ig)	to extract
corregir (i) (j)	to correct	guiar	to guide
desatorar	to unblock	morder (ue)	to bite
dilatar	to dilate	prevenir (ie) (g)	to prevent
enjuagar	to rinse	tapar	to fill (tooth)
enrollar	to roll up		

Adjetivos

bucal	mouth, oral	experimentado/a	experienced
decaído/a	decayed	externo/a	external
descuidado/a	neglected	plano/a	flat
deshabilitado/a	disabled	posterior	back
entumecido/a	numb	suave	soft
estomatólogo/a	related to mouth diseases	torcido/a	crooked
		vertebral	vertebral

Otras expresiones

adelante	forward	más allá	beyond
atrás	back	sí mismo/a	oneself

Síntesis

A escuchar

Federico habla un poco de sus resoluciones anuales.

Si las siguientes declaraciones son ciertas según lo que escucha, escriba una **C**; si son falsas, escriba una **F** y haga las correcciones necesarias.

1. _____ Tomé la decisión de cuidarme la salud porque quería ir a una fiesta de Año Nuevo.

2. _____ Primero llamé al cardiólogo.

3. _____ Hablé con el oftalmólogo sobre unos nuevos anteojos para leer mejor.

4. _____ Fui al gimnasio para empezar un programa de dieta y ejercicio.

5. _____ Tuve resultados excelentes por un tiempo, pero ahora, tengo que empezar otra vez.

A conversar

Hay medicamentos nuevos todos los días. En grupos de cuatro, hablen sobre medicinas que usaron, sobre las que leyeron o… Pueden buscar datos; por ejemplo, Vioxx es un producto bastante nuevo para la artritis; también hay una inyección para el control del embarazo que se pone una vez al mes.

MODELO: E1: *Usé un parche de nicotina para ayudarme a dejar de fumar.*

E2: *Cuando Motrin ya no me ayudaba con el dolor del hombro, empecé a tomar glucosamina; después de un mes, ¡no me dolía nada!*

A leer

¿Qué es un ajuste de la columna vertebral?

Un ajuste de la columna vertebral es un procedimiento especial que los quiroprácticos usan para corregir o eliminar el complejo de subluxación *(partial dislocation)* vertebral.

Los quiroprácticos pasan varios años especializándose en este procedimiento. Puede haber muchas subluxaciones en su espina dorsal y por consiguiente, es posible que requiera muchos ajustes.

Un arte y una ciencia

Una vez que su quiropráctico haya determinado el área afectada por el complejo de subluxación vertebral, se formulan las siguientes preguntas:

- ¿En qué dirección se encuentran las vértebras que están desalineadas?
- ¿Cuál es la fuerza mínima necesaria para volver a alinearlas?
- ¿Cuál es la mejor técnica para corregir el problema?

- ¿Existen ciertos factores que puedan contraindicar el ajuste?
- ¿Se encuentra el paciente lo suficientemente relajado para hacerle el ajuste?

¿Reacomodarle los huesos?

Cuando su quiropráctico le aplica presión sobre la columna vertebral, realmente no lo hace para "reacomodarle" los huesos. Lo que pasa es que el ajuste ayuda a desatorar las vértebras que se bloquearon, permitiéndoles desplazarse al sitio que su cuerpo requiera. Sólo nuestro cuerpo sabe el lugar exacto que le corresponde a cada vértebra. No obstante, con la ayuda de los rayos X; por el palpado de movimientos; mediante estudios de la calidad de transmisión eléctrica de los músculos (S-EMG en inglés); o mediante el uso de equipos de resonancia magnética de imágenes (MRI en inglés) y otros procedimientos, el quiropráctico puede determinar, de una forma racional, la dirección del desplazamiento de las vértebras.

¿Comprende usted?   Conteste las preguntas según la información del artículo.

1. ¿Qué es un ajuste quiropráctico?
2. ¿Cuántos ajustes son necesarios?
3. ¿Cuál es el papel de la intuición?
4. ¿Por qué dicen que hay una meta común?
5. ¿Cuáles son algunos procedimientos que ayudan con la diagnosis del problema?

A escribir

Usted es un/a entrenador/a profesional de cinco jugadores de fútbol a nivel universitario. Como son jóvenes en buena forma, se ven invencibles e incapaces de lastimarse. Pero, usted sabe la importancia de prepararse siempre—comer bien, dormir lo suficiente, estirarse antes de la práctica, … Prepare su lista de recomendaciones para los jugadores.

MODELO: *No empiecen a practicar sus patadas (kicks) sin estirar bien las piernas.*

Algo más

La Fundación Hesperian

Hay millones de personas por todo el mundo que todavía sufren y mueren por enfermedades que se pueden prevenir y curar. La mayoría de la población vive en la pobreza, sin condiciones óptimas de salubridad *(sanitation)* y nutrición. La Fundación Hesperian cree en el derecho de asistencia médica para todos.

Libros en español:

Ayudando a los niños ciegos: Apoyo familiar y comunitario para niños con problemas de la vista por Sandy Niemann and Namita Jacob.

Donde no hay doctor para mujeres por A. August Burns, Ronnie Lovich, Jane Maxwell y Katharine Shapiro. Utiliza un lenguaje accesible y centenares de ilustraciones para enseñar a las mujeres y jóvenes de diversas culturas y niveles de educación formal, cómo cuidarse a sí mismas. Es el primer libro de amplio alcance para mujeres que se basa en la comunidad y en el cual se combina la información médica con un análisis de cómo la pobreza, la discriminación y la cultura machista se juntan para limitar su acceso a la salud. ISBN: 0-942364-31-7

Un libro para parteras por Susan Klein. Utiliza un lenguaje accesible y dibujos para enseñar a parteras y comadronas cómo cuidar a las mujeres durante el embarazo y el parto. ISBN: 0-942364-22-8

Donde no hay doctor por David Werner con Carol Thuman y Jane Maxwell. Traducido a más de 80 idiomas, es quizás el manual de salud más utilizado en todo el mundo. El libro da información vital y accesible sobre cómo reconocer y curar los problemas médicos y enfermedades comunes, con un énfasis especial en la prevención. Actualizado en 1996. ISBN: 0-942364-15-5

Donde no hay dentista por Murray Dickson. Dickson enseña a la gente a cuidarse los dientes y las encías. Además de información detallada e ilustrada sobre cómo usar equipo dental, tapar muelas, sacar dientes y más, se enfatiza la importancia de salud bucal y la nutrición. ISBN: 0-942364-19-8

El niño campesino deshabilitado por David Werner. Este libro contiene un tesoro de información sobre las incapacidades comunes de la niñez, como: la poliomielitis, la artritis juvenil, la parálisis cerebral, la ceguera y la sordera. El autor explica cómo llevar a cabo *(carry out)* una rehabilitación sencilla al nivel de un pueblo y cómo fabricar a bajo costo una variedad de aparatos de ayuda. Actualizado en 1996. ISBN: 0-942364-07-4

Aprendiendo a promover la salud por David Werner y Bill Bower. Un libro de métodos, materiales e ideas para promotores de salud que trabajan en el campo y para sus instructores, basándose en las necesidades y recursos de la gente con quien se trabaja. ISBN: 0-942364-10-4

Volver a Vivir / Return to Life (bilingüe: español/inglés) por los miembros del proyecto comunitario de rehabilitación PRÓJIMO y Suzanne C. Levine. Comparte, a través de fotografías e historias personales, el proceso de los miembros de PRÓJIMO de "volver a vivir" después de una enfermedad seria.

Dos mazorcas de maíz *(ears of corn)* por Ronald Bunch. Cómo organizar proyectos agrícolas participativos que resultan en que "dos mazorcas de maíz" crezcan donde antes había solo una.

Educación especial para alumnos con deficiencia mental por Christine Miles. Miles explica cómo enseñar a los niños con deficiencia mental.

¡Saludos! Recursos para la educación popular en la salud de la mujer—Un boletín trimestral que sirve como un foro participativo para compartir recursos e ideas de capacitación y educación popular de la mujer sobre la salud. Cada número contiene perfiles de grupos innovadores, nuevos acontecimientos sobre la salud de la mujer y una guía de capacitación para ayudar a las facilitadoras a planificar actividades educativas sobre temas de salud femenina. (Gratis.)

The Hesperian Foundation
1919 Addison Street, Suite 304
Berkeley, CA 94704 USA
tel:(510) 845-1447, Fax: (510) 845-9141
e-mail: hesperian@hesperian.org

En mis propias palabras.   Usted acaba de conocer la Fundación Hesperian y tiene mucho interés en ella, porque va a pasar dos años en Paraguay como miembro del Cuerpo de Paz *(Peace Corps)*. Escríbales una carta electrónica pidiéndoles más datos sobre una de sus publicaciones y explíqueles por qué necesita esta información.

A buscar

Es su última oportunidad para buscar información en este libro y necesita encontrar datos de... ¿odontología? ¿medicamentos? ¿alimentos y nutrición? ¿problemas con el alcohol? ¿primeros auxilios? ¿la Cruz Roja? ¿lesiones deportivas? ¿donación de sangre? ¿PAHO? (Organización Panamericana de la Salud) ¿homeopatía? ¿ataque epiléptico? ¿maniobra de Heimlich? ¿picadura de abeja? ¿agotamiento por calor? ¿objetos ingeridos? ¿accidentes laborales? ¿medicina alternativa? Busque algo específico relacionado con SUS intereses en el campo de la medicina y compártalo con sus colegas.

LECCIÓN 12

Repaso II

Lección 7: La comida y la nutrición
- Expressing generalizations, expectations, and passive voice: *Se impersonal*
- The recent past: *Acabar de* + *infinitivo*
- Expressing likes and dislikes: *Gustar*
- Numbers: *De cien a millones*

Lección 8: La maternidad y la pediatría

- Describing daily routines: *Los verbos reflexivos*
- More on reflexive verbs: *Los verbos recíprocos*
- Expressing knowledge and familiarity: *Saber y conocer*
- Receiving the action of a verb: *El objeto directo*

Lección 9: Problemas de salud
- Giving advice and suggestions: *Introducción breve al subjuntivo*
- Giving recommendations: *El subjuntivo con expresiones impersonales*
- Expressing emotion and doubt: *El subjuntivo con expresiones de emoción y duda*

Lección 10: En el hospital

- Discussing past activities: *Introducción al pretérito*
- Relating past activities: *Verbos irregulares*
- Relating past activities: *Verbos en –ir con cambios en el pretérito*
- More past activities: *Usos del pretérito*

Lección 11: ¿Adónde tengo que ir?

- Describing past situations: *El imperfecto*
- Narrating in the past: *El pretérito y el imperfecto*
- Contrasting past tenses: *El pretérito y el imperfecto*

¿Recuerda usted a Alejandro, el hijo de Gilda, que tenía problemas con el alcohol y la marihuana? Después de graduarse del centro de rehabilitación, se graduó de la escuela secundaria y ahora estudia farmacia en la universidad. También trabaja como técnico de farmacia en una "superfarmacia" después de las clases. Acaba de casarse con su novia de muchos años. En esta lección, vamos a ayudarlo mientras trabaja.

Lección 7

La comida y la nutrición

Módulo I

A. Esto es un/una… Hoy Alejandro y usted trabajan en la sección de productos de nutrición, dieta y ejercicio. Mientras ustedes ponen los productos en los estantes *(shelves)*, usted tiene que explicarle a Alejandro para qué se usa cada producto y si se vende mucho.

MODELO: la sacarina
Es azúcar artificial. Se pone en el café. Se vende mucho.

1.	A, B6, C, D y E	**4.**	un vídeo de yoga
2.	el libro del Dr. Atkins	**5.**	productos de terapia magnética
3.	las pesas	**6.**	Aleve

B. El empleado ideal. El farmacéutico dice que necesitan limpiar la tienda y arreglar los productos en los estantes. Dígale quién acaba de hacer cada recomendación.

MODELO: Ustedes necesitan hacer el inventario.
Nosotros acabamos de hacer el inventario.

1. Mateo tiene que buscar más productos herbales.
2. Marco tiene que ayudar a los clientes a tomarse la presión arterial.
3. Ustedes tienen que subir los precios de los productos de dieta.
4. Tú tienes que vender más equipos atléticos.
5. Alejandro y Justino tienen que limpiar la sección de vitaminas.
6. El cliente tiene que comprar los chocolates que abrió.

C. ¿Qué se hace? Escriba una lista de cinco cosas que se hacen y cinco cosas que no se hacen para ponerse en buena forma.

MODELO: *Se toma mucha agua. No se comen muchos dulces.*

D. Imaginación. Un cliente compra una báscula, aspirinas, dieta líquida, curitas, *Coppertone* y muletas. Use la imaginación para identificar cinco acciones que acaban de ocurrir para llevar al cliente a la farmacia con esta lista de productos. Compare su lista con la lista de un/a compañero/a.

MODELO: *Acaba de ponerse pantalones que le quedan estrechos.*

Módulo 2

A. El cliente bien informado. Viene un cliente a la farmacia que quiere saber qué es cada cosa. Explíquele los siguientes términos y palabras.

MODELO: el fluoruro
El fluoruro ayuda a proteger los dientes contra la caries.

I. el ejercicio aeróbico   **3.** el colesterol
2. una caminata   **4.** 130/90

B. Gustos. Indique qué *les gusta hacer* a las siguientes personas para mantenerse en forma. Escoja la actividad indicada de la lista.

MODELO: A las personas con la presión arterial muy alta—reducir el consumo de sal
A las personas con la presión muy alta, les gusta reducir el consumo de sal.

I. A nosotros, los atletas olímpicos   **a.** solamente ensaladas con limón
2. A mí, porque quiero subir de peso   **b.** muchos carbohidratos
3. A mí, una "supermodelo"   **c.** bajar de peso
4. Al señor Universo   **d.** levantar pesas
5. A muchas personas gordas   **e.** mucha proteína
6. A un paciente del Dr. Atkins   **f.** consumir muchas calorías

C. Las generalizaciones. Ayude al cliente de la farmacia a comprender las cantidades indicadas aquí. Escriba, por favor, los números con letra.

MODELO: Hay 770.501 personas en esta ciudad que quieren reducir su peso.
Hay setecientas setenta mil, quinientas una personas en esta ciudad...

I. Hay 555 calorías en una hamburguesa.
2. Hay 100 productos aquí para las dietas.
3. 2.763 personas van a ese gimnasio todos los días.
4. Más de 3.000.000 de personas no comprenden el riesgo de tener la presión alta.
5. Su nivel de colesterol es de más de 311. Está elevado.
6. El corazón de un atleta en buenas condiciones late unas 70 veces cada minuto.
7. 135/90 indica una presión muy alta.

D. ¿Y usted?   A usted, ¿qué ejercicio le gusta hacer? Escriba una lista de tres ejercicios que le gustan. Describa cómo son, dónde le gusta hacer los ejercicios y con quién.

MODELO: *Me gusta montar en bicicleta en el gimnasio con los otros estudiantes de la clase de "spinning".*

Lección 8

La maternidad y la pediatría

Módulo I

A. Solamente hablo un poco de español.   Alejandro está trabajando en la farmacia cuando le pide ayuda una señora que tiene dificultad con el idioma. Ponga usted la palabra o la frase en español que la cliente quiere describir.

MODELO: SEÑORA: Mi hija quiere <u>un producto que le dice en casa si va a tener un bebé</u> antes de ir al médico.
Alejandro: ¿Su hija quiere una prueba de embarazo?

1.   Ella <u>vomita mucho por la mañana</u>.

¿Ella tiene _____ _____?

2.   Hace seis semanas que no tiene <u>la menstruación</u>.

¿Ella no tiene el _____ o la _____?

3.   Ella cree que <u>va a tener un bebé</u>.

¿Ella cree que está _____?

4.   Ella tiene miedo del <u>momento del nacimiento</u> del bebé.

¿Ella tiene miedo del _____?

5.   Sí, cuando nació ella, yo tuve <u>cirugía de emergencia</u> para dar a luz.

¿Usted tuvo una _____ _____?

6.   Sí, y ella también tiene miedo de <u>los dolores muy fuertes</u> durante el parto.

¿Ella tiene miedo de las _____?

B. Los productos que necesito. La misma señora regresa después con una lista de productos que tiene que comprar para ella, sus amigos y su familia. Diga para qué van a usar estos productos.

MODELO: Nosotras necesitamos un peine y un cepillo.
Queremos peinarnos.

1. Mis nietos necesitan pasta dental.
2. Mariana necesita champú y acondicionador.
3. Susana quiere lápiz labial.
4. El abuelo pide sedantes contra el insomnio.
5. Ángela y Angélica necesitan medias *(pantyhose).*
6. Y mi hijo necesita un radio reloj con despertador.

C. Sugerencias. La señora no sabe qué marcas debe comprar. Ayúdela y diga qué marcas usan las siguientes personas para las actividades del ejercicio B.

MODELO: Mis hermanos/productos de Vidal Sassoon.
Mis hermanos se peinan con productos de Vidal Sassoon.

1. Mi familia/Crest
2. Mi hermana/champú Suave y acondicionador Pantene
3. Mi esposa/Revlon
4. Nosotros/Sominex
5. Nuestra sobrina/Leggs
6. Mi tío/Sony

D. Buenos empleados y amigos. En la farmacia, Alejandro y su compañero Marco le explican al farmacéutico por qué se llevan bien en el trabajo. Dicen que todo es a base del respeto mutuo y la cooperación. Use las siguientes acciones recíprocas para explicárselo al jefe y escriba tres acciones más.

MODELO: hablar con confianza
Nos hablamos con confianza.

1. consultar con preguntas   4. ¿?
2. ayudar con el trabajo   5. ¿?
3. ¿?

Módulo 2

Buenos días. Esta mañana Alejandro y usted van a trabajar en la sección de artículos para el recién nacido. Por favor, organicen los productos que acaban de llegar y ayuden a los clientes.

A. ¡Qué buenas amigas!   Un grupo de seis mujeres jóvenes llega para buscar regalos de bebé para otra amiga embarazada. Ayúdenlas a elegir los regalos poniendo la palabra indicada en el espacio.

1.   Marisela: Lo más importante para una mamá nueva son los _____ desechables. Quiero comprar suficientes Huggies y Pampers para tener durante tres meses.

2.   Celina: No sabemos si va a amamantar al bebé. Yo quiero regalarle una

docena de _____ y _____ para tener en casa si decide usar la leche artificial.

3.   Joyce y Donna: Nuestra amiga no sabe manejar bien. Nosotras queremos

regalarle una _____ de _____ excelente para cuidar al bebé en el auto.

4.   Sandra: No me gusta que los niños se pongan el dedo en la boca para

calmarse. Yo voy a darle diez _____. Se necesitan muchos porque siempre los pierden.

5.   La hermana de la nueva madre: Aquí hay un casete de la misma música que nuestra madre nos cantaba a nosotras. Yo voy a darle a mi sobrino o sobrina

estas _____ de _____ tradicionales.

B. El experto.   Cuando usted trabaja en una farmacia, todo el mundo cree que usted es un experto en todo. Termine estas preguntas de los clientes con la forma correcta de **saber** o **conocer.**

MODELO: ¿_____ a una mujer embarazada? Quiero regalarle esta ropita para bebé.
¿Conoce usted a una mujer embarazada?

1.   Yo no _____ cambiar un pañal. ¿Puede usted hacer una demostración?

2.   Mi hija busca un buen pediatra para su bebé que va a nacer en mayo,

¿_____ usted a un buen doctor cerca de aquí?

3.   ¿_____ usted si los Pampers son tan absorbentes como los Huggies?

4.   ¿_____ usted el Hospital General? ¿Es bueno?

5.   ¿_____ usted si es peligroso darles Coca-Cola a los bebés?

C. Más preguntas.   Conteste estas preguntas de los clientes usando un pronombre en vez del complemento directo.

MODELO: ¿Llama usted al pediatra si el bebé tiene una temperatura de 39° C. (102° F.)?
Sí, lo llamo.

1.   ¿Lava los pañales desechables?
2.   ¿Pone los chupetes en el lavaplatos?
3.   ¿Calienta la leche artificial en un horno microondas *(microwave oven)*?
4.   ¿Entregan ustedes las medicinas a domicilio?
5.   ¿Los bebés empiezan la dentición a los seis meses?
6.   ¿Debo poner al bebé boca arriba o boca abajo en la cuna?

D. Otra vez los expertos.   Explíquele al cliente cómo usar estos productos. Incluya un pronombre de objeto directo.

MODELO: el biberón
Lo lleno con leche artificial o agua y lo pongo en la boca del bebé.

1.   los pañales   4.   los chupetes
2.   el cereal   5.   la sillita de seguridad
3.   las vitaminas

Lección 9

Problemas de salud

Módulo I

A. Las medicinas controladas.   Usted está trabajando hoy en la sección farmacéutica con las medicinas que requieren receta. Identifique lo que estos clientes describen.

MODELO: Mi médico me ayuda con los problemas emocionales y me dio esta receta para Prozac. ¿Qué clase de médico es él?
Es un psiquiatra.

1.   Yo siempre estoy muy triste y lloro sin razón. No puedo trabajar y no quiero comer. ¿Cómo estoy?
2.   Cada noche yo me duermo sin problema a las once. Pero a las dos de la madrugada me despierto y no puedo volver a dormir. ¿Qué tengo?

3. Después del trabajo me gusta tomar unas cervezas con mis compañeros. Cuando regreso a casa, tomo un cóctel antes de comer y unas cervezas más durante la noche. Mi esposa cree que yo tengo un problema. ¿Cómo se llama el problema?

4. Yo no creo que tenga problemas con el alcohol. Yo estoy en control y si quiero puedo dejar de tomar completamente. Mi esposo no lo cree. Según él, ¿en qué estado estoy?

B. El compañero.   Después del trabajo, Alejandro va a hablar con uno de sus amigos de la escuela secundaria. Mientras Alejandro se rehabilitaba, su amigo continuó tomando alcohol y drogas. Ahora su compañero le pide consejos. Llene el espacio con el subjuntivo del verbo indicado.

1. Yo te recomiendo que _____ (admitir) el problema.

2. Te sugiero que les _____ (decir) la verdad a tus padres.

3. Quiero que _____ (ir) conmigo a una reunión de AA.

4. Espero que tú _____ (saber) que soy tu amigo y que quiero ayudarte.

5. Te pido que _____ (hacer) cita con el médico.

6. Prefiero que _____ (hablar) con mi consejero.

C. En la tienda.   La "superfarmacia" donde trabaja Alejandro también vende alcohol y tabaco. Son sustancias controladas y Alejandro tiene que seguir la ley. Ayúdelo con este grupo de adolescentes.

MODELO: La ley exige que ustedes _____ (tener) 21 años para comprar cerveza.
La ley exige que ustedes tengan 21 años para comprar cerveza.

1. La ley prohíbe que yo les _____ (vender) alcohol.

2. Yo insisto en que ustedes me _____ (enseñar) su identificación oficial.

3. Yo temo que esta tarjeta de identificación _____ (estar) falsificada.

4. Yo les sugiero que _____ (irse) inmediatamente.

5. ¿Quieren ustedes que la farmacia _____ (perder) su licencia para vender alcohol?

6. Yo espero que ustedes _____ (comprender) los peligros del alcohol.

D. La adolescencia.   Usted y su amigo/a quieren comprar cerveza en una tienda, pero sólo tienen 16 años. Formulen un plan de acción para poder comprar la cerveza.

MODELO: E1: *Quiero que tú busques una identificación falsa.*

Módulo 2

A. Centro de información.   La farmacia donde trabaja Alejandro es un centro de información para la salud. Ahora hay una campaña contra las adicciones. Defina usted estas palabras para que las comprenda el público en general.

MODELO: La diferencia entre las drogas y las medicinas
Las medicinas ayudan al cuerpo y las drogas destruyen el cuerpo.

1. El tabaquismo   **3.** Una intervención
2. La adicción   **4.** Un programa de 12 pasos

B. Los productos "inofensivos".   Un cliente en la farmacia quiere comprar pintura en forma de espray para un proyecto del hogar. No comprende por qué tiene que pedir asistencia a Alejandro. Explíquele las recomendaciones y los peligros.

MODELO: Es común que los adolescentes _____ (abusar) de los inhaladores.
Es común que los adolescentes abusen de los inhaladores.

1.   Es una lástima que estos productos _____ (ser) peligrosos.

2.   Es importante que _____ (haber) buena ventilación donde se use esto.

3.   Es preferible que usted la _____ (mantener) fuera del alcance de los niños.

4.   Es raro que las personas _____ (tener) una reacción alérgica, pero es posible.

5.   Es urgente que _____ (buscar) atención médica si nota alguna reacción.

6.   Es evidente que usted _____ (ser) una persona responsable.

C. ¡Quiero dejar de fumar!   Usted tomó la decisión de dejar de fumar y fue a la farmacia donde trabaja Alejandro para comprar productos que apoyan su decisión: los parches que poco a poco introducen nicotina al sistema y el chicle de nicotina. Usted, claro, está muy nervioso/a y le confiesa sus dudas a Alejandro. Termine estas oraciones con una forma del indicativo o del subjuntivo.

MODELO: Yo no creo que…

Yo no creo que sea posible dejar de fumar.

1. Yo dudo que…   **4.** Es evidente que…
2. Yo creo que…   **5.** Es probable que…
3. Me molesta que…   **6.** Es importante que…

D. Su novio/a. Usted no fuma pero su pareja fuma mucho. Haga una lista de las cinco razones más importantes que usted tiene para que él o ella deje de fumar.

MODELO: *Me molesta que la casa siempre tenga olor a cigarros.*

Lección 10

En el hospital

Módulo 1

A. La señora vieja. Aquí está otra vez la señora que olvida sus palabras. Sustituya las palabras subrayadas con la palabra que ella quiere decir.

MODELO: Tuve unas pruebas médicas. Las mandaron <u>al sitio en el hospital con los microscopios</u> para determinar el problema.
¿El laboratorio?

1. Es posible que necesite <u>una operación.</u>
2. <u>El médico que va a hacer la operación</u> se llama el Dr. Valdivia.
3. Mañana voy a tener <u>una prueba donde me ponen en un tubo grande y toman muchas fotos de mis órganos.</u>
4. El médico me dijo que si me operan de la vesícula biliar, no voy a tener una operación tradicional. Voy a tener <u>una operación moderna con incisiones pequeñas.</u>
5. Mi amiga tuvo <u>una operación moderna en la rodilla.</u> También hicieron varias incisiones pequeñas en vez de una incisión grande.

B. El cuidado médico en casa. Hoy Alejandro está en la sección de productos para el cuidado médico en la casa. Él le escribe un informe a su jefe sobre las actividades del día. Transforme su lista de quehaceres al pretérito para demostrar que todo está completado.

MODELO: Buscar la dirección de la casa del señor Gerardo para las entregas
Busqué la dirección de la casa del señor Gerardo.

1. Llamar al distribuidor de muletas para pedir más
2. Entregar la silla de ruedas a la señora Ana
3. Preparar el inventario de inodoros portátiles
4. Empezar a arreglar los estantes
5. Comer a las doce
6. Escribir la lista de lo que completé
7. Salir a las cinco

C. ¿Un robo?   Usted y Alejandro abrieron la tienda esta mañana. Cuando llegaron notaron que algo estaba mal. Escriba este Informe de incidente—que ahora está en el presente—usando el pretérito.

MODELO: *Venimos a la farmacia a las siete.*
Vinimos a la farmacia a las siete.

1. Algo *hace* ruido.
2. No *podemos* ver nada al principio.
3. Entonces *vemos* a dos personas cerca del gabinete de seguridad con las sustancias controladas.
4. Yo *quiero* ir a llamar a la policía y Alejandro *quiere* observar a los ladrones *(robbers)*.
5. Yo le *digo* al policía que *tenemos* un problema en la farmacia.
6. Ellos *llegan* rápidamente y les *ponen* esposas *(handcuffs)* a los criminales.
7. Nosotros *vamos* con el policía para hacer una declaración.

D. Una emergencia personal.   Describa (o invente) una emergencia médica en que participó. Use el pretérito para decirnos: 1) el problema, 2) lo que usted hizo y 3) el resultado.

MODELO: *Una señora se cayó y no pudo levantarse. Yo llamé al 911 por mi teléfono celular. Los paramédicos llegaron rápidamente.*

Módulo 2

A. ¿Qué necesitan?   Una enfermera está cuidando a la víctima de un accidente de automóvil muy serio. La víctima regresa hoy a casa para convalecer, pero su familia perdió la lista del equipo que necesita. Usted y Alejandro tienen que hacer dos listas del equipo recomendado: *Equipo para alquilar* y *Equipo para comprar.* Para cada objeto en la lista, escriba por qué es importante.

MODELO: *Para alquilar: Una cama de posiciones porque no puede moverse fácilmente.*

B. ¿La enfermera o el paciente?   Usted está cuidando a un paciente convaleciente en la casa. Diga quién hizo lo siguiente anoche—usted o el paciente.

MODELO: preparar la comida
Yo preparé la comida.

1. dormir en una cama de posiciones
2. traer las flores que enviaron
3. pedir un vaso de agua
4. despertarse con mucho dolor
5. decirles a las visitas si era buen momento

6. hacer los ejercicios de fisioterapia
7. servir la comida en una bandeja *(tray)*
8. mirar la televisión y escuchar la radio
9. seguir las instrucciones del médico
10. ir a la farmacia por las medicinas

C. ¿Qué hizo el paciente ayer?   La familia del paciente quiere saber lo que hizo ayer para pasar el tiempo. Usando estos verbos, escriba un informe de las actividades.

dormir	jugar	mirar	comer	pedir
hablar	levantarse	estar	hacer ejercicio	decir

MODELO: *Miró la televisión por una hora.*

D. Un accidente.   Esta mañana hubo un accidente de automóvil frente a la farmacia. Usted fue el primero que atendió a la víctima. Escriba exactamente lo que hizo para ayudar a la víctima. ¡OJO! La lección cinco puede ser útil.

MODELO: *Primero, verifiqué que estaba respirando.*

Lección 11

¿Adónde tengo que ir?

Módulo 1

A. La enfermera enferma.   Lourdes Montoya es una enfermera enferma. Llama a la farmacia donde trabaja Alejandro para ver si puede llenar *(fill)* su receta. Alejandro contesta el teléfono y ella explica lo que quiere mientras él toma notas. Llene el espacio con la palabra que él anota en cada caso.

MODELO: Yo quiero hablar con el _____ (persona encargada de la farmacia).
farmacéutico

1. Quiero ver si ustedes pueden llenar una _____ (medicina por orden del médico) que tenía con ustedes hace unos meses.

2. La receta es para un _____ (medicina que combate la bacteria en el sistema).

3. ¿No es posible? No tengo tiempo para hacer una _____ (hora especificada para ver al médico) con el médico. Tengo que cuidar a los estudiantes que también están enfermos.

4. ¿Los síntomas? Anoche estornudé y tosí toda la noche y tuve _____ (espasmos musculares) intestinales.

5. Sí, yo también creo que es la _____ (enfermedad común en el invierno) que está por todas partes. Después del trabajo paso por unas medicinas sin receta.

B. Los síntomas de Lourdes.   Como le dijo a Alejandro, Lourdes pasó muy mala noche. Termine esta descripción con el verbo indicado en el imperfecto.

Ayer, yo no (1) _____ (tener) mucha energía. Luego, mientras

(2) _____ (limpiar) la casa, yo (3) _____ (sentirme) mal. Creo que

(4) _____ (tener) un poco de fiebre. Tomé aspirina y me acosté. Casi

(5) _____ (estar) dormida cuando empezaron otros síntomas. Me

(6) _____ (doler) el estómago durante horas con calambres intestinales.

(7) _____ (estornudar) constantemente y (8) _____ (toser) mucho.

Y (9) _____ (tener) la garganta tan irritada que no (10) _____ (poder)

tragar nada. Yo (11) _____ (ir) a quedarme en casa hoy, pero

(12) _____ (haber) tantos niños enfermos que me (13) _____ (necesitar) que decidí ir a la escuela.

C. Las medicinas sin receta.   Describa por qué las siguientes personas necesitaban tomar estas medicinas o remedios anoche. Use el tiempo imperfecto.

MODELO: María Elena tomó Sucrets.
María Elena tomó Sucrets porque tenía dolor de garganta y no podía hablar.

1. Roberto tomó Dristan.
2. Arturo y Margarita tomaron Sominex.
3. Yo tomé Aleve.
4. Andrés tomó Immodium.
5. La profesora se puso gotas en los ojos.
6. El jugador de fútbol americano usó Bengay.
7. La mamá le puso la loción de calamina a su hija en la espalda.
8. La señora mayor tomó Ex-Lax.

D. ¿Y usted?   Describa los síntomas que usted sufrió cuando estaba enfermo/a o después de lesionarse.

MODELO: *Me dolía la espalda después de jugar voleibol todo el día.*

Módulo 2

A. En la farmacia.   Lourdes Montoya, la enfermera de escuela enferma, pasa por la farmacia antes de regresar a su casa. Tiene una gripe fuerte, pero mientras está en la farmacia, compra varias cosas que necesita. Dé la(s) palabra(s) que representa(n) la descripción de las cosas que compra. ¿Tiene usted una marca *(brand)* favorita?

MODELO: pastillas para reducir la fiebre y el dolor
aspirina o analgésicos. Me gusta Tylenol.

1.   Líquido para usar cuando tiene la vista borrosa
2.   Tres productos para la limpieza de los dientes y el aliento
3.   Producto que muchas personas usan para ver y leer mejor—a veces se compra en la farmacia, a veces a través del optometrista.
4.   Producto que se toma cuando se tiene dolor de estómago, especialmente cuando la comida es picante *(spicy)*.

B. ¿Eres tú?   Cuando Lourdes va a pagar las medicinas que compra, la atiende Alejandro. Llene el espacio con la forma correcta del imperfecto o el pretérito para saber lo que pasó entre ellos.

MODELO: ALEJANDRO: *¿Deseaba (desear) otra cosa, señora?*
LOURDES: *Alejandro, ¿eres tú? Hace muchos años, ¿no eras (ser) tú estudiante en la escuela primaria Corona?*
ALEJANDRO: *Sí, yo asistía (asistir) a Corona. ¿Es usted la enfermera Montoya?*

LOURDES: Sí, Alejandro. Yo te recuerdo bien. Siempre (1) _____ (venir) a

mi oficina con alguna herida por culpa de los deportes. Una vez (2) _____

(venir) tú porque una compañera—¿Ali Prisa?—te (3) _____ (poner) un
ojo morado.

ALEJANDRO: ¡Qué buena memoria! ¿Sabe qué? El pasado junio, cuando yo

(4) _____ (graduarse) de la universidad, yo (5) _____ (casarse) con
Ali.

LOURDES: ¡No me digas! Yo recuerdo como si fuera ayer el día que Ali

(6) _____ (llegar) a mi oficina. Ella (7) _____ (estar) pálida y

(8) _____ (tener) fiebre. Yo (9) _____ (llamar) a su casa, pero nadie

(10) _____ (contestar) el teléfono. Ali me (11) _____ (decir) que su

mamá (12) _____ (estar) en Dallas en una conferencia. Por fin,

(13) _____ (poder) hablar con su papá—¡ahora tu suegro! Él

(14) _____ (venir) corriendo cuando (15) _____ (saber) que su Ali

(16) _____ (estar) enferma. Mientras Ali y yo lo (17) _____ (esperar),

le (18) _____ (salir) una erupción de ampollas. (19) _____ (ser) el
primer caso de varicela que yo vi en mi carrera. Después de pocas horas (20)

_____ (empezar) a llegar más y más estudiantes con los mismos síntomas.

(21) ¡Yo _____ (tener) no sólo mi primer caso de varicela, sino mi primera
epidemia de varicela! ¡Qué emoción de verte después de tantos años!

C. ¿Y usted? ¿Recuerda alguna vez cuando se puso enfermo/a en la escuela?
Narre la anécdota incluyendo todas las circunstancias y detalles.

MODELO: *En el quinto grado, me sentía mal y quería decírselo a la maestra, pero
cuando abrí la boca, vomité por todas partes.*

Spanish-English Glossary

a menudo   *often*   9

¿A qué hora…?   *At what time …?*   1

a sus órdenes   *at your service, may I help you?*   P

a través de   *by means of, through*   12

a veces   *at times*   1

A ver.   *Let's see.*   1

abajo   *down*   5

el abdomen   *abdomen*   2

abierto/a   *open*   10

el aborto   *abortion*   8

el aborto espontáneo   *miscarriage*   8

abrigado/a   *wrapped up (warm)*   8

abril   *April*   P

abrir   *to open*   5

el/la abuelo/a   *grandfather, grandmother*   4

aburrido/a   *boring*   2

abusar   *to abuse*   9

el abuso   *abuse*   9

acabar (de)   *to have just*   4

acariciar   *to caress*   8

el accidente   *accident*   5

la acción   *action*   4

el aceite   *oil*   7

acelerar   *to accelerate*   7

acompañado/a   *accompanied*   3

aconsejar   *to advise, counsel*   9

acostar(se) (ue)   *to put, go to bed*   4

la actividad   *activity*   7

adelgazante   *slenderizing*   7

además   *besides*   5

adentro   *inside*   5

la adicción   *addiction*   9

adictivo/a   *addictive*   9

el/la adicto/a   *addict*   9

adiós   *good-bye*   P

admitir   *to admit*   9

el/la adolescente   *adolescent*   9

la adopción   *adoption*   7

adverso/a   *adverse*   3

aeróbico/a   *aerobic*   7

el aerosol   *aerosol*   9

afectar   *to affect*   2

afeitarse   *to shave*   8

afortunadamente   *fortunately*   7

afuera   *outside*   5

agarrar   *to grab onto*   5

agitado/a   *upset*   10

agosto   *August*   P

agradable   *pleasant*   8

agradecido/a   *grateful*   10

agresivo/a   *aggressive*   7

agrio/a   *sour*   7

el agua (f.)   *water*   4

aguantar   *to endure, bear*   8

agudo/a   *sharp*   9

ahogado/a   *drowned*   6

ahora   *now*   4

ahora mismo   *right now*   5

el aire   *air*   3

el aire acondicionado   *air conditioning*   6

aislado/a   *isolated*   9

ajustar   *to adjust*   4

el alcance   *reach*   8

alcohólico/a   *alcoholic*   9

el alcoholismo   *alcoholism*   9

alegrarse de   *to be happy about*   9

la alegría   *happiness*   9

alentar (ie)   *to encourage*   8

alérgico/a   *allergic*   1

algo   *something*   3

alguien   *someone*   5

algún, alguno/a   *some*   5

el aliento   *breath*   9

la alimentación   *diet*   7

el alimento   *food*   4

el aliño   *dressing*   7

aliviar   *to relieve*   7

el alivio   *relief*   3

allí   *there*   5

el almacén   *department store, warehouse*   5

la almohada   *pillow*   8

almorzar (ue)   *to have lunch*   4

el almuerzo   *lunch*   4

alquilar   *to rent*   10

el alquiler   *rent*   9

alrededor de   *around, about*   8

alto/a   *tall, high*   2

amamantar   *to nurse*   8

amarillo/a   *yellow*   2

ambiental   *environmental*   7

el ambiente   *environment*   8

amenazar   *to threaten*   9

la ampolla   *blister*   3

la anatomía   *anatomy*   2

el andador   *walker*   10

la anestesia   *anesthesia*   5

el/la anestesiólogo/a   *anesthesiologist*   10

el/la anestesista   *anesthetist*   10

la anfetamina   *amphetamine*   9

angiográfico/a   *angiographic*   10

el angiograma   *angiogram*   4

el anillo de dentición   *teething ring*   8

anoche   *last night*   4

la ansiedad   *anxiety*   9

anteayer   *day before yesterday*   10

antes   *before*   3

el antibiótico   *antibiotic*   3

el anticuerpo   *antibody*   4

antioxidante   *antioxidant*   7

el antitusivo   *cough medicine*   3

el antojo   *craving*   8

el año   *year*   P

el apagón   *blackout*   9

el apellido   *last name*   1

el apetito   *appetite*   1

apetitoso/a   *appetizing*   7

apoyar   *to support*   8

el apoyo   *support*   7

aprender   *to learn*   2

apretar (ie)   *to squeeze*   5

apropiado/a   *appropriate*   10

aquí   *here*   1

arder   *to burn*   7

arriba   *up*   7

el arroz   *rice*   7

la arruga   *wrinkle*   7

la articulación   *joint*   10

la artroscopia   *arthroscopy*   10

asar   *to roast*   7

el ascensor   *elevator*   5

asear   *to clean, to tidy up*   10

asegurar   *to assure*   5

el aseo   *cleanliness, toilet*   10

la asistencia sanitaria   *health care*   10

asistir + a   *to attend*   8

el asma   *asthma*   3

la aspiradora   *vacuum cleaner*   10
aspirar   *to inhale, breathe in*   9
la aspirina   *aspirin*   3
atacar   *to attack*   7
el ataque   *attack*   4
atender a (ie)   *to pay attention to*   4
atropellar   *to run over*   5
aturdido/a   *dazed*   3
auditivo/a   *auditory*   10
el auditorio   *auditorium*   10
aumentar   *to increase*   7
auscultar   *to listen to (auscultate) chest*   2
la ausencia   *absence*   4
la autoayuda   *self-help*   9
autoexaminar   *to self-examine*   4
automático/a   *automatic*   10
la autopsia   *autopsy*   8
¡Auxilio!   *Help!*   5
avanzar   *to advance, move forward*   5
la avena   *oatmeal*   7
averiguar   *to find out*   9
el avestruz   *ostrich*   4
avisar   *to advise*   3
la axila   *armpit*   2
¡Ay!   *Oh!, Ow!*   4
ayer   *yesterday*   10
la ayuda   *help*   4
ayudar   *to help*   2
el/la azúcar   *sugar*   2
azul   *blue*   2

bailar   *to dance*   7
bajar   *to lower*   7
bajo/a   *short (height)*   2
bañarse   *to bathe*   8
el baño   *bath, bathroom*   10
la barbilla   *chin*   2
la barriga   *belly, tummy*   3
la báscula   *scale*   7
el bastón   *cane*   10
la bata   *robe*   10
batido/a   *whipped*   9
el/la bebé   *baby*   2
beber   *to drink*   2
la belleza   *beauty*   5
benigno/a   *benign*   4
besar   *to kiss*   4
el biberón   *bottle (baby)*   8

la biblioteca   *library*   6
la bicicleta   *bicycle*   5
bien   *well*   P
el bienestar   *well-being*   7
bienvenidos   *welcome*   P
la bilis   *bile*   2
la biopsia   *biopsy*   4
el bistec   *steak*   7
blanco/a   *white*   2
la boca   *mouth*   1
el bolsillo   *pocket*   10
borracho/a   *drunk*   2
borrar   *to erase*   10
borroso/a   *blurry*   11
la botella   *bottle*   5
el brazo   *arm*   1
el bronquio   *bronchial tube*   2
la bronquitis   *bronchitis*   6
buenas noches   *good evening, good night*   P
buenas tardes   *good afternoon*   P
bueno/a   *good*   5
buenos días   *good morning*   P
buscar   *to look for*   2

la cabeza   *head*   1
la cadera   *hip*   2
caer (ig)   *to fall*   5
café   *brown (coffee color)*   2
la cafetería   *cafeteria*   4
el calcio   *calcium*   7
el caldo   *broth*   3
el calendario   *calendar*   P
el calentamiento   *warm-up*   7
calentar (ie)   *to warm up*   7
caliente   *hot*   3
la calle   *street*   5
calmarse   *to calm down*   8
la caloría   *calorie*   7
la cama   *bed*   3
cambiar   *to change*   9
el cambio   *change*   4
la camilla   *stretcher*   5
caminar   *to walk*   2
la caminata   *long walk, hike*   7
el campo   *field*   10
el cáncer   *cancer*   4
el/la candidato/a   *candidate*   1
cansado/a   *tired*   2
el cansancio   *tiredness*   8
la cantidad   *quantity*   4
la cara   *face*   2

caracterizado/a   *characterized*   3
el carbohidrato   *carbohydrate*   7
cardíaco/a   *cardiac*   4
la cardiología   *cardiology*   10
cardiovascular   *cardiovascular*   7
cargar   *to carry*   10
el cariño   *affection*   9
la carne   *meat*   7
la carpeta   *folder*   10
el carro   *car*   5
el cartílago   *cartilage*   10
la casa   *house*   1
casado/a   *married*   1
casero/a   *home-made, home loving*   8
casi   *almost*   4
el caso   *case*   8
castaño/a   *brown (hair, eyes)*   2
la catarata   *cataract*   7
el catarro   *cold*   3
la causa   *cause*   8
causar   *to cause*   3
la ceja   *eyebrow*   2
el centeno   *rye*   7
el centro   *center*   2
el centro comercial   *shopping center*   7
cerca (de)   *near*   5
el cerdo   *pork*   7
el cereal   *cereal*   7
cerebral   *cerebral*   10
el cerebro   *brain*   2
cerrar (ie)   *to close*   3
la cerveza   *beer*   5
cesar + de   *to stop, cease*   9
la cesárea   *cesarean (section)*   8
charlar   *to chat*   4
chequear   *to check*   5
el chequeo   *check, examination*   8
el chícharo   *pea*   7
el chicle   *gum*   9
chico/a   *small (size)*   2
el/la chofer   *driver*   5
la chuleta   *chop*   7
el chupete   *pacifier*   8
la cicatriz   *scar*   5
el ciclo mensual   *menstrual cycle*   4
ciego/a   *blind*   4

la ciencia *science* 7

científico/a *scientific* 2

cierto/a *certain* 9

circulatorio/a *circulatory* 2

la cirugía *surgery* 5

el/la cirujano/a *surgeon* 5

la cita *appointment* 3

claramente *clearly* 6

claro *of course* 5

claro/a *clear* 10

clásico/a *classic* 4

clave *key* 7

la clínica *clinic* 3

la cobija *blanket* 3

la cocaína *cocaine* 9

el coche *car* 8

cocinar *to cook* 7

el código *code* 10

el codo *elbow* 2

cognoscitivo/a *cognitive* 10

la cola *line* 7

colar (ue) *to drain* 7

el colchón *mattress* 8

el colesterol *cholesterol* 7

colocar *to place* 5

el colon *colon* 2

la comadrona *midwife* 8

combatir *to combat* 4

comer *to eat* 2

el comestible *food* 7

la comezón *itch* 3

la comida *food, meal* 4

¿Cómo está Ud.? *How are you? (formal)* P

¿Cómo estás? *How are you? (familiar)* P

¿Cómo se llama Ud.? *What is your name? (formal)* P

¿Cómo te llamas? *What is your name? (familiar)* P

el/la compañero/a de cuarto *roommate* 6

la compañía de seguro *insurance company* 1

comparar *to compare* 4

compartir *to share* 4

compasivo/a *compassionate* 10

complejo/a *complex* 7

completo/a *complete* 5

la complicación *complication* 5

complicado/a *complicated* 6

el comportamiento *behavior* 9

comprar *to buy* 10

comprender *to understand* 2

la computadora *computer* 5

comunicar *to communicate* 9

con *with* 10

con frecuencia *frequently* 9

con permiso *excuse me* P

con razón *rightly so, no wonder* 1

la concusión *concussion* 3

la condición *condition* 1

el condón *condom* 4

la conexión *connection* 2

confesar (ie) *to confess* 9

confiable *reliable* 10

la confianza *confidence* 10

confirmar *to confirm* 9

confundido/a *confused* 2

confuso/a *confused* 10

congestionado/a *congested, stuffy* 2

conocer *to know* 3

el conocimiento *consciousness* 3

consciente *conscious* 3

el consejo *advice* 7

la constricción *constriction* 3

consultar *to consult* 3

el consultorio *doctor's office* 1

consumir *to consume* 9

el consumo *consumption* 7

contagioso/a *contagious* 3

la contaminación *pollution* 7

contar (ue) *to count* 4

el contenido *content* 7

contento/a *happy, content* 2

contestar *to answer* 5

continuo/a *continuous* 10

contra *against* 3

contradictorio/a *contradictory* 7

controlar *to control* 7

la convalecencia *convalescence* 10

convalecer *to convalesce* 10

convencido/a *convinced* 9

conversar *to talk* 2

la convivencia *coexistence* 9

la convulsión *convulsion* 4

el corazón *heart* 2

el correo electrónico *e-mail* 4

correr *to run* 2

la cortada *cut* 3

el corte *cut* 3

la cosa *thing* 5

el costado *side* 5

costar (ue) *to cost* 4

la costilla *rib* 5

el cráneo *cranium* 5

crear *to create* 5

creer *to believe* 2

la crema *cream* 7

¿Cuál es la fecha de hoy? *What's today's date?* P

¿Cuál/es? *Which (one/s)?* 1

cualquier/a *any* 3

¿Cuándo? *When?* 1

¿Cuánto/a? *How much?* 1

¿Cuántos/as? *How many?* 1

cuanto antes *as soon as possible* 5

cuarto/a *fourth* 7

el cuarto *room* 5

cubrir *to cover* 5

la cucharada *spoonful* 7

el cuello *neck* 2

el cuello de matriz *cervix* 4

el cuerpo *body* 2

el cuidado *care* 2

cuidadosamente *carefully* 5

cuidar *to take care of* 5

la culpa *blame* 9

culpable *guilty* 9

cumplir *to fulfill* 7

la cuna *crib* 8

curar *to cure* 4

el daño *damage* 3

dar a luz *to give birth* 8

de acuerdo *in agreement* 9

de nada *you're welcome* P

de vez en cuando *from time to time* 3

debajo (de) *underneath* 5

deber *to ought to, should* 3

débil *weak* 2

la debilidad *weakness* 4

decidir *to decide* 2

décimo/a *tenth* 7

decir (i) (g) *to say, tell* 4

la declaración *statement* 6

el dedo *finger* 2

dejar + de *to leave (behind), give up* 8

delgado/a   slender   2
delicado/a   delicate   2
delincuente   delinquent   9
demasiado   too much   7
demostrar (ue)   to demonstrate   4
la dentadura   dentures   10
la dentición   teething   8
el deporte   sport   1
la depresión   depression   4
deprimido/a   depressed   8
derecho/a   right   4
el derecho   right   9
el derrame   hemorrhage   7
el desagüe   drainage system   5
desarrollar   to develop   7
el desastre   disaster   5
descansar   to rest   2
el descanso   rest   9
desconocido/a   unknown   3
descremado/a   non-fat   7
descubrir   to discover   4
desde entonces   since then   1
desear   to desire, want   2
la desesperación   desperation   9
desesperado/a   desperate   9
deshecho/a   shattered   5
la deshidratación   dehydration   7
el desinfectante   disinfectant   5, 10
la desintoxicación   detoxification   9
deslizar   to slide   5
desorientado/a   disoriented   5
despachar   to send   5
despacio   slow   5
despedir(se) (i)   to dismiss, say farewell   4
despertarse (ie)   to wake up   5
desprendido/a   detached   10
después   after   4
el detalle   detail   6
el deterioro   deterioration   10
el día   day   P
la diabetes   diabetes   4
diabético/a   diabetic   1
la diagnosis   diagnosis   5
diagnosticar   to diagnose   10
diario/a   daily   7
la diarrea   diarrhea   4
diciembre   December   P

el diente   tooth   2
el diente de leche   baby tooth   8
la dieta   diet   7
difícil   difficult   5
digestivo/a   digestive   2
el dinero   money   5
¡Dios mío!   My God!   4
diplomado/a   degreed   8
la dirección   address   1
la disciplina   discipline   7
discutir   to argue   2
disminuir (y)   to diminish   9
disponible   available   9
dispuesto/a   ready, available   8
divorciado/a   divorced   1
doblar   to bend   5
doble   double   4
la dolencia   ailment, complaint   3
doler (ue)   to hurt, cause pain   5
el dolor   pain   1
doloroso/a   painful   2
doméstico/a   domestic, household   10
el domicilio   home, residence   10
domingo   Sunday   P
¿Dónde?   Where?   1
dormir (ue)   to sleep   3
dormirse (ue)   to fall asleep   8
la droga   drug   4
la drogadicción   drug addiction   9
drogado/a   drugged   9
la drogodependencia   drug dependency   9
la duda   doubt   6
dudar   to doubt   9
dudoso/a   doubtful   9
el dulce   candy   4
duradero/a   lasting   7
durante   during   4
durar   to last   6
la dureza   hardness   8
duro/a   hard   4

la edad   age   1
el efecto   effect   5
eficaz   effective   4
eficiente   efficient   6
el ejercicio   exercise   7

él   he   P
la elasticidad   elasticity   7
el electrocardiograma   EKG   4
elegir (i) (j)   to elect   4
elevado/a   elevated   2
la eliminación   elimination   7
eliminar   to eliminate   4
ella   she   P
ellos/as   they   P
embarazada   pregnant   8
el embarazo   pregnancy   8
emborracharse   to get drunk   9
la emergencia   emergency   5
empezar (ie)   to begin   4
el/la empleado/a   employee   6
empujar   to push   5
en ayunas   fasting   10
en caso de   in case of   5
en este instante   at this moment   3
en este momento   at this moment   1
en lugar de   in place of   7
en punto   on the dot   1
en seguida   right away   4
en serio   seriously   2
encantar   to delight   9
la encefalitis   encephalitis   3
encender (ie)   to light   9
la encía   gum   2
encontrar (ue)   to find, meet   4
energético/a   energetic   7
enero   January   10
la enfermedad   illness   3
el/la enfermero/a   nurse   1
enfermo/a   sick   1
el enfisema   emphysema   9
enfriar   to get cold   8
enojarse   to get angry   8
el enrojecimiento   reddening   3
la ensalada   salad   6
entender (ie)   to understand   4
entonces   then   5
entrar   to enter   1
la entrega   delivery   10
entregar   to deliver, hand over   10
el/la entrenador/a   trainer, coach   3
la entrevista   interview   7
el envejecimiento   aging   7
enviar   to send   10

enyesado/a   *plastered, in a cast*   5

equilibrado/a   *balanced*   7

el equipo   *team, equipment*   7

eructar   *to burp*   8

la erupción   *eruption*   3

es un placer   *it's a pleasure*   P

la escala   *scale*   10

la escoba   *broom*   10

escoger (j)   *to choose*   7

esconder   *to hide*   9

escribir   *to write*   2

el escritorio   *desk*   5

escuchar   *to listen to*   2

la escuela   *school*   3

ese/a   *that*   10

esos/as   *those*   10

la espalda   *back*   2

esparcir (zc)   *to spread*   7

la especia   *spice*   7

el/la especialista   *specialist*   6

especialmente   *especially*   7

específico/a   *specific*   9

la espera   *wait*   6

la esperanza   *hope*   4

esperar   *to wait for, hope*   2

espeso/a   *thick*   8

esponjoso/a   *spongy*   8

esporádico   *sporadic*   7

el estado civil   *marital status*   1

estar   *to be*   1

estar de acuerdo   *to agree*   7

estar en camino   *to be on the way*   5

estar en forma   *to be in shape*   7

la estatura   *height*   1

este/a   *this*   10

el estetoscopio   *stethoscope*   6

estimulante   *stimulating*   9

estirar   *to stretch*   2

el estómago   *stomach*   1

estornudar   *to sneeze*   3

estos/as   *these*   10

estrecho/a   *tight*   8

el estrés   *stress*   7

la estría   *stretch mark*   7

estudiar   *to study*   2

el estudio   *study*   10

el éter   *ether*   5

la etiqueta   *label*   7

evacuar   *to evacuate*   5

el evento   *event*   10

la evidencia   *evidence*   1

evitar   *to avoid*   5

examinar   *to examine*   1

exigir (j)   *to call for, demand*   4

existir   *to exist*   2

expulsar   *to expel*   7

el éxtasis   *ecstasy*   9

extender (ie)   *to extend*   7

extirpar   *to remove, extirpate*   10

extremadamente   *extremely*   3

fácil   *easy*   7

la falta   *lack*   3

faltar   *to lack, be missing*   5

la familia   *family*   5

el/la familiar   *family member*   4

la farmacia   *pharmacy*   3

la fatiga   *fatigue*   4

Favor de...   *Please ...*   1

favorito/a   *favorite*   3

febrero   *February*   P

la fecha   *date*   P

la fecha de nacimiento   *birth date*   1

femenino/a   *feminine*   2

feo/a   *ugly*   5

la feria   *fair*   7

la fibra   *fiber*   7

la fiebre   *fever*   2

el fijador   *hairspray*   9

la firma   *signature*   1

firme   *solid*   5

la firmeza   *firmness*   9

el/la fisiatra   *specialist in natural healing*   10

físico/a   *physical*   5

el/la fisioterapeuta   *physical therapist*   10

la fisioterapia   *physical therapy*   10

flojo/a   *lazy, flabby*   7

el fluido   *fluid*   5

el flujo   *flow*   3

la fobia   *phobia*   9

el folleto   *pamphlet*   7

la forma   *form*   5

el formulario   *form*   1

el fortalecimiento   *strengthening*   7

el fósforo   *phosphorus*   7

el fracaso   *failure*   9

la fractura   *fracture*   3

fracturado/a   *fractured*   2

freír (i)   *to fry*   7

el frente   *front*   5

la frente   *forehead*   2

frente a   *in front of*   5

fresco/a   *fresh*   7

el frijol   *bean*   7

frito/a   *fried*   7

frotar   *to rub*   2

la fruta   *fruit*   7

la fuente   *dish, bowl*   7

fuera   *out, outside*   4

fuerte   *strong*   2

fumar   *to smoke*   2

el funcionamiento   *functioning*   10

el fútbol   *soccer*   5

la galleta   *cookie*   2

el ganglio   *gland*   4

la garganta   *throat*   1

el gasto   *expense*   7

la gastritis   *gastritis*   6

el gato   *cat*   10

general   *general*   7

genitourinario/a   *genitourinary*   2

el/la gerente   *manager*   10

el gimnasio   *gym*   7

girar   *to turn*   5

la glándula   *gland*   2

el golpe   *blow*   3

gordo/a   *fat*   2

la gota   *drop*   3

gracias   *thank you*   P

el grado   *degree*   1

el gramo   *gram*   7

grande   *big*   2

el grano   *grain*   7

la grapa   *staple*   10

la grasa   *fat*   2

gratis   *free*   7

grave   *serious*   3

la gripe/gripa   *flu*   1

gritar   *to shout*   3

el grito   *shout*   6

la grúa hidráulica   *hydraulic lift*   10

el grupo   *group*   9

guapo/a   *handsome, good-looking*   6

guardar cama   *to stay in bed*   5

la guía   *guide*   4

la habitación *room* 8

el hábito *habit* 7

el habla *speech* 10

hablar *to talk, speak* 1

hacer (g) *to do, make* 3

hacer caso *to pay attention to, heed someone's advice* 9

hacer una campaña *to campaign* 7

hacia *toward* 7

la hamburguesa *hamburger* 7

la harina *flour* 7

harto/a *fed up* 9

hasta luego *see you later* P

hay *there is, there are* 1

el helado *ice cream* 7

la hemorragia *hemorrhage* 5

hereditario/a *hereditary* 4

la herencia *heredity* 4

la herida *wound* 5

herido/a *injured* 5

el/la hermano/a *brother, sister* 4

la heroína *heroin* 9

el hielo *ice* 3

la hierba *herb* 7

el hierro *iron* 7

el hígado *liver* 2

el/la hijo/a *son, daughter* 1

hinchado/a *swollen* 2

la hinchazón *swelling* 3

la hiperglucemia *hyperglycemia* 4

la hipertensión *hypertension* 7

la hipoglucemia *hypoglycemia* 4

el/la hispanoamericano/a *Hispanic American* 4

la historia clínica *patient history* 1

el hogar *home* 10

la hoja *leaf* 7

hola *hello, hi* P

el hombro *shoulder* 2

el horario *schedule* 8

hornear *to bake* 7

horrible *horrible* 5

hoy *today* P

hubo *there was, there were* 5

el hueso *bone* 5

el huevo *egg* 7

humano/a *human* 2

húmedo/a *damp, humid* 5

el humo *smoke* 3

la ictericia *jaundice* 10

la identificación *identification* 5

identificar *to identify* 2

el idioma *language* 9

la iglesia *church* 9

ignorar *to ignore* 4

igual *equal* 1

igualmente *likewise* P

la imagenología *imaging* 10

importante *important* 7

impropio/a *inappropriate* 10

inadecuado/a *inadequate* 4

el incendio *fire* 5

la incisión *incision* 10

inconsciente *unconscious* 3

la incubadora *incubator* 8

la indigestión *indigestion* 4

indistinto/a *indistinct* 4

infantil *infantile* 8

el infarto *heart attack* 4

la infección *infection* 5

infectado/a *infected* 3

infectar *to infect* 4

la infectología *study of infectious diseases* 10

la inflamación *inflammation* 10

inflamarse *to become inflamed* 3

la influencia *influence* 6

la información *information* 1

ingerir (ie) *to ingest* 9

el ingrediente *ingredient* 7

el inhalante *inhalant* 9

iniciar *to initiate, begin* 7

inmediatamente *immediately* 1

inmovilizar *to immobilize* 5

la inmunización *immunization* 8

inmunológico *immunological* 7

el inodoro *toilet* 10

insaciable *insatiable* 4

el insecto *insect* 5

insistir (en) *to insist (on)* 2

el insomnio *insomnia* 7

la instrucción *instruction* 5

el instrumento *instrument* 10

la insulina *insulin* 4

integrar *to integrate* 7

inteligente *intelligent* 2

la intensidad *intensity* 7

intentar *to try* 4

interesado/a *interested* 2

interesante *interesting* 6

interferir (ie) *to interfere* 9

internar *to admit* 9

interno/a *internal* 5

la intervención *intervention* 9

el intestino *intestine* 2

intranquilo/a *anxious* 9

invasivo/a *invasive* 10

investigar *to investigate* 8

el invierno *winter* 8

la inyección *injection, shot* 1

inyectar *to inject* 4

ir *to go* 3

irregular *irregular* 4

irritante *irritating* 6

izquierdo/a *left* 5

la jalea *jelly* 7

la jaqueca *migraine* 7

el jarabe *syrup* 3

el jardín de infantes *kindergarten* 3

la jeringa *syringe* 4

joven *young* 1

el/la joven *young man, woman* 3

jueves *Thursday* P

jugar (ue) *to play (games, sports)* 4

el jugo *juice* 3

el juguete *toy* 8

julio *July* P

junio *June* P

el labio *lip* 2

el laboratorio *laboratory* 10

lácteo/a *lacteal, milk* 7

la lactosa *lactose* 7

el lado *side* 4

el lápiz *pencil* 10

laparoscópico/a *laparoscopic* 10

largo/a *long* 6

la lástima *pity, shame* 9

la lastimadura *injury* 10

lastimar *to injure* 5

el latido *heartbeat* 4

latir *to beat* 5

lavar *to wash* 2

la leche *milk* 2

la lechuga *lettuce* 7

leer *to read* 2

la legumbre *vegetable* 7

lejos (de) *far (from)* 5

el lenguaje *language* 10
lentamente *slowly* 5
el lente *lens* 10
el/la lente de contacto *contact lens* 2
lento/a *slow* 10
la lesión *injury, lesion* 3
levantar *to raise, lift* 3
levantarse *to get up* 8
leve *slight* 2
la ley *law* 9
la libra *pound* 1
libre *free* 7
el libro *book* 7
la licencia *license* 6
el ligamento *ligament* 10
limpiar *to clean* 2
listo/a *ready* 1
la llamada *call* 3
llamar *to call* 1
el llanto *crying* 8
la llave *key* 10
llenar *to fill in* 1
llevar *to take (along), to carry* 4
llevarse bien/mal *to get along well, not at all* 8
llorar *to cry* 2
Lo siento. *I'm sorry.* 3
lo siguiente *the following* 5
la loción de calamina *calamine lotion* 3
la lucha *fight* 7
el lunar *mole* 4
lunes *Monday* P
la luz *light* 3

la madre *mother* 4
la madrugada *dawn, early morning* 9
el/la maestro/a *teacher* 3
la magia *magic* 7
magro/a *lean* 7
el maíz *corn* 7
mal *not well* P
el malestar *discomfort* 7
el maletero *trunk* 5
maligno/a *malignant* 4
malo/a *bad* 2
el mamograma *mammogram* 4
mandar *to send, order* 5
manejar *to drive* 5
el mango *handle* 5

la mano *hand* 1
la manteca *lard* 7
mantener (ie) (g) *to maintain* 5
la mantequilla *butter* 7
mañana *tomorrow* 5
la mañana *morning* 1
la máquina *machine* 4
la marca *brand* 12
el marcapasos *pacemaker* 10
mareado/a *dizzy* 5
martes *Tuesday* P
marzo *March* P
más *more* 1
el masaje *massage* 8
masculino/a *masculine* 2
la matriz *womb* 4
mayo *May* P
mayor *older* 4
la mayoría *majority* 3
Me duele(n)… *My… hurts.* 3
Me llamo… *My name is…* P
mediano/a *medium* 4
el medicamento *medication* 2
la medicina *medicine, medication* 3
médico/a *medical* 7
el/la médico/a *doctor* 3
la medida *measure* 7
el medio *half* 5
medir (i) *to measure* 4
la mejilla *cheek* 2
mejor *better* 2
la memoria *memory* 2
mencionar *to mention* 2
la menopausia *menopause* 7
menor *younger* 4
el mensaje *message* 3
mentir (ie) *to lie* 4
el/la mentiroso/a *liar* 10
el mercado *market* 7
merecerse (zc) *to deserve* 9
la merienda *snack* 7
el mes *month* P
la mesa *table* 5
el metabolismo *metabolism* 7
la metanfetamina *methamphetamine* 9
mezclar *to mix* 7
mi *my* 4
el/la miembro/a *member* 4
mientras *while* 3
miércoles *Wednesday* P
la migraña *migraine* 7

el milagro *miracle* 7
el miligramo *milligram* 7
mimar *to spoil* 8
el mineral *mineral* 7
mirar *to look at* 1
la mitad *half* 3
el/la modelo de conducta *role model* 6
moderado/a *moderate* 7
moderno/a *modern* 6
molestar *to bother* 9
la molestia *discomfort* 5
molesto/a *upset* 8
moreno/a *dark brown, black (hair, skin)* 2
el moretón *bruise* 6
la morfina *morphine* 5
morir (ue) *to die* 4
la mostaza *mustard* 7
la moto(cicleta) *motorcycle* 5
el motor *motor* 10
moverse (ue) *to move* 3
el movimiento *movement* 7
mucho gusto *pleased/nice to meet you* P
la muela *molar* 6
la muerte *death* 3
muerto/a *dead, deceased* 4
las muletas *crutches* 5
la muñeca *wrist* 2
la musculatura *musculature* 7
el músculo *muscle* 1
el muslo *thigh* 2
muy *very* P

nacer *to be born* 6
nada *nothing* 1
nadar *to swim* 7
nadie *nobody* 3
las nalgas *buttocks* 1
la nariz *nose* 2
la náusea *nausea* 4
las náuseas matutinas *morning sickness* 8
el nebulizador *nebulizer* 10
necesitar *to need* 1
necio/a *stupid* 2
la negación *denial* 9
negro/a *black* 2
la neonatología *neonatology* 8
el/la neonatologista *neonatologist* 8
el nervio *nerve* 2
nervioso/a *nervous* 2

el/la neurólogo/a *neurologist* 10

la nicotina *nicotine* 9

el/la nieto/a *grandson, grand-daughter* 4

ningún, ninguno/a *none* 5

la niñez *childhood* 3

el/la niño/a *child* 5

el nivel *level* 7

No hay de qué. *You're welcome.* P

No sé. *I don't know.* 1

la noche *night* 1

nocivo/a *harmful* 9

nocturno/a *nocturnal* 10

el nódulo *nodule* 4

el nombre *name* 1

nosotros/as *we* P

la nota *note, grade* 6

notar *to notice* 4

las noticias *news* 4

notificar *to notify* 4

la novedad *innovation* 9

noveno/a *ninth* 7

noviembre *November* P

el/la novio/a *boyfriend, girlfriend* 6

nuevo/a *new* 4

el número *number* 1

nunca *never* 5

la nutrición *nutrition* 7

el/la nutricionista *nutritionist* 10

nutritivo/a *nutritious* 7

la obesidad *obesity* 7

obeso/a *obese* 4

observar *to observe* 2

el/la obstetra *obstetrician* 8

obvio/a *obvious* 9

ocasionalmente *occasionally* 3

octavo/a *eighth* 7

octubre *October* P

la ocupación *occupation* 1

ocupacional *occupational* 10

ocupado/a *busy* 2

ocurrir *to occur* 5

el oído *ear (inner)* 1

¡Ojalá! *I hope, Let's hope! May Allah grant!* 9

el ojo *eye* 1

el ojo morado *black eye* 3

oler (h) (ue) *to smell* 5

el olor *smell* 4

olvidar *to forget* 7

el ombligo *navel, belly button* 2

la onda *wave* 10

el/la operador/a *operator* 5

operar *to operate* 5

opinar *to express an opinion* 7

oprimido/a *pinched* 2

la oreja *outer ear* 2

el órgano *organ* 2

ortopédico/a *orthopedic* 5

el otoño *fall, autumn* 8

el ovario *ovary* 2

el oxígeno *oxygen* 4

el/la paciente *patient* 1

el padre *father* 4

pagar *to pay* 1

la palidez *paleness* 10

pálido/a *pale* 3

el palmito *heart of palm* 7

palpar *to feel* 2

el pan *bread* 7

el páncreas *pancreas* 2

el pañal *diaper* 8

el pañuelo *handkerchief, tissue, Kleenex* 3

la papa *potato* 7

las paperas *mumps* 8

para *for, in order to* 7

el/la paramédico/a *paramedic* 3

parar *to stop* 5

el parche *patch* 9

parecer *to seem* 5

la pareja *couple* 9

el/la pariente *relative* 4

el párpado *eyelid* 2

la parte *part* 2

la partera *midwife* 8

participar *to participate* 1

el parto *labor* 8

pasado/a *past, last* 4

el pasatiempo *hobby, pastime* 9

el paso *step* 8

la pasta *pasta* 7

el pastel *cake, pastry* 7

la pastilla *pill* 5

patinar *to skate* 7

la patología *pathology* 10

el/la patólogo/a *pathologist* 10

el pecho *chest* 2

pedir (i) *to ask for, order* 4

pegar *to hit, give (a blow, illness)* 9

el peligro *danger* 5

peligroso/a *dangerous* 3

el pelo *hair* 2

el pene *penis* 2

la penicilina *penicillin* 5

el pensamiento *thought* 9

pensar (ie) *to think, plan* 4

peor *worse* 4

pequeño/a *small (size)* 2

perder (ie) *to lose* 3

la pérdida *loss* 4

perdón *pardon me* P

el perejil *parsley* 7

el/la periodista *journalist* 1

el período *period* 8

permanecer (zc) *to remain* 5

permanente *permanent* 3

permitir *to permit, allow* 9

pero *but* 1

la persona *person* 5

personal *personal* 5

el personal *personnel* 5

la personalidad *personality* 4

la perspiración *perspiration* 7

la pesa *weight (lifting)* 5

la pesadilla *nightmare* 4

pesado/a *heavy* 5

pesar *to weigh* 1

las pesas *free weights* 5

el pescado *fish* 7

el peso *weight* 1

las pestañas *eyelashes* 2

el pezón *nipple* 2

picado/a *chopped* 7

picar *to itch, sting* 3

el pie *foot* 1

la piedra *stone* 10

la piel *skin* 5

la pierna *leg* 1

la pieza dental *bridge* 10

la píldora *pill, birth control pill* 4

la pimienta *pepper (black)* 7

el pimiento *pepper* 7

pintarse *to put on makeup* 9

la pintura *painting* 6

la pipa *pipe* 10

el piso *floor* 5

la pizca *pinch* 7

el placer *pleasure* 10

plástico/a *plastic* 5

¡Pobrecito/a! *Poor thing!* 1

poco a poco *little by little* 4
poder (ue) *to be able, can* 4
poderoso/a *powerful* 9
la póliza *policy* 1
el pollo *chicken* 7
poner (g) *to put, place, turn on* 3
ponerse (g) *to become* 8
por completo *completely* 3
por favor *please* P
por fortuna *fortunately* 5
por medio de *by means of* 5
por naturaleza *naturally* 7
¿Por qué? *Why?* 1
la porción *portion* 7
porque *because* 1
el/la portador/a *carrier* 4
portátil *portable* 10
la posibilidad *possibility* 2
positivo/a *positive* 7
postizo/a *false* 10
el postre *dessert* 7
la precaución *precaution* 5
preciso/a *necessary* 6
preferir (ie) *to prefer* 4
la pregunta *question* 4
preguntar *to ask* 5
la preocupación *worry* 7
preocupado/a *worried* 2
preocuparse por *to worry* 8
preparar *to prepare* 2
la presencia *presence* 4
la presión *pressure* 5
la presión arterial *blood pressure* 1
presionar *to apply pressure* 5
prestar atención *to pay attention* 8
la prevención *prevention* 7
la primaria *elementary school* 3
la primavera *spring* 8
primero/a *first* 5
el/la primo/a *cousin* 4
principal *main, principal* 8
probablemente *probably* 3
probar (ue) *to try* 7
el problema *the problem* 1
el procedimiento *procedure* 4
el producto *product* 7
el/la profesor/a *professor* 6
profundamente *deeply* 4
profundo/a *deep* 5
el programa *program* 7

prohibir *to prohibit, forbid* 9
prolongado/a *prolonged* 3
prometer *to promise* 7
pronto *soon* 5
propagar *to spread* 9
propio/a *own, self* 4
el propósito *purpose* 10
la próstata *prostate* 7
la protección *protection* 4
proteger *to protect* 3
la proteína *protein* 7
la prótesis *prosthesis* 10
provocado/a *caused* 3
la prueba *test* 4
el/la psicólogo/a *psychologist* 9
el/la psiquiatra *psychiatrist* 9
público/a *public* 5
pujar *to push (labor)* 8
la pulgada *inch* 1
el pulgar *thumb* 2
el pulmón *lung* 2
la pulmonía *pneumonia* 3
el pulso *pulse* 1
punitivo/a *punitive* 9
el punto *stitch* 5

¿Qué? *What?* 1
¿Qué día es hoy? *What day is today?* P
¿Qué tal? *What's up?* P
quedar *to fit* 8
quedarse *to stay, remain* 8
la quemadura *burn* 3
quemar *to burn* 7
el queso *cheese* 7
¿Quién/es? *Who?* 1
quieto/a *still* 3
el químico *chemical* 7
la quimioterapia *chemotherapy* 4
quinto/a *fifth* 7
el quirófano *operating room* 10
quirúrgico/a *surgical* 10
quitar *to remove* 5
quizás *perhaps, maybe* 9

el/la rabino/a *rabbi* 9
la ración *serving* 7
el radical *radical* 7
la radiografía *X-ray* 4
la radiología *radiology* 4
el/la radiólogo/a *radiologist* 10

rápidamente *rapidly* 5
rápido/a *rapid* 4
raramente *rarely* 3
rascar *to scratch* 3
el razonamiento *reasoning* 10
la reacción *reaction* 3
reaccionar *to react* 4
realizar *to carry out* 7
la recámara *bedroom* 8
el/la recepcionista *receptionist* 1
la receta *prescription, recipe* 6
recibir *to receive* 2
recién *recent* 8
recoger (j) *to pick up* 5
recomendar (ie) *to recommend* 3
reconocer (zc) *to recognize* 4
el reconocimiento *examination* 10
recordar (ue) *to remember* 4
recostar (ue) *to lean* 5
el recreo *recreation* 10
la recuperación *recuperation* 5
recuperarse *to recuperate* 3
recurrente *recurring* 3
el recurso *resource* 9
reducir (zc) *to reduce* 7
reemplazar *to replace* 8
reforzar (ue) *to reinforce* 7
la regla *menstrual period, rule* 4
regresar *to return* 1
regular *so-so* 10
la rehabilitación *rehabilitation* 10
relajar *to relax* 7
remediar *to remedy, fix* 7
repentino/a *sudden* 4
repetir (i) *to repeat* 4
reportar *to report* 3
reproductivo/a *reproductive* 2
la resaca *hangover* 9
resfriado/a *cold* 3
resistir *to resist* 7
la resonancia magnética *magnetic resonance* 10
respirar *to breathe* 3
respiratorio/a *respiratory* 2
responder *to respond* 4
la respuesta *answer* 7
el restaurante *restaurant* 6

restringido/a *restricted* 3

la resucitación cardiopulmonar *CPR* 5

el resultado *result* 4

resultar *to result* 4

el resumen *summary* 7

la reunión *meeting* 3

revelar *to reveal* 4

el/la reverendo/a *minister, reverend* 9

revisar *to check* 5

la revista *magazine* 7

revolver (ue) *to stir* 7

rico/a *rich, tasty* 3

el riesgo *risk* 7

el riñón *kidney* 2

la rodilla *knee* 2

rogar (ue) *to beg* 9

rojo/a *red* 2

romper *to break* 9

la ropa *clothing* 5

rosado/a *pink* 2

roto/a *broken* 5

rubio/a *blond* 2

el ruido *noise* 10

la ruta *route* 6

la rutina *routine* 7

sábado *Saturday* P

saber *to know* 3

el sabor *flavor* 7

sabroso/a *flavorful* 7

sacar *to take, take out* 5

el sacerdote *priest* 9

el sacudón *shaking* 5

la sal *salt* 7

la sala de emergencia *emergency room* 3

la sala de urgencias *emergency room* 5

la salida *exit* 5

salir (g) *to leave* 3

salir bien *to come out fine* 5

la saliva *saliva* 4

la salud *health* 3

saludable *healthy* 2

sanador/a *healing* 7

sanar *to heal* 4

la sangre *blood* 2

sangriento/a *bloody* 8

sanguinolento/a *bloody* 8

sano/a *healthy* 7

el sarampión *measles* 3

saturado/a *saturated* 7

sazonar *to season* 7

secarse *to dry off* 8

seco/a *dry* 3

la secundaria *high school* 3

secundario/a *secondary* 5

seguir (i) *to continue, follow* 4

según *according to* 3

segundo/a *second* 3

la seguridad *safety* 5

seguro/a *safe* 4

el seguro social *social security* 1

la selección *selection* 7

el selenio *selenium* 7

la semana *week* P

el semen *semen* 4

sencillo/a *simple* 7

el seno *breast* 4

la sensación *sensation* 3

la sensibilidad *sensitivity* 3

sensible *sensitive* 3

sentarse (ie) *to sit down* 5

sentir(se) (ie) *to feel, regret* 3

la señal *sign* 4

septiembre *September* P

séptimo/a *seventh* 7

ser *to be* 1

la serie *series* 2

serio/a *serious* 3

seronegativo/a *seronegative* 4

seropositivo/a *seropositive* 4

servir (i) *to serve* 4

severo/a *severe* 4

el sexo *sex* 1

sexto/a *sixth* 7

la sexualidad *sexuality* 10

si *if* 7

el SIDA *AIDS* 4

siempre *always* 3

el significado *meaning* 7

la silla *chair* 5

la silla de ruedas *wheelchair* 5

simpático/a *nice* 6

sin *without* 4

sin embargo *nevertheless* 4

el síndrome *syndrome* 8

el síntoma *symptom* 1

el sistema *system* 2

las sobras *leftovers* 10

sobre *about* 7

la sobredosis *overdose* 9

sobretodo *above all* 7

el/la sobrino/a *nephew, niece* 4

¡Socorro! *Help!* 3

el sodio *sodium* 7

sólido/a *solid* 5

solo/a *alone, lonely* 9

soltero/a *single* 1

el sonido *sound* 10

el sonograma *sonogram* 4

sorprender *to surprise* 9

la sorpresa *surprise* 5

la sospecha *suspicion* 2

sospechar *to suspect* 9

sostener (ie) (g) *to sustain* 5

soy *I am* P

su *his/her/your (formal & plural)/their* 4

suavemente *lightly, softly* 7

subir *to go up, climb* 3

suceder *to happen* 4

sudar *to sweat* 6

el sudor *sweat* 4

el suero *saline solution* 5

sufrir *to suffer* 2

sugerir (ie) *to suggest* 9

suicidarse *to commit suicide* 9

la supervivencia *survival* 5

el suplemento *supplement* 7

la supuración *suppuration, drainage* 4

sustituir *to substitute* 7

el tabaco *tobacco* 9

el tabaquismo *nicotine addiction* 9

tal vez *perhaps, maybe* 9

el taladro *drill* 11

el tamaño *size* 7

también *also, too* 5

tampoco *neither, either* 5

tan…como *as…as* 4

tanto/a…como *as much…as* 4

tantos/as *so many* 2

tantos/as…como *as many…as* 4

el tapón *plug* 8

tarde *late* 4

la tarde *afternoon* 1

la tarea *homework, task* 6

la tarjeta de seguro *insurance card*

el tarro *jar* 7

la tasa *rate* 4

la taza *cup* 7

el té *tea* 7

el techo   *ceiling, roof*   5
el tejido   *tissue (body)*   7
telefónico/a   *telephone*   6
el teléfono   *telephone*   1
la televisión   *television*   7
temblar (ie)   *to tremble*   3
el temblor   *tremor*
tembloroso/a   *trembling*   4
temer   *to fear*   9
la temperatura   *temperature*   1
la temporada   *season*   9
temprano   *early*   4
el tendón   *tendon*   10
tener (ie) (g)   *to have*   2
tener…años   *to be…years old*
   2
tener calor   *to be hot*   2
tener cuidado   *to be careful*   5
tener frío   *to be cold*   2
tener ganas de   *to feel like*   2
tener hambre   *to be hungry*   2
tener miedo   *to be afraid*   2
tener prisa   *to be in a hurry*   2
tener que   *to have to, must*   2
tener razón   *to be right*   2
tener sed   *to be thirsty*   2
tener sueño   *to be sleepy*   2
la tentación   *temptation*   9
el/la terapeuta   *therapist*   10
terapéutico/a   *therapeutic*   9
la terapia física   *physical therapy*
   5
tercer/o/a   *third*   7
la tercera edad   *senior citizen*
   10
terminar   *to end*   4
la termografía catódica   *CT
   scan*   10
el termómetro   *thermometer*
   3
el terremoto   *earthquake*   5
el testículo   *testicle*   2
la tetina   *nipple (bottle)*   8
el tiempo   *time*   5
la tienda   *store*   7
el/la tío/a   *uncle, aunt*   4
el tipo   *type*   7
titulado/a   *graduate*   8
la toalla   *towel*   5
el tobillo   *ankle*   2
tocar   *to touch, play (instruments)*   1
el tocino   *bacon*   7
todavía   *still, yet*   5

todos los días   *every day*   5
tomar   *to take, drink*   2
la tomografía   *CT scan*   10
torcido/a   *twisted, sprained*   2
el torso   *torso*   2
la tos   *cough*   3
la tos ferina   *whooping cough*
   8
toser   *to cough*   3
tóxico/a   *toxic*   7
la toxina   *toxin*   2
el/la trabajador/a   *worker*   10
trabajar   *to work*   2
el trabajo   *work, job*   1
traer   *to bring*   3
tragar   *to swallow*   4
el tranquilizante   *tranquilizer*   3
tranquilo/a   *calm*   3
transmitir   *to transmit*   4
el transporte   *transportation*   5
el trastorno   *disorder, disruption*
   9
el tratamiento   *treatment*   2
el trauma   *trauma*   5
traumático/a   *traumatic*   10
el trigo   *wheat*   7
triste   *sad*   2
el triunfo   *triumph*   9
tu   *your (familiar)*   4
tú   *you (familiar)*   P

últimamente   *lately*   4
último/a   *last*   8
el ultrasonido   *ultrasound*   4
un par de…   *a pair, couple of…*
   5
un rato   *a while*   2
único/a   *only*   7
la uña   *nail (finger, toe)*   9
urgente   *urgent*   3
usted   *you (formal)*   P
ustedes   *you (plural)*   P
el útero   *uterus*   2
útil   *useful*   2

vacío/a   *empty*   4
la vacuna   *vaccination*   3
vacunarse   *to get vaccinated*   3
la vagina   *vagina*   2
el valor   *value*   2
la varicela   *chicken pox*   3
el/la vecino/a   *neighbor*   10
el vegetal   *vegetable*   7
la vejez   *old age*   7

la vejiga   *bladder*   2
la vena   *vein*   5
vender   *to sell*   2
venir   *to come*   7
la venta   *sale*   10
la ventana   *window*   5
ver   *to see*   1
el verano   *summer*   8
la verdad   *truth*
¿Verdad?   *Right?*   1
verde   *green*   2
la verdura   *vegetable*   7
verificar   *to verify*   3
la verruga   *wart*   4
la vesícula biliar   *gall bladder*   2
vestirse (i)   *to get dressed*   8
la vez   *time, occasion*   5
las vías respiratorias   *respiratory tract*   3
la víctima   *victim*   5
la vida   *life*   7
el vidrio   *glass*   5
viejo/a   *old*   2
viernes   *Friday*   P
vigilar   *to watch, keep an eye on*
   7
el VIH   *HIV*   4
viral   *viral*   4
el virus   *virus*   3
la visión   *vision*   4
visible   *visible*   5
la visita   *visit*   1
la vista   *sight*   4
visualizar   *to visualize*   10
vital   *vital*   5
la vitamina   *vitamin*   7
viudo/a   *widowed*   1
vivir   *to live*   2
el vocabulario   *vocabulary*   6
vocacional   *vocational*   10
volar (ue)   *to fly*   5
volver (ue)   *to return*   4
volver (ue) en sí   *to come to*   3
vomitar   *to vomit*   2
la voz   *voice*   3

el yeso   *plaster*   5
yo   *I*   P
el yoga   *yoga*   7
el yogur   *yogurt*   7

el zapato   *shoe*   5

English-Spanish Glossary

a pair, couple of… *un par de…* 5

a while *un rato* 2

abdomen *el abdomen* 2

abortion *el aborto* 8

about *sobre* 7

above all *sobretodo* 7

absence *la ausencia* 4

abuse *el abuso* 9

to abuse *abusar* 9

to accelerate *acelerar* 7

accident *el accidente* 5

accompanied *acompañado/a* 3

according to *según* 3

action *la acción* 4

activity *la actividad* 7

addict *el/la adicto/a* 9

addiction *la adicción* 9

addictive *adictivo/a* 9

address *la dirección* 1

to adjust *ajustar* 4

to admit *admitir, internar* 9

adolescent *el/la adolescente* 9

adoption *la adopción* 8

to advance, move forward *avanzar* 5

adverse *adverso/a* 3

advice *el consejo* 7

to advise *avisar* 3

to advise, counsel *aconsejar* 9

aerobic *aeróbico/a* 7

aerosol *el aerosol* 9

to affect *afectar* 2

affection *el cariño* 9

after *después* 4

afternoon *la tarde* 1

against *contra* 3

age *la edad* 1

to agree *estar de acuerdo* 7

aggressive *agresivo/a* 7

aging *el envejecimiento* 7

AIDS *el SIDA* 4

ailment, complaint *la dolencia* 3

air *el aire* 3

air conditioning *el aire acondicionado* 6

alcoholic *alcohólico/a* 9

alcoholism *el alcoholismo* 9

allergic *alérgico/a* 1

almost *casi* 4

alone, lonely *solo/a* 9

also, too *también* 5

always *siempre* 3

amphetamine *la anfetamina* 9

anatomy *la anatomía* 2

anesthesia *la anestesia* 5

anesthesiologist *el/la anestesiólogo/a* 10

anesthetist *el/la anestesista* 10

angiogram *el angiograma* 4

angiographic *angiográfico/a* 10

ankle *el tobillo* 2

answer *la respuesta* 7

to answer *contestar* 5

antibiotic *el antibiótico* 3

antibody *el anticuerpo* 4

antioxidant *antioxidante* 7

anxiety *la ansiedad* 9

anxious *intranquilo/a* 9

any *cualquier/a* 3

appetite *el apetito* 1

appetizing *apetitoso/a* 7

to apply pressure *presionar* 5

appointment *la cita* 3

appropriate *apropiado/a* 10

April *abril* P

to argue *discutir* 2

arm *el brazo* 1

armpit *la axila* 2

around, about *alrededor de* 8

arthroscopy *la artroscopia* 10

as… as *tan… como* 4

as many… as *tantos/as…como* 4

as much… as *tanto/a…como* 4

as soon as possible *cuanto antes* 5

to ask *preguntar* 5

to ask for, order *pedir (i)* 4

aspirin *la aspirina* 3

to assure *asegurar* 5

asthma *el asma* 3

at this moment *en este momento, en este instante* 1, 3

at times *a veces* 1

At what time…? *¿A qué hora…?* 1

at your service, may I help you? *a sus órdenes* P

attack *el ataque* 4

to attack *atacar* 7

to attend *asistir + a* 8

auditorium *el auditorio* 10

auditory *auditivo/a* 10

August *agosto* P

automatic *automático/a* 10

autopsy *la autopsia* 8

available *disponible* 9

to avoid *evitar* 5

baby *el/la bebé* 2

baby tooth *el diente de leche* 8

back *la espalda* 2

bacon *el tocino* 7

bad *malo/a* 2

to bake *hornear* 7

balanced *equilibrado/a* 7

bath, bathroom *el baño* 10

to bathe *bañarse* 8

to be *ser, estar* 1

to be…years old *tener…años* 2

to be able, can *poder (ue)* 4

to be afraid *tener miedo* 2

to be born *nacer* 6

to be careful *tener cuidado* 5

to be cold *tener frío* 2

to be happy about *alegrarse de* 9

to be hot *tener calor* 2

to be hungry *tener hambre* 2

to be in a hurry *tener prisa* 2

to be in shape *estar en forma* 7

to be on the way *estar en camino* 5

to be right *tener razón* 2

to be sleepy *tener sueño* 2

to be thirsty *tener sed* 2

bean *el frijol* 7

to beat *latir* 5

beauty *la belleza* 5

because *porque* 1

to become *ponerse* 8

to become inflamed *inflamarse* 3

bed   *la cama*   3
bedroom   *la recámara*   8
beer   *la cerveza*   5
before   *antes*   3
to beg   *rogar (ue)*   9
to begin   *empezar (ie)*   4
behavior   *el comportamiento*   9
to believe   *creer*   2
belly, tummy   *la barriga*   3
to bend   *doblar*   5
benign   *benigno/a*   4
besides   *además*   5
better   *mejor*   2
bicycle   *la bicicleta*   5
big   *grande*   2
bile   *la bilis*   2
biopsy   *la biopsia*   4
birth date   *la fecha de nacimiento*   1
black   *negro/a*   2
black eye   *el ojo morado*   3
blackout   *el apagón*   9
bladder   *la vejiga*   2
blame   *la culpa*   9
blanket   *la cobija*   3
blind   *ciego/a*   4
blister   *la ampolla*   3
blond   *rubio/a*   2
blood   *la sangre*   2
blood pressure   *la presión arterial*   1
bloody   *sangriento/a, sanguino-lento/a*   8
blow   *el golpe*   3
blue   *azul*   2
blurry   *borroso/a*   4
body   *el cuerpo*   2
bone   *el hueso*   5
book   *el libro*   7
boring   *aburrido/a*   2
to bother   *molestar*   9
bottle   *la botella*   5
bottle (baby)   *el biberón*   8
boyfriend, girlfriend   *el/la novio/a*   6
brain   *el cerebro*   2
brand   *la marca*   12
bread   *el pan*   7
to break   *romper*   9
breast   *el seno*   4
breath   *el aliento*   9
to breathe   *respirar*   3
bridge   *la pieza dental*   10

to bring   *traer*   3
broken   *roto/a*   5
bronchial tube   *el bronquio*   2
bronchitis   *la bronquitis*   6
broom   *la escoba*   10
broth   *el caldo*   3
brother, sister   *el/la hermano/a*   4
brown (coffee color)   *café*   2
brown (hair, eyes)   *castaño/a*   2
bruise   *el moretón*   6
burn   *la quemadura*   3
to burn   *quemar, arder*   7
to burp   *eructar*   8
busy   *ocupado/a*   2
but   *pero*   1
butter   *la mantequilla*   7
buttocks   *las nalgas*   1
to buy   *comprar*   10
by means of   *por medio de*   5

cafeteria   *la cafetería*   4
cake, pastry   *el pastel*   7
calamine lotion   *la loción de calamina*   3
calcium   *el calcio*   7
calendar   *el calendario*   P
call   *la llamada*   3
to call   *llamar*   1
to call for, demand   *exigir (j)*   4
calm   *tranquilo/a*   3
to calm down   *calmarse*   8
calorie   *la caloría*   7
to campaign   *hacer una campaña*   7
cancer   *el cáncer*   4
candidate   *el/la candidato/a*   1
candy   *el dulce*   4
cane   *el bastón*   10
car   *el carro, el coche*   5, 8
carbohydrate   *el carbohidrato*   7
cardiac   *cardíaco/a*   4
cardiology   *la cardiología*   10
cardiovascular   *cardiovascular*   7
care   *el cuidado*   2
carefully   *cuidadosamente*   5
caregiver   *el/la cuidador/a*   10
to caress   *acariciar*   8
carrier   *el/la portador/a*   4
to carry   *cargar, llevar*   10

to carry out   *realizar*   7
cartilage   *el cartílago*   10
case   *el caso*   8
cat   *el gato*   10
cataract   *la catarata*   7
cause   *la causa*   8
to cause   *causar*   3
caused   *provocado/a*   3
ceiling, roof   *el techo*   5
center   *el centro*   2
cereal   *el cereal*   7
cerebral   *cerebral*   10
certain   *cierto/a*   9
cervix   *el cuello de matriz*   4
cesarean (section)   *la cesárea*   8
chair   *la silla*   5
change   *el cambio*   4
to change   *cambiar*   9
characterized   *caracterizado/a*   3
to chat   *charlar*   4
check, examination   *el chequeo*   8
to check   *chequear, revisar*   5
cheek   *la mejilla*   2
cheese   *el queso*   7
chemical   *el químico*   7
chemotherapy   *la quimioterapia*   4
chest   *el pecho*   2
chicken   *el pollo*   7
chicken pox   *la varicela*   3
child   *el/la niño/a*   5
childhood   *la niñez*   3
chills   *los escalofríos*   3
chin   *la barbilla*   2
cholesterol   *el colesterol*   7
to choose   *escoger (j)*   7
chop   *la chuleta*   7
chopped   *picado/a*   7
church   *la iglesia*   9
circulatory   *circulatorio/a*   3
classic   *clásico/a*   4
to clean   *limpiar*   2
to clean, to tidy up   *asear*   10
cleanliness, toilet   *el aseo*   10
clear   *claro/a*   10
clearly   *claramente*   6
clinic   *la clínica*   3
to close   *cerrar (ie)*   3
clothing   *la ropa*   5
cocaine   *la cocaína*   9

code   el código   10
coexistence   la convivencia   9
cognitive   cognoscitivo/a   10
cold   el catarro, resfriado/a   3
colon   el colon   2
to combat   combatir   4
to come   venir   3
to come out fine   salir bien   5
to come to   volver (ue) en sí   3
to commit suicide   suicidarse   9
to communicate   comunicar   9
to compare   comparar   4
compassionate   compasivo/a   10
complete   completo/a   5
completely   por completo   3
complex   complejo/a   7
complicated   complicado/a   6
complication   la complicación   5
computer   la computadora   5
concussion   la concusión   3
condition   la condición   1
condom   el condón   4
to confess   confesar (ie)   9
confidence   la confianza   10
to confirm   confirmar   9
confused   confundido/a, confuso/a   2, 10
congested, stuffy   congestionado/a   2
connection   la conexión   2
conscious   consciente   3
consciousness   el conocimiento   3
constriction   la constricción   3
to consult   consultar   3
to consume   consumir   9
consumption   el consumo   7
contact lens   el/la lente de contacto   2
contagious   contagioso/a   3
content   el contenido   7
to continue, follow   seguir (i)   4
continuous   continuo/a   10
contradictory   contradictorio/a   7
to control   controlar   7
to convalesce   convalecer   10
convalescence   la convalecencia   10
convinced   convencido/a   9
convulsion   la convulsión   4

to cook   cocinar   7
cookie   la galleta   2
corn   el maíz   7
to cost   costar (ue)   4
cough   la tos   3
to cough   toser   3
cough medicine   el antitusivo   3
to count   contar (ue)   4
couple   la pareja   9
court   la corte   9
cousin   el/la primo/a   4
to cover   cubrir   5
CPR   la resucitación cardiopulmonar   5
cranium   el cráneo   5
craving   el antojo   8
cream   la crema   7
to create   crear   5
crib   la cuna   8
crutches   las muletas   5
to cry   llorar   2
crying   el llanto   8
CT scan   la tomografía, la termografía catódica   10
cup   la taza   7
to cure   curar   4
cut   el corte, la cortada   3

daily   diario/a   7
damage   el daño   3
damp, humid   húmedo/a   5
to dance   bailar   7
danger   el peligro   5
dangerous   peligroso/a   3
dark brown, black (hair, skin)   moreno/a   2
date   la fecha   P
dawn, early morning   la madrugada   9
day   el día   P
day before yesterday   anteayer   10
dazed   aturdido/a   3
dead, deceased   muerto/a   4
death   la muerte   3
December   diciembre   P
to decide   decidir   2
deep   profundo/a   5
deeply   profundamente   4
degree   el grado   1
degreed   diplomado/a   8
dehydration   la deshidratación   7

delicate   delicado/a   2
to delight   encantar   9
delinquent   delincuente   9
to deliver, hand over   entregar   10
delivery   la entrega   10
to demonstrate   demostrar (ue)   4
denial   la negación   9
dentures   la dentadura   10
department store, warehouse   el almacén   5
depressed   deprimido/a   8
depression   la depresión   4
to deserve   merecerse (zc)   9
to desire, want   desear   2
desk   el escritorio   5
desperate   desesperado/a   9
desperation   la desesperación   9
dessert   el postre   7
detached   desprendido/a   10
detail   el detalle   6
deterioration   el deterioro   10
detoxification   la desintoxicación   9
to develop   desarrollar   7
diabetes   la diabetes   4
diabetic   diabético/a   1
to diagnose   diagnosticar   10
diagnosis   la diagnosis   5
diaper   el pañal   8
diarrhea   la diarrea   4
to die   morir (ue)   4
diet   la alimentación, la dieta   7
difficult   difícil   5
digestive   digestivo/a   2
to diminish   disminuir (y)   9
disaster   el desastre   5
discipline   la disciplina   7
discomfort   la molestia, el malestar   5, 7
to discover   descubrir   4
dish, bowl   la fuente   7
disinfectant   desinfectante, el desinfectante   5, 10
to dismiss, say farewell   despedir(se) (i)   4
disorder, disruption   el trastorno   9
disoriented   desorientado/a   5
divorced   divorciado/a   1
dizzy   mareado/a   5

to do, make   *hacer (g)*   3
doctor   *el/la doctor/a, el/la médico/a*   1, 3
doctor's office   *el consultorio*   1
domestic, household   *doméstico/a*   10
double   *doble*   4
doubt   *la duda*   6
to doubt   *dudar*   9
doubtful   *dudoso/a*   9
down   *abajo*   5
to drain   *colar (ue)*   7
drainage system   *el desagüe*   5
dressing   *el aliño*   7
drill   *el taladro*   11
to drink   *beber*   2
to drive   *manejar*   5
driver   *el/la chofer*   5
drop   *la gota*   3
drug   *la droga*   4
drug addiction   *la drogadicción*   9
drug dependency   *la drogodependencia*   9
drugged   *drogado/a*   9
drunk   *borracho/a*   6
dry   *seco/a*   3
to dry off   *secarse*   8
during   *durante*   4

ear (inner)   *el oído*   1
early   *temprano*   4
earthquake   *el terremoto*   5
easy   *fácil*   7
to eat   *comer*   2
ecstasy   *el éxtasis*   9
effect   *el efecto*   5
effective   *eficaz*   4
efficient   *eficiente*   6
egg   *el huevo*   7
eighth   *octavo/a*   7
EKG   *el electrocardiograma*   4
elasticity   *la elasticidad*   7
elbow   *el codo*   2
to elect   *elegir (i) (j)*   4
elementary school   *la primaria*   3
elevated   *elevado/a*   2
elevator   *el ascensor*   5
to eliminate   *eliminar*   4
elimination   *la eliminación*   7
e-mail   *el correo electrónico*   4
emergency   *la emergencia*   5

emergency room   *la sala de emergencia, la sala de urgencias*   3, 5
emphysema   *el enfisema*   9
employee   *el/la empleado/a*   6
empty   *vacío/a*   4
encephalitis   *la encefalitis*   3
to encourage   *alentar (ie)*   8
to end   *terminar*   4
to endure, bear   *aguantar*   8
energetic   *energético/a*   7
to enter   *entrar*   1
environment   *el ambiente*   8
environmental   *ambiental*   7
equal   *igual*   1
to erase   *borrar*   10
eruption   *la erupción*   3
especially   *especialmente*   7
ether   *el éter*   5
to evacuate   *evacuar*   5
event   *el evento*   10
every day   *todos los días*   5
evidence   *la evidencia*   1
examination   *el reconocimiento*   10
to examine   *examinar*   1
excuse me   *con permiso*   P
exercise   *el ejercicio*   7
to exist   *existir*   2
exit   *la salida*   5
to expel   *expulsar*   7
expense   *el gasto*   7
to express an opinion   *opinar*   7
to extend   *extender (ie)*   7
extremely   *extremadamente*   3
eye   *el ojo*   1
eyebrow   *la ceja*   2
eyelashes   *las pestañas*   2
eyelid   *el párpado*   2

face   *la cara*   2
failure   *el fracaso*   9
fair   *la feria*   7
fall, autumn   *el otoño*   8
to fall   *caer (ig)*   5
to fall asleep   *dormirse (ue)*   8
false   *postizo/a*   10
family   *la familia*   5
family member   *el/la familiar*   4
far (from)   *lejos (de)*   5
fasting   *en ayunas*   10
fat   *gordo/a, la grasa*   2

father   *el padre*   4
fatigue   *la fatiga*   4
favorite   *favorito/a*   3
to fear   *temer*   9
February   *febrero*   P
fed up   *harto/a*   9
to feel   *palpar*   2
to feel like   *tener ganas de*   2
to feel, regret   *sentir(se) (ie)*   3
feminine   *femenino/a*   2
fever   *la fiebre*   2
fiber   *la fibra*   7
field   *el campo*   10
fifth   *quinto/a*   7
fight   *la lucha*   7
to fill in   *llenar*   1
to find out   *averiguar*   9
to find, meet   *encontrar (ue)*   4
finger   *el dedo*   2
fire   *el incendio*   5
firmness   *la firmeza*   9
first   *primero/a*   5
first aid   *los primeros auxilios*   3
fish   *el pescado*   7
to fit   *quedar*   8
flavor   *el sabor*   7
flavorful   *sabroso/a*   7
floor   *el piso*   5
flour   *la harina*   7
flow   *el flujo*   3
flu   *la gripe/gripa*   1
fluid   *el fluido*   5
to fly   *volar (ue)*   5
folder   *la carpeta*   10
the following   *lo siguiente*   5
food   *el alimento, el comestible*   4, 7
food, meal   *la comida*   4
foot   *el pie*   1
for, in order to   *para*   7
forehead   *la frente*   2
to forget   *olvidar*   7
form   *el formulario, la forma*   1, 5
fortunately   *por fortuna, afortunadamente*   5, 7
fourth   *cuarto/a*   7
fracture   *la fractura*   3
fractured   *fracturado/a*   2
free   *gratis, libre*   7
free weights   *las pesas*   5
frequently   *con frecuencia*   9
fresh   *fresco/a*   7

Friday *viernes* P
fried *frito/a* 7
from time to time *de vez en cuando* 3
front *el frente* 5
fruit *la fruta* 7
to fry *freír (i)* 7
to fulfill *cumplir* 7
functioning *el funcionamiento* 10

gall bladder *la vesícula biliar* 2
gastritis *la gastritis* 6
general *general* 7
genitourinary *genitourinario/a* 2
to get along well, not at all *llevarse bien/mal* 8
to get angry *enojarse* 8
to get cold *enfriar* 8
to get dressed *vestirse (i)* 8
to get drunk *emborracharse* 9
to get up *levantarse* 8
to get vaccinated *vacunarse* 3
to give birth *dar a luz* 8
gland *la glándula, el ganglio* 2, 4
glass *el vidrio* 5
to go *ir* 3
to go up, climb *subir* 3
good *bueno/a* 5
good afternoon *buenas tardes* P
good evening, good night *buenas noches* P
good morning *buenos días* P
good-bye *adiós* P
to grab onto *agarrar* 5
graduate *titulado/a* 8
grain *el grano* 7
gram *el gramo* 7
grandfather, grandmother *el/la abuelo/a* 4
grandson, granddaughter *el/la nieto/a* 4
grateful *agradecido/a* 10
green *verde* 2
group *el grupo* 9
guide *la guía* 4
guilty *culpable* 9
gum (mouth) *la encía* 2
gum (chewing) *el chicle* 9
gym *el gimnasio* 7

habit *el hábito* 7
hair *el pelo* 2
hairspray *el fijador* 9
half *la mitad, el medio* 3, 5
hamburger *la hamburguesa* 7
hand *la mano* 1
handkerchief, tissue, Kleenex *el pañuelo* 3
handle *el mango* 5
handsome, good-looking *guapo/a* 6
hangover *la resaca* 9
to happen *suceder* 4
happiness *la alegría* 9
happy, content *contento/a* 2
hard *duro/a* 4
hardness *la dureza* 8
harmful *nocivo/a* 9
to have *tener (ie) (g)* 2
to have just *acabar (de)* 4
to have lunch *almorzar (ue)* 4
to have to, must *tener que* 2
he *él* P
head *la cabeza* 1
to heal *sanar* 4
healer *el/la curandero/a* 7
healing *sanador/a* 7
health *la salud* 3
health care *la asistencia sanitaria* 10
healthy *saludable, sano/a* 2, 7
heart *el corazón* 2
heart attack *el infarto* 4
heart of palm *el palmito* 7
heartbeat *el latido* 4
heavy *pesado/a* 5
height *la estatura* 1
hello, hi *hola* P
help *la ayuda* 4
Help! *¡Socorro!, ¡Auxilio!* 3, 5
to help *ayudar* 2
hemorrhage *la hemorragia, el derrame* 5, 7
herb *la hierba* 7
here *aquí* 1
hereditary *hereditario/a* 4
heredity *la herencia* 4
heroin *la heroína* 9
to hide *esconder* 9
high school *la secundaria* 3
hip *la cadera* 2
his/her/your (formal & plural)/their *su* 4

Hispanic American *el/la hispanoamericano/a* 4
to hit, give (a blow, illness) *pegar* 9
HIV *el VIH* 4
hobby, pastime *el pasatiempos* 9
home *casero/a, el hogar* 8, 10
home, residence *el domicilio* 10
homework, task *la tarea* 6
hope *la esperanza* 4
horrible *horrible* 5
hot *caliente* 3
house *la casa* 1
How are you? (familiar) *¿Cómo estás?* P
How are you? (formal) *¿Cómo está Ud.?* P
How many? *¿Cuántos/as?* 1
How much? *¿Cuánto/a?* 1
human *humano/a* 2
to hurt, cause pain *doler (ue)* 5
hydraulic lift *la grúa hidráulica* 10
hyperglycemia *la hiperglucemia* 4
hypertension *la hipertensión* 7
hypoglycemia *la hipoglucemia* 7

I *yo* P
I am *soy* P
I don't know. *No sé.* 1
I hope, Let's hope! *¡Ojalá!* 9
I'm sorry. *Lo siento.* 3
ice *el hielo* 3
ice cream *el helado* 7
identification *la identificación* 5
to identify *identificar* 2
if *si* 7
to ignore *ignorar* 4
illness *la enfermedad* 3
imaging *la imagenología* 10
immediately *inmediatamente* 1
to immobilize *inmovilizar* 5
immunization *la inmunización* 8
immunological *inmunológico* 7
important *importante* 7

in agreement   *de acuerdo*   9
in case of   *en caso de*   5
in front of   *frente a*   5
in place of   *en lugar de*   7
in the picture   *al tanto*   10
inadequate   *inadecuado/a*   4
inappropriate   *impropio/a*   10
inch   *la pulgada*   1
incision   *la incisión*   10
to increase   *aumentar*   7
incubator   *la incubadora*   8
indigestion   *la indigestión*   4
indistinct   *indistinto/a*   4
infantile   *infantil*   8
to infect   *infectar*   4
infected   *infectado/a*   3
infection   *la infección*   5
inflammation   *la inflamación*   10
influence   *la influencia*   6
information   *la información*   1
to ingest   *ingerir (ie)*   9
ingredient   *el ingrediente*   7
inhalant   *el inhalante*   9
to inhale, breathe in   *aspirar*   9
to initiate, begin   *iniciar*   7
to inject   *inyectar*   4
injection, shot   *la inyección*   1
to injure   *lastimar*   5
injured   *herido/a*   5
injury   *la lastimadura*   10
injury, lesion   *la lesión*   3
innovation   *la novedad*   9
insatiable   *insaciable*   4
insect   *el insecto*   5
inside   *adentro*   5
to insist (on)   *insistir (en)*   2
insomnia   *el insomnio*   7
instruction   *la instrucción*   5
instrument   *el instrumento*   10
insulin   *la insulina*   4
insurance card   *la tarjeta de seguro médico*   1
insurance company   *la compañía de seguro*   1
to integrate   *integrar*   7
intelligent   *inteligente*   2
intensity   *la intensidad*   7
interested   *interesado/a*   2
interesting   *interesante*   6
to interfere   *interferir (ie)*   9
internal   *interno/a*   5
intervention   *la intervención*   9

interview   *la entrevista*   7
intestine   *el intestino*   2
invasive   *invasivo/a*   10
to investigate   *investigar*   8
iron   *el hierro*   7
irregular   *irregular*   4
irritating   *irritante*   6
isolated   *aislado/a*   9
it's a pleasure   *es un placer*   P
itch   *la comezón*   3
to itch, sting   *picar*   3

January   *enero*   P
jar   *el tarro*   7
jaundice   *la ictericia*   10
jelly   *la jalea*   7
joint   *la articulación*   10
journalist   *el/la periodista*   1
juice   *el jugo*   3
July   *julio*   P
June   *junio*   P

key   *clave, la llave*   7, 10
kidney   *el riñón*   2
kindergarten   *el jardín de infantes*   3
to kiss   *besar*   4
knee   *la rodilla*   2
to know   *conocer, saber*   3

label   *la etiqueta*   7
labor   *el parto*   8
laboratory   *el laboratorio*   10
lack   *la falta*   3
to lack, be missing   *faltar*   5
lacteal   *lacteo/a*
lactose   *la lactosa*   7
language   *el idioma, el lenguaje*   9, 10
laparoscopic   *laparoscópico/a*   10
lard   *la manteca*   7
last   *último/a*   8
to last   *durar*   6
last name   *el apellido*   1
last night   *anoche*   4
lasting   *duradero/a*   7
late   *tarde*   4
lately   *últimamente*   4
law   *la ley*   9
lazy, flabby   *flojo/a*   7
leaf   *la hoja*   7
lean   *magro/a*   7

to lean   *recostar (ue)*   5
to learn   *aprender*   9
to leave   *salir*   3
to leave (behind), give up   *dejar + de*   8
left   *izquierdo/a*   5
leftovers   *las sobras*   10
leg   *la pierna*   1
lens   *el lente*   10
Let's see.   *A ver.*   1
lettuce   *la lechuga*   7
level   *el nivel*   7
liar   *el/la mentiroso/a*   10
library   *la biblioteca*   6
license   *la licencia*   6
to lie   *mentir (ie)*   4
life   *la vida*   7
ligament   *el ligamento*   10
light   *la luz*   3
to light   *encender (ie)*   9
lightly, softly   *suavemente*   7
likewise   *igualmente*   P
line   *la cola*   7
lip   *el labio*   2
to listen   *escuchar*   2
to listen to (auscultate) chest   *auscultar*   2
little by little   *poco a poco*   4
to live   *vivir*   2
liver   *el hígado*   2
long   *largo/a*   6
long walk, hike   *la caminata*   7
to look at   *mirar*   1
to look for   *buscar*   2
to lose   *perder (ie)*   3
loss   *la pérdida*   4
to lower   *bajar*   7
lunch   *el almuerzo*   4
lung   *el pulmón*   2

machine   *la máquina*   4
magazine   *la revista*   7
magic   *la magia*   7
magnetic resonance   *la resonancia magnética*   10
main, principal   *principal*   8
to maintain   *mantener (ie) (g)*   5
majority   *la mayoría*   3
malignant   *maligno/a*   4
mammogram   *el mamograma*   4
manager   *el/la gerente*   10

March *marzo* P
marital status *el estado civil* 1
market *el mercado* 7
married *casado/a* 1
masculine *masculino/a* 2
massage *el masaje* 8
mattress *el colchón* 8
May *mayo* P
meaning *el significado* 7
measles *el sarampión* 3
measure *la medida* 7
to measure *medir (i)* 4
meat *la carne* 7
medical *médico/a* 7
medication *el medicamento* 2
medicine, medication *la medicina* 3
medium *mediano/a* 4
meeting *la reunión* 3
member *el/la miembro/a* 4
memory *la memoria* 2
menopause *la menopausia* 7
menstrual cycle *el ciclo mensual* 4
menstrual period *la regla* 4
to mention *mencionar* 2
message *el mensaje* 3
metabolism *el metabolismo* 7
methamphetamine *la metanfetamina* 9
midwife *la comadrona, la partera* 8
migraine *la jaqueca, la migraña* 7
milk *la leche* 2
milligram *el miligramo* 7
mineral *el mineral* 7
minister, reverend *el/la reverendo/a* 9
miracle *el milagro* 7
miscarriage *el aborto espontáneo* 8
to mix *mezclar* 7
moderate *moderado/a* 7
modern *moderno/a* 6
molar *la muela* 6
mole *el lunar* 4
Monday *lunes* P
money *el dinero* 5
month *el mes* P
more *más* 1
morning *la mañana* 1

morning sickness *las náuseas matutinas* 8
morphine *la morfina* 5
mother *la madre* 4
motor *el motor* 10
motorcycle *la moto(cicleta)* 5
mouth *la boca* 1
to move *moverse (ue)* 3
movement *el movimiento* 7
mumps *las paperas* 8
muscle *el músculo* 1
musculature *la musculatura* 7
mustard *la mostaza* 7
my *mi* 4
My…hurts. *Me duele(n)…* 3
My God! *¡Dios mío!* 4
My name is… *Me llamo…* P

nail (finger, toe) *la uña* 9
name *el nombre* 1
naturally *por naturaleza* 7
nausea *la náusea* 4
navel, belly button *el ombligo* 2
near *cerca (de)* 5
nebulizer *el nebulizador* 10
necessary *preciso/a* 6
neck *el cuello* 2
to need *necesitar* 1
neighbor *el/la vecino/a* 10
neither, either *tampoco* 5
neonatologist *el/la neonatologista* 8
neonatology *la neonatología* 8
nephew, niece *el/la sobrino/a* 4
nerve *el nervio* 2
nervous *nervioso/a* 2
neurologist *el/la neurólogo/a* 10
never *nunca* 5
nevertheless *sin embargo* 4
new *nuevo/a* 4
news *las noticias* 4
nice *simpático/a* 6
nicotine *la nicotina* 9
nicotine addiction *el tabaquismo* 9
night *la noche* 1
nightmare *la pesadilla* 4
ninth *noveno/a* 7
nipple *el pezón* 2
nipple (bottle) *la tetina* 8

nobody *nadie* 3
nocturnal *nocturno/a* 10
nodule *el nódulo* 4
noise *el ruido* 10
none *ningún, ninguno/a* 5
non-fat *descremado/a* 7
nose *la nariz* 2
not well *mal* P
note, grade *la nota* 6
nothing *nada* 1
to notice *notar* 4
to notify *notificar* 4
November *noviembre* P
now *ahora* 4
number *el número* 1
nurse *el/la enfermero/a* 1
to nurse *amamantar* 8
nutrition *la nutrición* 7
nutritionist *el/la nutricionista* 10
nutritious *nutritivo/a* 7

oatmeal *la avena* 7
obese *obeso/a* 4
obesity *la obesidad* 7
to observe *observar* 2
obstetrician *el/la obstetra* 8
obvious *obvio/a* 9
occasionally *ocasionalmente* 3
occupation *la ocupación* 1
occupational *ocupacional* 10
to occur *ocurrir* 5
October *octubre* P
of course *claro* 5
often *a menudo* 9
Oh! *¡Ay!* 5
oil *el aceite* 7
old *viejo/a* 2
old age *la vejez* 7
older *mayor* 4
on the dot *en punto* 1
only *único/a* 7
open *abierto/a* 10
to open *abrir* 5
to operate *operar* 5
operating room *el quirófano* 10
operator *el/la operador/a* 5
organ *el órgano* 2
orthopedic *ortopédico/a* 5
ostrich *el avestruz* 4
to ought to, should *deber* 3
out, outside *fuera* 4

outer ear   *la oreja*   2
outside   *afuera*   5
ovary   *el ovario*   2
overdose   *la sobredosis*   9
own, self   *propio/a*   4
oxygen   *el oxígeno*   4

pacemaker   *el marcapasos*   10
pacifier   *el chupete*   8
pain   *el dolor*   1
painful   *doloroso/a*   2
painting   *la pintura*   6
pale   *pálido/a*   3
paleness   *la palidez*   10
pamphlet   *el folleto*   7
pancreas   *el páncreas*   2
paramedic   *el/la paramédico/a*
    3
pardon me   *perdón*   P
parsley   *el perejil*   7
part   *la parte*   2
to participate   *participar*   1
past, last   *pasado/a*   4
pasta   *la pasta*   7
patch   *el parche*   9
pathologist   *el/la patólogo/a*   10
pathology   *la patología*   10
patient   *el/la paciente*   1
patient history   *la historia
    clínica*   1
to pay   *pagar*   1
to pay attention to   *atender a
    (ie), prestar atención, hacer
    caso*   4, 8, 9
pea   *el chícharo*   7
pencil   *el lápiz*   10
penicillin   *la penicilina*   5
penis   *el pene*   2
pepper   *el pimiento*   7
pepper (black)   *la pimienta*   7
perhaps, maybe   *quizás, tal vez*
    9
period   *el período*   8
permanent   *permanente*   3
to permit, allow   *permitir*   9
person   *la persona*   5
personal   *personal*   5
personality   *la personalidad*   4
personnel   *el personal*   5
perspiration   *la perspiración*   7
pharmacy   *la farmacia*   3
phobia   *la fobia*   9
phosphorus   *el fósforo*   7

physical   *físico/a*   5
physical therapist   *el/la fisioter-
    apeuta*   10
physical therapy   *la terapia
    física, la fisioterapia*   5
to pick up   *recoger (j)*   5
pill   *la pastilla*   5
pill, birth control pill   *la píldora*
    4
pillow   *la almohada*   8
pinch   *la pizca*   7
pinched   *oprimido/a*   2
pink   *rosado/a*   2
pipe   *la pipa*   9
pity, shame   *la lástima*   9
to place   *colocar*   5
plaster   *el yeso*   5
plastered, in a cast   *enyesado/a*
    5
plastic   *plástico/a*   5
to play (games, sports)   *jugar
    (ue)*   4
pleasant   *agradable*   8
please   *por favor*   P
Please…   *Favor de…*   1
pleased/nice to meet you
    mucho gusto   P
pleasure   *el placer*   10
plug   *el tapón*   8
pneumonia   *la pulmonía*   3
pocket   *el bolsillo*   10
police officer   *el (la mujer)
    policía*   5
policy   *la póliza*   1
pollution   *la contaminación*   7
Poor thing!   *¡Pobrecito/a!*   1
pork   *el cerdo*   7
portable   *portátil*   10
portion   *la porción*   7
positive   *positivo/a*   7
possibility   *la posibilidad*   2
potato   *la papa*   7
pound   *la libra*   1
powerful   *poderoso/a*   9
precaution   *la precaución*   5
to prefer   *preferir (ie)*   4
pregnancy   *el embarazo*   8
pregnant   *embarazada*   8
to prepare   *preparar*   2
prescription, recipe   *la receta*
    6
presence   *la presencia*   4
pressure   *la presión*   5

prevention   *la prevención*   7
priest   *el sacerdote*   9
probably   *probablemente*   3
problem   *el problema*   1
procedure   *el procedimiento*   4
product   *el producto*   7
professor   *el/la profesor/a*   6
program   *el programa*   7
to prohibit, forbid   *prohibir*   9
prolonged   *prolongado/a*   3
to promise   *prometer*   7
prosthesis   *la prótesis*   10
prostate   *la próstata*   7
to protect   *proteger*   3
protection   *la protección*   4
protein   *la proteína*   7
psychiatrist   *el/la psiquiatra*   9
psychologist   *el/la psicólogo/a*   9
public   *público/a*   5
pulse   *el pulso*   1
punitive   *punitivo/a*   9
purpose   *el propósito*   10
to push   *empujar*   5
to push (labor)   *pujar*   8
to put, go to bed   *acostar(se)
    (ue)*   4
to put, place, turn on   *poner (g)*
    3
to put on makeup   *pintarse,
    maquillarse*   9

quantity   *la cantidad*   4
question   *la pregunta*   4

rabbi   *el/la rabino/a*   9
radical   *el radical*   7
radiologist   *el/la radiólogo/a*
    10
radiology   *la radiología*   4
to raise, lift   *levantar*   3
rapid   *rápido/a*   4
rapidly   *rápidamente*   5
rarely   *raramente*   3
rate   *la tasa*   4
reach   *el alcance*   8
to react   *reaccionar*   4
reaction   *la reacción*   3
to read   *leer*   2
ready   *listo/a*   1
ready, available   *dispuesto/a*   8
reasoning   *el razonamiento*   10
to receive   *recibir*   2
recent   *recién*   8

receptionist   el/la recepcionista
   1
to recognize   reconocer   4
to recommend   recomendar
   (ie)   3
recreation   el recreo   10
to recuperate   recuperarse   3
recuperation   la recuperación
   5
recurring   recurrente   3
red   rojo/a   2
reddening   el enrojecimiento   3
to reduce   reducir (zc)   7
rehabilitation   la rehabilitación
   10
to reinforce   reforzar   7
relative   el/la pariente   4
to relax   relajar   7
reliable   confiable   10
relief   el alivio   3
to relieve   aliviar   7
to remain   permanecer (zc)   5
to remedy, fix   remediar   7
to remember   recordar (ue)   4
to remove   quitar   5
to remove, extirpate   extirpar
   10
rent, income   la renta   9
to rent   alquilar   10
to repeat   repetir (i)   4
to replace   reemplazar   8
to report   reportar   3
reproductive   reproductivo/a   2
to resist   resistir   7
resource   el recurso   9
respiratory   respiratorio/a   2
respiratory tract   las vías respiratorias   3
to respond   responder   4
rest   el descanso   9
to rest   descansar   2
restaurant   el restaurante   6
restricted   restringido/a   3
result   el resultado   4
to result   resultar   4
to return   regresar, volver (ue)
   1, 4
to reveal   revelar   4
rib   la costilla   5
rice   el arroz   7
rich, tasty   rico/a   3
right   derecho/a, el derecho
   4, 9

Right?   ¿Verdad?   1
right away   en seguida   4
right now   ahora mismo   5
rightly so, no wonder   con
   razón   1
risk   el riesgo   7
to roast   asar   7
robe   la bata   10
role model   el/la modelo de
   conducta   6
room   el cuarto, la habitación   5
roommate   el/la compañero/a
   de cuarto   6
route   la ruta   6
routine   la rutina   7
to rub   frotar   2
rule, menstrual period   la regla
   8
to run   correr   2
to run over   atropellar   5
rye   el centeno   7

sad   triste   2
safe   seguro/a   4
safety   la seguridad   5
salad   la ensalada   6
sale   la venta   10
saline solution   el suero   5
saliva   la saliva   4
salt   la sal   7
saturated   saturado/a   7
Saturday   sábado   P
to say, tell   decir (i) (g)   4
scale   la báscula, la escala
   7, 10
scar   la cicatriz   5
schedule   el horario   8
school   la escuela   3
science   la ciencia   7
scientific   científico/a   2
to scratch   rascar   3
season   la temporada   9
to season   sazonar   7
second   segundo/a   3
secondary   secundario/a   5
to see   ver   1
see you later   hasta luego   P
to seem   parecer (zc)   5
selection   la selección   7
selenium   el selenio   7
to self-examine   autoexaminar
   4
self-help   la autoayuda   9

to sell   vender   2
semen   el semen   4
to send   despachar, enviar
   5, 10
to send, order   mandar   5
senior citizen   la tercera edad
   10
sensation   la sensación   3
sensitive   sensible   3
sensitivity   la sensibilidad   3
September   septiembre   P
septum   el séptum   9
series   la serie   2
serious   grave, serio/a   3
seriously   en serio   2
seronegative   seronegativo/a   4
seropositive   seropositivo/a   4
to serve   servir (i)   4
serving   la ración   7
seventh   séptimo/a   7
severe   severo/a   4
sex   el sexo   1
sexuality   la sexualidad   10
shaking   el sacudón   5
to share   compartir   4
sharp   agudo/a   9
shattered   deshecho/a   5
to shave   afeitarse   8
she   ella   P
shoe   el zapato   5
shopping center   el centro
   comercial   7
short (height)   bajo/a   2
shoulder   el hombro   2
shout   el grito   6
to shout   gritar   3
sick   enfermo/a   1
side   el costado, el lado   4
sight   la vista   4
sign   la señal   4
signature   la firma   1
simple   sencillo/a   7
since then   desde entonces   1
single   soltero/a   1
to sit down   sentarse (ie)   5
sixth   sexto/a   7
size   el tamaño   7
to skate   patinar   7
skin   la piel   5
to sleep   dormir (ue)   3
slender   delgado/a   2
slenderizing   adelgazante   7
to slide   deslizar   5

slight   *leve*   2
slow   *despacio, lento/a*   5
slowly   *lentamente*   5
small (size)   *chico/a, pequeño/a*   2
smell   *el olor*   4
to smell   *oler (h) (ue)*   5
smoke   *el humo*   3
to smoke   *fumar*   3
snack   *la merienda*   7
to sneeze   *estornudar*   3
so many   *tantos/as*   2
soccer   *el fútbol*   5
social security   *el seguro social*   1
sodium   *el sodio*   7
solid   *firme, sólido/a*   5
some   *algún, alguno/a*   5
someone   *alguien*   5
something   *algo*   3
son, daughter   *el/la hijo/a*   1
sonogram   *el sonograma*   4
soon   *pronto*   5
so-so   *regular*   P
sound   *el sonido*   10
sour   *agrio/a*   7
specialist   *el/la especialista*   6
specialist in natural healing   *el/la fisiatra*   10
specific   *específico/a*   9
speech   *el habla*   10
spice   *la especia*   7
spongy   *esponjoso/a*   8
spoonful   *la cucharada*   7
sporadic   *esporádico*   7
sport   *el deporte*   1
to spread   *esparcir (zc), propagar*   7, 9
spring   *la primavera*   8
to squeeze   *apretar (ie)*   5
staple   *la grapa*   10
statement   *la declaración*   6
to stay in bed   *guardar cama*   5
to stay, remain   *quedarse*   8
steak   *el bistec*   7
steamed   *al vapor*   7
step   *el paso*   8
stethoscope   *el estetoscopio*   6
still   *quieto/a*   3
still, yet   *todavía*   5
stimulating   *estimulante*   9
to stir   *revolver (ue)*   7

stitch   *el punto*   5
stomach   *el estómago*   1
stone   *la piedra*   10
to stop   *parar*   5
to stop, cease   *cesar + de, dejar + de*   9
store   *la tienda*   7
street   *la calle*   5
strengthening   *el fortalecimiento*   7
stress   *el estrés*   7
stretch mark   *la estría*   7
to stretch   *estirar*   2
stretcher   *la camilla*   5
strong   *fuerte*   2
study   *el estudio*   10
to study   *estudiar*   2
study of infectious diseases   *la infectología*   10
stupid   *necio/a*   2
to substitute   *sustituir*   7
sudden   *repentino/a*   4
to suffer   *sufrir*   2
sugar   *el/la azúcar*   2
to suggest   *sugerir (ie)*   9
summary   *el resumen*   7
summer   *el verano*   8
Sunday   *domingo*   P
supplement   *el suplemento*   7
support   *el apoyo*   7
to support   *apoyar*   8
suppuration, drainage   *la supuración*   4
surgeon   *el/la cirujano/a*   5
surgery   *la cirugía*   5
surgical   *quirúrgico/a*   10
surprise   *la sorpresa*   5
to surprise   *sorprender*   9
survival   *la supervivencia*   5
to suspect   *sospechar*   9
suspicion   *la sospecha*   2
to sustain   *sostener (ie) (g)*   5
to swallow   *tragar*   4
sweat   *el sudor*   4
to sweat   *sudar*   6
swelling   *la hinchazón*   3
to swim   *nadar*   7
swollen   *hinchado/a*   2
symptom   *el síntoma*   1
syndrome   *el síndrome*   8
syringe   *la jeringa*   4
syrup   *el jarabe*   3
system   *el sistema*   2

table   *la mesa*   5
to take (along), to carry   *llevar*   4
to take care of   *cuidar*   5
to take, drink   *tomar*   2
to take, take out   *sacar*   5
to talk   *conversar*   2
to talk, speak   *hablar*   1
tall, high   *alto/a*   2
tea   *el té*   7
teacher   *el/la maestro/a*   3
team, equipment   *el equipo*   7
teething   *la dentición*   8
teething ring   *el anillo de dentición*   8
telephone   *el teléfono; telefónico/a*   1, 6
television   *la televisión*   7
temperature   *a temperatura*   1
temptation   *la tentación*   9
tendon   *el tendón*   10
tenth   *décimo/a*   7
test   *la prueba*   4
testicle   *el testículo*   2
thank you   *gracias*   P
that   *ese/a*   10
then   *entonces*   5
therapeutic   *terapéutico/a*   9
therapist   *el/la terapeuta*   10
there   *allí*   5
there is, there are   *hay*   1
there was, there were   *hubo*   5
thermometer   *el termómetro*   3
these   *estos/as*   10
they   *ellos/as*   P
thick   *espeso/a*   8
thigh   *el muslo*   2
thing   *la cosa*   5
to think, plan   *pensar (ie)*   4
third   *tercer/o/a*   7
this   *este/a*   10
those   *esos/as*   10
thought   *el pensamiento*   9
to threaten   *amenazar*   9
throat   *la garganta*   1
thumb   *el pulgar*   2
Thursday   *jueves*   P
tight   *estrecho/a*   8
time   *el tiempo*   5
time, occasion   *la vez*   5
tired   *cansado/a*   2
tiredness   *el cansancio*   8

tissue (body)   el tejido   7
tobacco   el tabaco   9
today   hoy   P
toilet   el inodoro   10
tomorrow   mañana   5
too much   demasiado   7
tooth   el diente   2
torso   el torso   2
to touch, play (instruments)   tocar   1
toward   hacia   7
towel   la toalla   5
toxic   tóxico/a   7
toxin   la toxina   2
toy   el juguete   8
trainer, coach   el/la entrenador/a   3
tranquilizer   el tranquilizante   3
to transmit   transmitir   4
transportation   el transporte   5
trauma   el trauma   5
traumatic   traumático/a   10
treatment   el tratamiento   2
to tremble   temblar (ie)   3
trembling   tembloroso/a   4
triumph   el triunfo   9
trunk   el maletero   5
truth   la verdad   5
to try   intentar, probar (ue)   4
Tuesday   martes   P
to turn   girar   5
twisted, sprained   torcido/a   2
type   el tipo   7

ugly   feo/a   5
ultrasound   el ultrasonido   4
uncle, aunt   el/la tío/a   4
unconscious   inconsciente   3
underneath   debajo (de)   5
to understand   comprender, entender (ie)   2, 4
unknown   desconocido/a   3
up   arriba   7
upset   molesto/a, agitado/a   8
urgent   urgente   3
useful   útil   2
uterus   el útero   2

vaccination   la vacuna   3
vacuum cleaner   la aspiradora   10
vagina   la vagina   2
value   el valor   2

vegetable   la legumbre, el vegetal, la verdura   7
vein   la vena   5
to verify   verificar   7
very   muy   P
victim   la víctima   5
viral   viral   4
virus   el virus   3
visible   visible   5
vision   la visión   4
visit   la visita   1
to visualize   visualizar   10
vital   vital   5
vital signs   los signos vitales   1
vitamin   la vitamina   7
vocabulary   el vocabulario   6
vocational   vocacional   10
voice   la voz   7
to vomit   vomitar   2

wait   la espera   6
to wait for, hope   esperar   2
to wake up   despertarse (ie)   5
to walk   caminar   2
walker   el andador   10
warm-up   el calentamiento   7
to warm up   calentar (ie)   7
wart   la verruga   4
to wash   lavar   2
to watch, keep an eye on   vigilar   7
water   el agua (f.)   4
wave   la onda   10
we   nosotros/as   P
weak   débil   2
weakness   la debilidad   4
Wednesday   miércoles   P
week   la semana   P
to weigh   pesar   1
weight   el peso   1
weight (lifting)   la pesa   7
welcome   bienvenidos   P
well   bien   P
well-being   el bienestar   7
What day is today?   ¿Qué día es hoy?   P
What is your name? (familiar)   ¿Cómo te llamas?   P
What is your name? (formal)   ¿Cómo se llama Ud.?   P
What?   ¿Qué?   1
What's today's date?   ¿Cuál es la fecha de hoy?   P

What's up?   ¿Qué tal?   P
wheat   el trigo   7
wheelchair   la silla de ruedas   5
When?   ¿Cuándo?   1
Where?   ¿Dónde?   1
Which (one/s)?   ¿Cuál/es?   1
while   mientras   3
whipped   batido/a   9
white   blanco/a   2
Who?   ¿Quién/es?   1
whooping cough   la tos ferina   8
Why?   ¿Por qué?   1
widowed   viudo/a   1
window   la ventana   5
winter   el invierno   8
with   con   10
without   sin   4
womb   la matriz   4
work, job   el trabajo   1
to work   trabajar   2
worker   el/la trabajador/a   10
worried   preocupado/a   2
worry   la preocupación   7
to worry   preocuparse por   8
worse   peor   4
wound   la herida   5
wrapped up (warm)   abrigado/a   8
wrinkle   la arruga   7
wrist   la muñeca   2
to write   escribir   2

X-ray   la radiografía   4
X-rays   los rayos X   4

year   el año   P
yellow   amarillo/a   2
yesterday   ayer   10
yoga   el yoga   7
yogurt   el yogur   7
you (familiar)   tú   P
you (formal)   usted   P
you (plural)   ustedes   P
you're welcome   de nada, no hay de qué   P
young   joven   1
young man, woman   el/la joven   3
younger   menor   4
your (familiar)   tu   4

Credits

Page 30: Tom & Dee Ann McCarthy/Corbis/Stock Market; **page 37:** Child Development Resources of Ventura County, Inc.; **page 43:** Clínicas del Camino Real, Inc.; **page 45:** Centers for Disease Control & Prevention; **page 49:** ©2000 StayWell, www.krames.com; **page 56:** Will Hart/PhotoEdit; **page 65:** Koren Publications, Inc.; **page 72:** Reproduced from the National Heart, Lung, and Blood Institute; **page 73:** photo: Beaura Katherine Ringrose; article: National Information Center on Health Services Research and Health Care Technology; **page 77:** photo: Mary Kate Denny/PhotoEdit, article: California Medical Review, Inc.; **page 82:** California Department of Boating and Waterways; **page 99:** Richard T. Nowitz/Photo Researchers, Inc.; **page 103:** Michael P. Godomski/Photo Researchers, Inc.; **page 114:** Reprinted by the permission of the American Cancer Society, Inc.; **page 127:** José L. Pelaez/Corbis/Stock Market; **page 128:** Centers for Disease Control & Prevention; **page 137:** John Neubauer/PhotoEdit; **page 143:** Pearson Education/PH College; **page 145:** American Red Cross of Ventura County, printing by Farmers Insurance; **page 158:** SAM Urgencias Médicas S.L.; **page 190:** Darina Dosamantes Carrasco; **page 202:** National Cancer Institute, National Institutes of Health Publication; **page 203:** Lawrence Migdale/Pix; **page 223:** U.S. Department of Health and Human Services; **page 229:** California Department of Health Services; **page 230:** American College of Nurse-Midwives; **page 236:** Copyright © 1996, Eli Lilly and Co.; **page 243:** National Institutes of Health Publication; **page 249:** National Institutes of Health Publication; **page 263:** California Department of Health Services; **page 268:** Lester Lefkowitz/Corbis/Stock Market; **page 274:** Rob Lewine/Corbis/Stock Market; **page 275:** from the Web site of Dr. Arturo Almazán; **page 286:** From the publication "Women of the Third Millennium" (Web magazine: http://www.mujereslegendarias.com); **page 291:** Reprinted with permission of Community Memorial Hospital, Ventura, CA; **page 296:** Stuart Cohen/Image Works; **page 302:** Patricia Rush; **page 308:** Patricia Rush; **page 314:** Reprinted with permission of Brinkenhoff Laser Eye Center, Ventura County, CA; **page 320:** Koren Publications, Inc.; **page 322:** Hesperian Foundation, 1919 Addison St. #304, Berkeley, CA 94704.

Index